Workbook

to accompany

Español
a lo vivo

Terrence L. Hansen   Ernest J. Wilkins

FIFTH EDITION by

Ernest J. Wilkins
University of Utah

Jerry W. Larson
Brigham Young University

JOHN WILEY & SONS

New York   Chichester   Brisbane   Toronto

ISBN 0-471-06295-2

Printed in the United States of America

10 9 8 7 6 5 4 3 2

Preface

This workbook has been prepared to help you improve your communication skills in Spanish. It has been written as a companion to the textbook *Español a lo vivo*, Fifth Edition. Each structure introduced in the textbook is practiced in the workbook. The order of presentation is identical to that of the textbook. To familiarize yourself with the material to be presented in class, you can complete the exercises in the workbook before your instructor presents the oral exercises from the corresponding textbook lesson. Or you can wait until you have worked with the oral exercises in class, and complete the workbook exercises as reinforcement.

Each lesson of the workbook is divided into four sections. The first section, *Laboratorio*, includes answer sheets to be used with the listening comprehension exercises recorded on Tape B for each lesson in the Laboratory Tape Program. These listening comprehension exercises deal with the cultural notes, readings, and dialogs found in the corresponding lesson of the textbook. You will need to take the workbook to the laboratory in order to record your responses while working with Tape B.

The second section of the workbook chapter, *Procesamiento de palabras*, contains structured writing exercises designed to help you master the concepts introduced in the textbook.

The third section, *Expresión individual*, gives you an opportunity to express yourself more freely in Spanish with only minimal guidelines.

The fourth section, *Vocabulario*, includes a word game or exercise meant to assist you in learning the lesson's new vocabulary.

Lessons 1 and 2 begin with a section called *Ortografía*, which contains exercises to help you overcome some common errors in Spanish spelling, syllabication, and word stress.

An 8-unit Special Pronunciation Program is included in the Laboratory Tape Program. These short listening discrimination and pronunciation exercises will help you to distinguish between Spanish sounds and between Spanish sounds and English sounds that should not be pronounced when speaking Spanish. Answer sheets to be used while listening to these units are provided in a separate section at the beginning of this workbook.

To help measure your growing listening-comprehension ability in Spanish, a series of listening comprehension exams have been recorded for use after every fourth lesson. Answer sheets for indicating your responses follow every fourth workbook lesson.

The workbook concludes with an answer key to the *Ortografía, Procesamiento de palabras,* and *Vocabulario* sections of the twenty workbook lessons; translations of the textbook dialogs and instructional vocabulary; and an English-to-Spanish vocabulary of the words used in both the textbook and the workbook.

We hope that your study of Spanish using *Español a lo vivo* will be enjoyable and successful.

The Authors

Contents

Special Pronunciation Program

UNIT 1

English *d* or Spanish *d̶*?

*Circle * if you hear English ''d'' as in ''address,'' d̶ if you hear Spanish d̶ as in* **ádios**.[1]

| 1 | * | 2 | *3 | * | 4 | * | 5 | * | 6 | * | 7 | * | 8 | * | 9 | * | 10 | * |

d̶   d̶   d̶   d̶   d̶   d̶   d̶   d̶   d̶   d̶

Spanish *d* or Spanish *d̶*?

Circle d if you hear Spanish d as in **San Diego,** *d̶ if you hear Spanish d̶ as in* **ádios.**

| 1 | d | 2 | d | 3 | d | 4 | d | 5 | d | 6 | d | 7 | d | 8 | d | 9 | d | 10 | d |

d̶   d̶   d̶   d̶   d̶   d̶   d̶   d̶   d̶   d̶

English *"uh"* or Spanish *a*?

*Circle * if you hear English ''uh'' as in ''above,'' a if you hear Spanish a as in* **hasta.**

| 1 | * | 2 | * | 3 | * | 4 | * | 5 | * | 6 | * | 7 | * | 8 | * | 9 | * | 10 | * |

a   a   a   a   a   a   a   a   a   a

[1] In this Workbook, * is used as the symbol for any non-Spanish sound.

UNIT 2

English *"ay"* or Spanish e?

*Circle * if you hear English "ay" as in "day," e if you hear Spanish e as in* **aprende.**

1 *   2 *   3 *   4 *   5 *   6 *   7 *   8 *
  e   e   e   e   e   e   e   e

English *"ih"* or Spanish i?

*Circle * if you hear English "ih" as in "in," i if you hear Spanish i as in* **sí.**

1 *   2 *   3 *   4 *   5 *   6 *   7 *   8 *   9 *   10 *   11 *   12 *
  i   i   i   i   i   i   i   i   i   i   i   i

UNIT 3

Spanish b or Spanish ƀ?

Circle b if you hear Spanish stop b as in **bueno,** *ƀ if you hear Spanish fricative ƀ as in* **abuela.**

1 b   2 b   3 b   4 b   5 b   6 b   7 b   8 b
  ƀ   ƀ   ƀ   ƀ   ƀ   ƀ   ƀ   ƀ

English *"ou," "uh"* or Spanish o?

*Circle * if you hear English "ou" as in "no" or English "uh" as in "tomorrow," o if you hear Spanish o as in* **como.**

1 *   2 *   3 *   4 *   5 *   6 *   7 *   8 *
  o   o   o   o   o   o   o   o

English *"yu"* or Spanish u?

*Circle * if you hear English "yu" as in "music," u if you hear Spanish u as in* **tú.**

1 *   2 *   3 *   4 *   5 *   6 *
  u   u   u   u   u   u

UNIT 4

Spanish **s** or Spanish [**k**]?

Circle **k** *if the letter* **c** *in each word is pronounced like a* **k**, **s** *if it is pronounced like an* **s**.

1 k	2 k	3 k	4 k	5 k	6 k	7 k	8 k	9 k	10 k	11 k	12 k
s	s	s	s	s	s	s	s	s	s	s	s

UNIT 5

Spanish **g** or Spanish ɡ̵

Circle **g** *if you hear Spanish stop* **g** *as in* **tengo**, ɡ̵ *if you hear Spanish continuing* **g** *as in* **mucho gusto**.

1 g	2 g	3 g	4 g	5 g	6 g	7 g	8 g	9 g
ɡ̵	ɡ̵	ɡ̵	ɡ̵	ɡ̵	ɡ̵	ɡ̵	ɡ̵	ɡ̵

UNIT 6

English *"ny"* or Spanish ñ?

Circle * *if you hear English "ny" as in "onion, canyon,"* ñ *if you hear Spanish* ñ *as in* **año**.

1 *	2 *	3 *	4 *	5 *	6 *
ñ	ñ	ñ	ñ	ñ	ñ

UNIT 7

Voiced or voiceless Spanish s?

Circle **V** *if you hear a voiced* **s**-*sound as in* **mismo**, **VL** *if you hear a voiceless* **s**-*sound as in* **Cortéz.**

1 V	2 V	3 V	4 V	5 V	6 V	7 V	8 V	9 V	10 V
VL	VL	VL	VL	VL	VL	VL	VL	VL	VL

Spanish t or a *ch*-sound?

Circle * *if you hear a ch-sound,* **t** *if you hear Spanish* **t.**

1 *	2 *	3 *	4 *	5 *	6 *	7 *	8 *	9 *	10 *
t	t	t	t	t	t	t	t	t	t

UNIT 8

Spanish k

Circle * *if you hear an aspirated k-sound,* **k** *if you hear non-aspirated Spanish* **k.**

1 *	2 *	3 *	4 *	5 *	6 *
k	k	k	k	k	k

Spanish p

Circle * *if you hear an aspirated p-sound,* **p** *if you hear non-aspirated Spanish* **p.**

1 *	2 *	3 *	4 *	5 *	6 *	7 *	8 *	9 *	10 *
p	p	p	p	p	p	p	p	p	p

Lección 1

10 ✓

LABORATORIO

¿Lógica o absurda?

You will hear ten pairs of statements. If the two statements are logically related, circle **L** *(lógica).*
If they do not go together, circle **A** *(absurda).*

1 (L) 2 L 3 (L) 4 (L) 5 L 6 (L) 7 (L) 8 (L) 9 (L) 10 (L)

A (A) A A (A) A A A A A

Narración

You will hear the **narración,** *and then a series of statements. If a statement is true in terms of the*
narración, *circle* **V** *(verdadero). If it is false, circle* **F** *(falso).*

1 (V) 2 V 3 V 4 V 5 V 6 V 7 V 8 (V) 9 (V) 10 (V)

F (F) (F) (F) (F) (F) (F) F F F

ORTOGRAFÍA

A Silabeo

a) The basic Spanish syllable consists of a consonant plus a vowel or diphthong (for example, **ie, ue**).

Divide the following words into syllables, writing each syllable on the line provided.

1 como __Co__ __mo__   2 bueno __bue__ __no__   3 mañana __ma__ __ña__ __na__

Corrected

5

b) Two consonants are usually divided (for example, **es/tu/diar**). Exceptions: the consonant clusters **ch, ll,** and **rr,** and the combinations of **b, c, d, f, g, p,** or **t** with either **l** or **r,** are not divided (**ca/lle, a/brir, a/cla/mar**).

Divide the following words into syllables by marking a diagonal line between the syllables.

1 per/mi/so   2 Mar/ta   3 mu/cho   4 a/pre/ciar   5 es/tu/dian/te   6 ha/blar

B Particularidades de ortografía

a) The k-sound in Spanish is spelled with a **c, qu,** or **k,** depending on the letters that follow it. Study the following patterns.

> **c** + **l** *or* **r** + *vowel* (clima, creer)
> **c** + **a, o,** *or* **u** (acaso, codo, cuña)
> **qu** + **e** *or* **i** (quedar, quitar)
> **k** + *vowel, in a few names and scientific words* (kilo, kilómetro)

The following words begin with the k-sound. Fill in the blanks with **c, qu,** *or* **k** *as appropriate.*

1 _C_ ada   5 _qu_ emar   9 _qu_ ien   13 _K_ ilogramo

2 _C_ lase   6 _qu_ ince   10 _C_ rudo   14 _C_ ortar

3 _C_ omprar   7 _qu_ eso   11 _C_ urso   15 _qu_ erer

4 _C_ asa   8 _C_ rema   12 _qu_ into   16 _C_ reer

b) The kw-sound is spelled as follows.

> **cu** + *vowel* (**cu**idado, **cu**ento)

Circle the sound represented in the following words.

1 cuatro   k   (kw)   3 cantar   (k)   kw   5 cuando   k   (kw)

2 cobre   (k)   kw   4 cuidar   k   (kw)   6 cuñado   (k)   kw

c) The Spanish g-sound is represented in the following ways.

> **g** + **l** *or* **r** + *vowel* (globo, peligro)
> **g** + **a, o,** *or* **u** (gato, bigote, gusto)
> **gu** + **e** *or* **i** (llegue, guitarra)

The following words have the g-sound. Fill in the blanks with **g** *or* **gu** *to correctly represent the sound.*

1 _g_ oma   4 _g_ loria   7 _g_ orra   10 _g_ ula

2 Mi_gu_ el   5 _gu_ erra   8 pe_g_ ar   11 man_g_ o

3 _g_ ala   6 ti_g_ re   9 _gu_ iar   12 _g_ rupo

Corrected

d) The Spanish spelling for the **gw**-sound is **gu + a** (**Gu**atemala, **gu**apo) or **gü + e** or **i**.

Circle the sound represented in the following words.

1 guardar	g	**(gw)**
2 guía	**(g)**	gw
3 Guadalupe	g	**(gw)**
4 güera	g	**(gw)**

5 guineo	**(g)**	gw
6 ligue	**(g)**	gw
7 zaguán	g	**(gw)**
8 vergüenza	g	**(gw)**

e) The aspirated **h**-sound is spelled as follows.

    g + e or **i**   (gemelo, giro)
    j + *vowel*   (caja, jefe, jinete, jota, junta)

The letter **h** in Spanish is not pronounced except in combination with **c**, rendering the same sound as the English *ch* (**chico, ocho**).

Place an x in the column of the sound represented in the following words.

	k	kw	g	gw	h
banquete	✓	✓			
guapa				✓	
joven					✓
quito	✓				
golpe			✓		

	k	kw	g	gw	h
cuadro		✓			
jamón					✓
gozo			✓		
cultura	✓				
gesto					✓

C Acento

a) Most words ending in a vowel, **n**, or **s** are stressed on the next-to-last syllable.

Underline the stressed syllable in the following words.

1 tar<u>des</u>   2 ha<u>blan</u>   3 ma<u>ña</u>na   4 a<u>pren</u>des   5 <u>vi</u>ve

b) Most words ending in a consonant other than **n** or **s** are stressed on the last syllable.

Underline the stressed syllable in the following words.

1 pa<u>red</u>   2 us<u>ted</u>   3 pregun<u>tar</u>   4 ni<u>vel</u>   5 universi<u>dad</u>

Corrected

Lección uno   7

c) Words that do not follow these patterns have an accent mark written on the syllable which is stressed.

Underline the stressed syllable in the following words.

1 lec<u>ción</u>　　　2 es<u>tá</u>　　　3 a<u>diós</u>　　　4 cor<u>tés</u>　　　5 <u>pá</u>jaro

d) The written accent mark is sometimes used to distinguish between two words spelled the same way.

Give the English equivalents for the following words.

	SPANISH	ENGLISH			SPANISH	ENGLISH
1	el	<u>the</u>		3	si	(yes) *if*
2	él	<u>he</u>		4	sí	<u>yes</u>

e) Use diagonal lines to divide the following words into syllables, and underline the stressed syllable.

1 <u>bue</u>nos / <u>dí</u>as　　2 <u>lla</u>ma　　3 se<u>ño</u>ra　　4 can<u>sa</u>do　　5 en<u>can</u>ta<u>da</u>　　6 es<u>tán</u>

PROCESAMIENTO DE PALABRAS

D　Los pronombres usados como sujetos

Write the subject pronoun or pronouns that correspond to the following forms of the verb **estar.**

1 estás _____ *tu* _____

2 estamos _____ *nosotros, nosotras* _____

3 estoy _____ *yo* _____

4 están _____ *ellos, ellas, ustedes* _____

5 está _____ *el, ella, usted* _____

Write in an appropriate subject pronoun only if one will help clarify meaning.

6 ¿Cómo estás _____ ?

7 ¿Cómo está _____ *usted* _____ ?

8 _____ estoy cansado.

9 ¿Cómo está Carlos? _____ está bien.

Corrected

　　　　　　　　Copyright © 1982 John Wiley & Sons

NOMBRE _____ FECHA _____ CLASE _____

E *Tú y usted*

In asking the following people how they are, decide whether you would use the **tú** *or* **usted** *form of the verb. Then write* ¿Cómo estás? *or* ¿Cómo está?

1 your roommate   ___¿Cómo estás?___ [1]

2 your big brother   ¿Cómo está?   *estás*

3 your teacher   ¿Cómo está?

4 your university president ¿Cómo está?

5 your best friend   ¿Cómo estás?

F ¿Cómo se llama usted?

a) *In the blank to the right of each person listed, write out the correct way to ask that person's name.*

1 your teacher   ___¿Cómo se llama usted?___

2 your younger sister's friend ___¿Cómo ~~se llama~~ te llamas?___

3 your university president ___¿Cómo se llama usted?___

4 your new roommate ___¿Cómo ~~se llama~~ te llamas?___

5 the classmate next to you ___¿Cómo ~~se llama~~ te llamas?___

6 your teacher ___¿Cómo se llama usted?___

b) *Give the Spanish equivalent for the following.*

1 My name is _____. [2]

___Me llamo Ana___

2 Her name is Lisa.

___~~La~~ Se llama Lisa___

3 What is your name? (asked of a classmate)

___¿Cómo ~~se llama~~ te llamas?___

4 His name is Miguel.

___~~Lo~~ Se llama Miguel___

[1] The answer to the first item has been given as a model for the entire exercise.
[2] Fill in your own name.

Corrected

Lección uno   **9**

G Saludos formales e informales

a) *You meet the following persons on the street. Write an appropriate greeting for each person.*

1 your banker <u>Buenos días.</u>

2 your best friend <u>¿Que tal? ¡Hola!</u>

3 the college dean <u>Buenos días</u>

4 your girl-friend's mother <u>Buenos días</u>

5 your roommate's younger brother <u>¡Hola! ¿Que tal?</u>

b) *The following persons greet you in the store as indicated. Give an appropriate response.*

1 *The store manager:* ¿Cómo está? *Your response:* <u>Muy bien, gracias.</u>

2 *Susana:* ¡Hola! ¿Cómo estás? *Your response:* <u>Bien Así así</u>

3 *Miguel's twin sister:* ¿Qué tal? *Your response:* <u>Más o menos Bien</u>

4 *Mrs. Ortega:* Buenas tardes. *Your response:* <u>Buenas tardes</u>

5 *Your teammate:* Buenas. *Your response:* <u>Bien ¡Hola!</u>

H El tiempo presente del verbo *estar*

Supply the correct form of **estar.**

1 ¿Dónde <u>está</u> Carlos?

2 ¿ <u>Están</u> en la clase Anita y Susana?

3 ¿Cómo <u>están</u> ustedes?

4 Memo no <u>está</u> en casa.

5 Pepe y yo <u>estamos</u> muy cansados.

6 ¿Cómo <u>estás</u> tú?

7 Ellos <u>están</u> bien.

8 ¿Cómo <u>estáis</u> vosotros?

Corrected.

NOMBRE _____ FECHA _____ CLASE _____

I Los artículos definidos

Write the appropriate form of the definite article (el, la, los, las).

1 __el_____ doctor

2 __el_____ joven (*m*)

3 __las_____ clases

4 __las_____ estudiantes (*f*)

5 __las_____ chicas

6 __los_____ profesores

7 __las_____ familias

8 __la_____ oficina

9 __los_____ chicos (*m,f*[1])

10 __el_____ muchacho

11 __el_____ parque

12 __las_____ casas

J El plural de sustantivos

Give the plural form of the following nouns and articles.

1 el chico __los chicos___

2 la joven __las jovenas___

3 el estudiante __los estudiantes___

4 el profesor __los profesores___

5 la clase __las clases___

K La formación de frases negativas

Rewrite the following sentences, making them negative.

1 Juan está cansado.

   __Juan no está cansado.__

2 Me llamo Felipe.

   ___No me llamo Felipe_____

3 Ellos están bien.

   ___Ellos no están bien_____

4 El profesor se llama Juan.

   ___El profesor no se llama Juan_____

5 Fidel está en la clase.

   ___Fidel no está en la clase._____

   Corrected.

[1] A mixed group, *m* and *f*.

L La formación de preguntas

Make questions of the following sentences by changing the word order.

1 Pepe está aquí.

   ¿Está aquí Pepe?

2 Carlos está en la clase.

   ¿Está en la clase Carlos?

3 Usted se llama Jones.

   ¿Se llama usted Jones?

4 Ana María está cansada.

   ¿Está cansada Ana María?

M Resumen

Choose the correct answer and write the word in the blank.

1 ¿No está aquí __él__ ?
   a) Elena y María   b) nosotros   c) él

2 Ella _está_ enferma.
   a) se llama   b) está   c) estoy

3 Usted se llama Alicia, ¿ _verdad_ ?
   a) está   b) verdad   c) ella

4 Hola, Miguel. ¿Cómo _estás_ ?
   a) estás   b) está   c) están

5 _Las_ chicas no están aquí.
   a) Los   b) Las   c) La

6 Ricardo y yo _estamos_ muy bien.
   a) estáis   b) estoy   c) estamos

Corrected.

NOMBRE _____ FECHA _____ CLASE _____

EXPRESIÓN INDIVIDUAL

N Saludos y preguntas personales

Write answers or responses to the following.

1 Buenos días.

   Muy buenas.

2 Buenas tardes.

   Buenas tardes.

3 Hola, ¿qué tal?

   Así, así.

4 ¿Cómo está usted?

   Muy bien, gracias

5 ¿Cómo se llama usted?

   Me llamo Ana

6 ¿Cómo está la familia?

   La familia está bien.

7 ¿Dónde está usted?

   Yo estoy en la clase.

8 ¿Dónde están los estudiantes?

   Ellos están en la oficina

9 ¿Cómo se llama el profesor?

   Él se llama Jones.

10 Hasta luego.

   Buenos, hasta mañana.

VOCABULARIO

Crucigrama

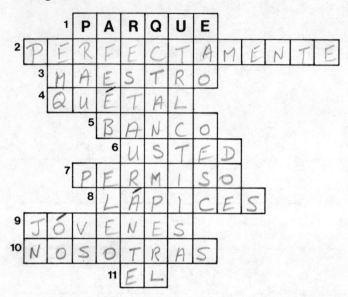

*Solve the crossword puzzle (**crucigrama**) by writing a Spanish word horizontally in each numbered row of boxes, one letter per box. Clues for each word are given below. When you have filled all the words in, the letters in the shaded column of boxes should reveal where Miguel took Alicia on their first date.*

1. A romantic place to be with your date.
2. One way you might respond to the question **¿Cómo estás?** if you were feeling great.
3. Besides **profesora**, another word meaning *teacher*.
4. A greeting that is often used with friends.
5. Where you would go to change your traveler's checks.
6. The word meaning *you* to be used when talking with your boss.
7. When leaving a professor's office in a Spanish university, you would say **con** _____ .
8. Students who are prepared for class have one or two of these.
9. A term commonly used for referring to young men and young women.
10. The subject pronoun that a group of young ladies would use to refer to themselves: _____ .
11. La profesora, _____ profesor.

Lección 2

LABORATORIO

10 ✓

¿Lógica o absurda?

*You will hear ten pairs of statements. If the two statements are logically related, circle **L (lógica)**.*
*If they do not go together, circle **A (absurda)**.*

1 L　2 Ⓛ　3 Ⓛ　4 Ⓛ　5 L　6 Ⓛ　7 Ⓛ　8 Ⓛ　9 L　10 Ⓛ

Ⓐ　A　A　A　Ⓐ　A　A　A　Ⓐ　A

Lectura

*You will hear the **lectura,** and then a series of statements. If a statement is true in terms of the*
***lectura,** circle **V (verdadero)**. If it is false, circle **F (falso)**.*

Maricarmen　　　　　　　　　**Rafael**

1 Ⓥ　2 V　3 Ⓥ　4 V　5 Ⓥ　　　1 V　2 Ⓥ　3 Ⓥ　4 V　5 V

F　　Ⓕ　Ⓕ　Ⓕ　F　　　Ⓕ　F　F　Ⓕ　Ⓕ

Narración

*You will hear the **narración,** and then a series of statements. If a statement is true in terms of the*
***narración,** circle **V (verdadero)**. If it is false, circle **F (falso)**.*

1 Ⓥ　2 V　3 Ⓥ　4 Ⓥ　5 Ⓥ　6 Ⓥ　7 Ⓥ　8 V　9 Ⓥ　10 Ⓥ

✗ Ⓕ　Ⓕ　F　F　F　F　F　Ⓕ　F　F

Yo corregí los errores.

15

ORTOGRAFÍA

A Los sonidos / s, z/

The s-sound in Spanish America is spelled the following ways:[1]

c (*before* e *or* i)	(centavo, cinco)
s	(casa, según, visita, caso, subir)
z	(zapato, picazón)

The z-sound in Spanish occurs when the letter s is followed by a voiced consonant such as b, d, g, m, or n: (es mío, buenos días).

Circle the sound represented in the following words.

1 él sólo ⓢ z   5 sábado ⓢ z

2 su tío ⓢ z   6 difícil ⓢ z

3 desde s ⓩ   7 azul ⓢ ⓩ ✗

4 tiza ⓢ z   8 el centro ⓢ z

B El sonido / y /

The y-sound is represented as follows:

ll + *vowel*	(llamar, calle)
y + *vowel*	(yerba, yeso)

Note: As a consonant, the letter y is found only at the beginning of a word or syllable. As a vowel, y is equivalent in sound to Spanish i. It occurs as a vowel only when it stands alone or when it is at the end of a word (rey).

Circle the sound represented in the following words.

1 yelmo ⓨ i   4 leyes ⓨ i

2 lleno ⓨ i   5 gallo ⓨ i

3 ley y ⓘ   6 pan y agua y ⓘ

---

[1] In most parts of Spain, the z, or c before e or i, is pronounced like the *th* in *thin*.

PROCESAMIENTO DE PALABRAS

C El tiempo presente de verbos regulares

Complete the responses to the following questions.

a) ¿Quién habla español?

1 El profesor __habla español.__

2 Yo _hablo español_

3 Antonio y Ana María _hablan español._

4 Juan y yo _hablamos español._

5 Tú _hablas español._

b) ¿Quién aprende alemán?

6 Yo _aprendo alemán._

7 Los estudiantes _aprenden alemán._

8 Tú _aprendes alemán_

9 Joaquín y yo _aprendemos alemán._

10 Ana _aprende alemán._

c) ¿Quién vive aquí?

11 Tú y yo _vivimos aquí._

12 Usted _vive aquí._

13 Juan y María _viven aquí._

14 Yo _vivo aquí._

15 Nosotros _vivimos aquí._

d) ¿Quién estudia medicina?

16 Miguel _estudia medicina._

17 Dolores y Lisa _estudian medicina_

18 Tú _estudias medicina._

19 Memo y yo _estudiamos medicina._

20 Vosotros _estudiáis_

e) ¿Quién lee francés?

21 Isabel _lee francés._

22 Nosotros _leemos francés._

23 Él _lee francés._

24 Ellos _leen francés._

25 Tú y yo _leemos francés._

f) ¿Quién escribe bien?

26 Joaquín _escribe bien._

27 Yo _escribo bien._

28 Nosotras _escribimos._

29 Miguel y Alicia _escriben_

30 Vosotros _escribéis._

g) *Give the Spanish equivalent for the following sentences.*

1 Are you (**usted**) learning Spanish?

~~Escos~~ ¿Estudia~~r~~ usted Español? (Aprende)

2 Luis and Juan live in California.

Luis y Juan viven en California

3 Does Elena speak French too?

¿Habla Elena francés también?

4 What are you (**tú**-form) studying?

¿Qué estudias?

5 Do they (*m*) read a lot at home?

¿Leen ellos mucho en casa?

D *Ser*

Fill in the blanks in the answers to the questions with the correct form of the verb **ser**.

1 ¿Es usted de Venezuela? No, no ~~es usted~~ *soy* de Venezuela.

2 ¿Son ellos de España? Sí, *ellos son* de España.

3 ¿Eres rico? No, no ~~eres~~ *soy* rico.

4 ¿Son alemanes ustedes? No, no *somos* alemanes.

5 ¿Es rubia ella? Sí, *ella es* rubia.

6 ¿Es difícil la clase? No, no *es* difícil.

7 ¿Sois españolas vosotras? Sí, *somos* españolas.

E Los adjetivos

a) Agreement of adjectives.

Complete the responses.

1 ¿Es usted alto? No, pero María **es alta.**

2 ¿Son ricos ellos? No, pero ellas *son ricas.*

3 ¿Es inglés Alberto? No, pero Ana *es inglésa.*

4 ¿Son francesas ellas? No, pero nosotros *franceses.*

5 ¿Es guapo él? No, pero Miguel y Memo *son guapos.*

6 ¿Eres rico? No, pero Juan y María *son ricos.*

b) Placement of adjectives.

Complete the sentences as indicated by the English cues.

1 (*rich man*) Juan es un *hombre rico.*

2 (*intelligent girls*) María y Marta son *muchachas inteligentes.*

3 (*likeable boy*) Pedro es un (*joven simpatico*). *chico agradable*

4 (*tall building*) El banco es un *edificio alto.*

c) Adjectives of nationality.

Complete the responses.

1 ¿Es de España Carlos?   Sí, **es español.**

2 ¿Es de Portugal ella?   Sí, _es portuguésa_ ✗

3 ¿Son de Francia ellas?   No, no _~~ellas~~ son francesas._

4 ¿Es de Inglaterra usted (*f*)?   No, no _soy inglésa._

5 ¿Son de Alemania ustedes(*m*)?   No, no _somos alemanes._

d) Adjectives used as nouns.

Restate the first sentence using an adjective used as a noun.

1 Rafael es rico.   **El rico se llama Rafael.**

2 María es rubia.   _La rubia se llama María._

3 Alberto y Juana son inteligentes.   _Los inteligentes ~~son~~ se llaman Alberto y Juana._

4 José es alto.   _El alto se llama José._

5 Carmen y Susana son españolas.   _Las españolas ~~son~~ se llaman Carmen y Susana_

e) Demonstrative adjectives.

Complete the sentences as indicated by the English cues.

1 (*this lesson*) Yo estudio **esta lección.**

2 (*that house*) Juan vive en _esa casa_

3 (*those boys*) ¿De dónde son _esos muchachos ~~chicos~~_?

4 (*This man*) _Este hombre_ es mi profesor.

5 (*That brunette*) _Esa morena_ es Susana.

F   Usos del artículo definido

Complete the sentences using an appropriate form of the definite article only when required.

1 _____ Rogelio aprende _____ español en la clase.

2 María habla bien __*el*__ francés.

3 Buenos días, _____ doctor Suárez.

4 La clase de _____ español es interesante.

5 __*Los*__ mexicanos hablan bien __*el*__ español.

G   Los artículos indefinidos

a) *Fill in the blank with the appropriate form of the indefinite article (* **un, una, unos, unas** *).*

1 __Una__ chica vive en esta casa.

2 Estudio español con __*unos*__ chilenos.

3 __*Unas*__ mexicanas estudian aquí.

4 __*Un*__ profesor colombiano enseña español.

5 Él es __*un*__ médico muy bueno.

b) *Write in the correct indefinite article if one is required.*

1 Mario es _____ estudiante.

2 Soy __*un*__ muchacho muy pobre.

3 Ellas son __*unas*__ señoritas altas.

4 Él es _____ norteamericano.

5 No somos __*unos*__ chicos tontos.

c) *Rewrite the sentence, changing as necessary to accommodate the substituted word.*

El profesor González enseña español.

1 **La profesora** mexicana **enseña español.**

2 Un _profesor mexicano enseña español_.

3 _La_ profesora _mexicana enseña español._

4 _La profesora_ mexicana habla bien _el español_.

5 _Los_ muchachos mexicanos _hablan bien el español_.

6 _Los muchachos_ mexicanos estudian _español._

7 _La_ muchacha mexicana _estudia español._

8 Esa _muchacha_ mexicana _estudia español_.

9 _Esos_ hombres mexicanos _estudian español._

H *Ser* y *estar*

Fill in the blank with the appropriate form of **ser** *or* **estar** *as required.*

1 La profesora __está__ en la clase.

2 María ___es___ de Venezuela.

3 Juan y yo ___somos___ inteligentes.

4 Maricarmen ___es___ muy simpática, pero ___está___ cansada ahora.

5 La clase de español ___es___ muy interesante.

6 Ana y Carmen ___son___ secretarias.

7 Pablo no ___está___ aquí.

8 Yo ___estoy___ enfermo hoy.

9 Esta universidad ___es___ grande.

10 Antonio ___es___ moreno.

I Resumen

a) *Choose the correct answer and write it in the blank.*

1 Ellos no ___*estudian*___ portugués.
   a) habla   b) escribes   c) estudian

2 Yo no ___*soy*___ norteamericana.
   a) Elena   b) soy   c) vivo

3 ___*Estos*___ españoles viven en Madrid.
   a) Estos   b) Estas   c) Ese

4 Ella es ___*una*___ profesora ___*buena*___ .
   a) un ... bueno   b) una ... bueno   c) una ... buena

5 ¿Dónde ___*está*___ Maricarmen?
   a) está   b) esta   c) es

b) *Write complete sentences using the appropriate forms of the words given and supplying others as necessary.*

1 Anabel–hablar–alemán

___*Anabel habla alemán*___

2 yo–no–leer

___*Yo no leo ~~los~~ muchos libros*___ *(francés)*

3 estas–chicas–ser–amigas

___*Estas chicas son amigas*___

4 nosotros–vivir–centro

___*Nosotros vivimos en el centro.*___

5 Jorge–estudiar–mucho

___*Jorge estudia mucho.*___

EXPRESIÓN INDIVIDUAL

J Complete las frases

1 Ana María no _es francesa; es española_ .

2 ¿Quién lee _muchos libros?_ ?

3 Ahora vivo _en Flagstaff._ .

4 ¿Estudias tú _francés o alemán?_ ?

5 Tú no eres _rico_ .

K Forme preguntas

1 Ella es doctora.

¿ _Es ella doctora? ¿ Es doctora ella._ ?

2 Los mexicanos hablan español.

¿ _Hablan español los mexicanos_ ?

3 Los estudiantes aprenden francés.

¿ _Aprenden francés los estudiantes_ ?

4 Ana María estudia materias difíciles.

¿ _Ana María estudia materias difíciles_ ?

5 Gloria está aquí.

¿ _Está aquí Gloria_ ?

L Preguntas personales

Answer each question with a complete sentence.

1 ¿Qué estudia usted?

Yo estudio español.

2 ¿Son simpáticos los jóvenes de las clase?

Sí, los jóvenes de la clase son simpáticos

3 ¿Y las chicas?

Sí, las chicas de la clase son simpáticas.

4 ¿Qué idioma habla usted en casa?

Hablo inglés en casa.

5 ¿Es interesante el español?

Sí, el español es interesante

6 ¿De dónde es usted?

Soy de Irlanda.

7 ¿Dónde vive usted ahora?

Vivo en Flagstaff

8 ¿Está usted cansado(a)?

No, no estoy cansada.

9 ¿Qué aprenden ustedes en la clase?

Aprendemos español en la clase

10 ¿Es usted inteligente?

Sí, soy inteligente.

VOCABULARIO

In the blank after the words listed in column A, write the word (or words) in column B that have an opposite meaning.

	A		B
1	alto	*bajo, chelito*	amable
			bajo
2	mal	*bien*	bien
			bonita
3	morena	*rubia*	difícil
			flaco
4	antipática	*simpática*	guapa
			pobre
5	fácil	*difícil*	poco
			rubia
6	rico	*pobre*	simpática
			tonto
7	inteligente	*tonto*	
8	fea	*bonita, guapa*	
9	gordo	*flaco*	
10	mucho	*poco*	

Lección 3

10 ✓

LABORATORIO

¿Lógica o absurda?

You will hear ten pairs of statements. If the two statements are logically related, circle **L** *(lógica).*
If they do not go together, circle **A** *(absurda).*

1 L   2 L   3 L   4 L   5 L   6 L   7 L   8 L   9 L   10 L

A   A   A   A   A   A   A   A   A   A

Notas culturales

You will hear the **notas,** *and then a series of statements. If a statement is true according to the*
nota, *circle* **V** *(verdadero). If it is false, circle* **F** *(falso).*

1 V   2 V   3 V   4 V   5 V   6 V   7 V   8 V

F   F   F   F   F   F   F   F

Lectura

You will hear the **lectura,** *and then a series of statements. If a statement is true in terms of the*
lectura, *circle* **V** *(verdadero). If it is false, circle* **F** *(falso).*

1 V   2 V   3 V   4 V   5 V   6 V

F   F   F   F   F   F

Yo corregí los errores

PROCESAMIENTO DE PALABRAS

A Verbos que cambian su raíz (*e-ie*)

a) *Supply the form of* **pensar** *suggested by the cue.*

1 (tú) ¿Qué __piensas__ de la clase?

2 (ellos) ¿Qué ___piensan___ de la clase?

3 (ellas) ¿Qué ___piensan___ de la clase?

4 (nosotros) ¿Qué ___pensamos___ de la clase?

5 (yo) ___Pienso___ ir al cine.

b) *Supply the form of* **querer** *suggested by the cue.*

6 (ellas) ___Quieren___ ir al centro.

7 (nosotros) ___Queremos___ ir al centro.

8 (usted) ¿ ___Quiere___ ir a Montevideo?

c) *Supply the form of* **entender** *suggested by the cue.*

9 (nosotros) ___Entendemos___ al profesor.

10 (tú) ¿ ___Entiendes___ al profesor?

11 (vosotros) ¿No ___entendéis___ ese idioma?

d) *Supply the form of* **comenzar** *needed to complete each sentence.*

12 La clase ___*Comienza*___ mañana.

13 Yo ___*Comienzo*___ el trabajo esta noche.

14 ¿ ___*Comienzan*___ ellos esta tarde?

e) *Write affirmative answers to the following questions.*

1 ¿Piensa usted estudiar esta noche?

   Sí, pienso estudiar esta noche.

2 ¿Entiendes al profesor?

   Sí, entiendo al professor

3 ¿Quieren Ricardo y José María vivir en Montevideo?

   Sí (Ricardo y José María) quieren vivir en Montevideo

4 ¿Quieren ustedes aprender francés?

   Sí, queremos aprender francés.

5 ¿Comienzan las clases esta noche?

   Sí, las clases comienzan esta noche.

B   *Tener* y *venir*

a) *Supply the form of* **tener** *suggested by the cue.*

1 (Él) No __**tiene**__ hermanos.

2 (María) No ___*tiene*___ hermanos.

3 (Ellos) No ___*tienen*___ clases mañana.

4 (Yo) No ___*tengo*___ clases mañana.

5 (Nosotras) ___*Tenemos*___ muchos amigos.

6 (Vosotros) ___*Tenéis*___ muchos amigos.

b) *Supply the form of* **venir** *suggested by the cue.*

1 (Ellos) No _____vienen_____ mañana.

2 (Él) No _____viene_____ mañana.

3 (Ellas) ¿ _____Vienen_____ a la clase?

4 (Tú) _____Vienes_____ a la clase mañana, ¿no?

5 (Vosotros) ¿ _____Venéis_____ a mi casa esta noche?

c) *Give a negative answer to the questions that follow.*

1 ¿Tiene usted hermanos?

_____No, no tengo hermanos_____

2 ¿Vienen ellas a la clase?

_____No, no ellas vienen a la clase._____

3 ¿Vienes a la clase esta tarde?

_____No, no vengo a la clase esta tarde_____

4 ¿Tienen ustedes clases difíciles?

_____No, no tenemos clases difíciles_____

C *Tener que* **más infinitivo**

Write the Spanish equivalent.

1 I have to buy a gift.

Tengo que comprar un regalo.

2 He has to work tomorrow.

_____Él Tiene que trabajar mañana._____

3 We have to study now.

_____Tenemos que estudiar ahora_____

4 They have to learn Spanish.

_____Ellos Tienen que aprender español._____

5 She has to come tomorrow.

_____Ella tiene que venir mañana._____

D   La _a_ de persona

*Supply an **a** in the blanks where it is required.*

1   Quiero mucho __a__ mamá.

2   Ellos no quieren _____ venir.

3   No veo ___a___ Marcos.

4   María tiene _____ un hermano.

5   Buscamos ___a___ Lisa.

6   ¿Quieres comprar _____ un regalo?

7   ¿Entendéis ___a___ la profesora?

E   _Ir_

*Supply the correct form of the verb **ir**.*

1   ¿ ___Va___ usted al centro todos los días?

2   Alfredo no ___Va___ al cine con nosotros.

3   Nosotros no ___Vamos___ al cine mucho.

4   ¿ ___Van___ Luisa y Hortensia al centro?

5   ¿ ___Vas___ tú con nosotros?

6   Esos muchachos no ___Van___ a la clase.

F   _Ir_ más _a_ más infinitivo

Answer the following questions affirmatively.

1   ¿Va usted a trabajar esta noche?

   Sí, voy a trabajar esta noche.

2   ¿Van a comenzar las clases mañana?

   Sí, las clases van a comenzar (las clases) mañana.

3 ¿Vas a estar en casa esta tarde?

Sí, (vengo) [voy] a estar en casa esta tarde.

4 ¿Van ustedes a comprar regalos para el Día de la Madre?

Sí, vamos a comprar regalos para el Día de la Madre.

G Las contracciones *a* + *el* → *al* **y** *de* + *el* → *del*

a) *Fill in the blanks with* **al, a la, a los,** *or* **a las** *as required.*

1 Ricardo va __a la__ oficina.

2 Los estudiantes van __a la__ clase.

3 No, gracias, no voy __al__ centro.

4 Mañana vamos __al__ teatro.

5 Hoy no voy __al__ banco.

6 ¿Tú vas __a la__ biblioteca?

7 Ustedes no van __al__ cine, ¿verdad?

8 ¿Llamas __al__ médico?

9 Hoy vamos __al__ centro y __a la__ universidad.

b) *Fill in the blanks with* **del, de la, de los,** *or* **de las** *as required.*

1 Vienen __del__ cine muy tarde.

2 Soy amigo __del__ señor Álvarez.

3 ¿Cuándo viene usted __de la__ universidad?

4 ¿Es usted hermano __del__ profesor?

5 Esos libros son __de las__ estudiantes (*f.*).

NOMBRE _____ FECHA _____ CLASE _____

H Los números cardinales 1 a 100

Decide which number is required to complete the equation and write its name in the blank.

1 3 + __cuatro__ = 7

2 21 - 9 = *12 , doce*

3 *(13) trece* × 2 = 26

4 4 × 3 × 3 = *(36) treinta y seis*

5 *(100) Ciento* - 17 = 83

6 63 - *(52) cincuenta y dos* = 11

7 *(84) Ochenta y cuatro* + 7 = 91

8 35 - *dieciséis (16)* = 19

9 63 + 11 = *(74) setenta y cuatro*

10 *(42) Cuarenta y dos* - 8 = 34

11 18 × 3 = *(54) cincuenta y cuatro*

12 80 - 15 = *(65) sesenta y cinco*

I *Hay*

Write answers to the following questions, spelling out the names of the numbers indicated.

1 ¿Cuántos estudiantes hay en la clase? (31)
   Hay treinta y un estudiantes en la clase.

2 ¿Cuántos casados hay en la clase? (5)
   Hay cinco casados en la clase.

3 ¿Cuántos cines hay aquí? (2)
   Hay dos cines aquí.

4 ¿Cuántos jóvenes guapos hay en la clase? (13)
   Hay ~~jóvenes~~ trece jóvenes guapos en la clase

5 ¿Cuántas horas hay en el día? (24)
   Hay veinticuatro horas en el día.

6 ¿Cuántos libros hay en la mesa? (6)
   Hay seis libros en la mesa.

7 ¿Cuántas chicas hay en la clase? (18)
   Hay dieciocho chicas en la clase.

J Un, uno y una

Give the Spanish equivalent of the following. (Write out the numbers.)

1 Is there a doctor here?

¿ Hay un ~~doctor~~ medico aqui ?

2 She has one brother and one sister.

Ella tiene un hermano y una hermana.

3 There are 21 students in the class.

Hay veintiún estudiantes en la clase.

4 I am going to buy a gift for Mother's Day.

Voy a comprar un regalo para ~~dia de la~~ el Día Madre

5 She's a good teacher.

Ella es una maestra buena.

K Posesión: los adjetivos posesivos

a) *Supply the correct form of the possessive adjectives.*

1 Son los tíos de Luisa. Son ___sus___ tíos.

2 Es el hermano de nosotros. Es ___~~Su~~ nuestro___ hermano.

3 Es la amiga de ellos. Es ___su___ amiga.

4 Son los padres de Carlos. Son ___sus___ padres.

5 Es la prima de papá. Es ___su___ prima.

6 Es la casa de Carlos. Es ___su___ casa.

b) *Rewrite the sentence, changing as necessary to accommodate the substituted word.*

Mi mamá está en casa.

1 ___Mis___ amigos ___están en casa.___

2 Nuestro ___amigo está en casa.___

3 Mi ___amigo está en___ el centro .

4 ___Mis___ tíos ___están en ~~la~~ el centro___ .

5 Su ___tío está en el centro___ .

6 ___Sus___ hermanas ___están___ aquí .

7 Mis ___hermanas están aquí___ .

NOMBRE _____ FECHA _____ CLASE _____

L Posesión: *de*

Rewrite the following sentences using an appropriate form of **ser** *plus* **de**.

1 Hortensia tiene un regalo.

   El regalo es de Hortensia.

2 La universidad tiene un hospital.

   Ho *El hospital es de la universidad*

3 Los profesores tienen oficinas.

   Las oficinas son de los profesores

4 Mi hermano tiene una taberna.

   La taberna es de mi hermano

5 Mis padres tienen una casa grande.

   La casa grande es de mis padres.

6 Ricardo tiene un restaurante.

   El restaurante es de Ricardo.

M Resumen

a) *Choose the correct answer and write it in the blank.*

1 Tengo cuatro hermanos. Son **mis hermanos.**

   a) mi hermano.   b) mis hermanos.   c) mi hermana.

2 Tú tienes muchos amigos. Son *tus amigos*

   a) sus amigos.   b) nuestros hermanos.   c) tus amigos.

3 Pablo y yo no *queremos* trabajar.

   a) queremos   b) quieres   c) quieren

4 Nuestros amigos *vienen a la* fiesta.

   a) vienen al   b) vienen en la   c) vienen a la

5 Ellos son amigos *del* chileno.

   a) del   b) al   c) de

6 Yo no *tengo que* trabajar en la universidad.

   a) tengo   b) tiene que   c) tengo que

7 Hay *un* banco en el centro.

   a) una   b) un   c) uno

b) *Write sentences using the appropriate forms of the words given and supplying others as necessary.*

1 yo—no—ir—comprar—tres—casa

    <u>**Yo no voy a comprar tres casas.**</u>

2 ellos—venir—de—Universidad—México

    Ellos vienen de la Universidad de México

3 Cecilia—entender—cuatro—idioma—y—estudiar—mucho

    Cecilia ~~entende~~ *entiende cuatro idiomas y₍ella₎ estudia mucho*

4 Él—tener—trabajar—universidad

    Él tiene que trabajar en la universidad

c) *According to the context of the sentence, select an appropriate verb from the list and write the correct form of that verb in the blank.*

1 ¿ *Tienes* tú cinco hermanos?	aprender
	buscar
2 ¿Cuántas chicas *son* *hay* en la familia?	comenzar
	comprar
3 María y Elena *están* *son* amigas del profesor.	entender
	7•3 estar
4 Yo no *voy* al cine.	5 hablar
	hay
5 ¿ *Hablan* ustedes español y francés?	6•4 ir
	querer
6 Luisa *va* a comprar regalos.	2 ser
	1 tener
7 Sí, yo *estoy* enfermo.	trabajar
	venir
8 Las clases *comienzan* mañana.	ver
9 Nosotros *tenemos* que trabajar esta noche.	
10 ¿ (*Están*) *Ven* ustedes el hospital?	

EXPRESIÓN INDIVIDUAL

N   Complete las frases

1 Mi familia *vive en Irlandia* 4 ¿Cuántos *amigos tiene usted* ?

2 Vamos a *buscar un regalo* 5 ¿Dónde están *los estudiantes* ?

3 Yo quiero *a mi familia* .

O Forme preguntas

1 Mi abuelo está en casa.

¿ _Dónde está mi abuelo_ ?

2 Roberto tiene muchos amigos.

¿ _Cuántos amigos tiene Roberto_ ?

3 Nuestro amigo está bien.

¿ _Cómo está ~~vuestro~~ nuestro amigo_ ?

4 Voy al centro.

¿ _ADónde vas (o) (ADónde va usted)_ ?

5 Sí, quiero ir a México.

¿ _Quiere usted ir a México_ ?

P Preguntas personales

Answer each question with a complete sentence.

1 ¿Quién es usted?

Soy Ana.

2 ¿Tiene usted una familia grande?

Sí, tengo una familia grande.

3 ¿Cuántos hermanos y hermanas tiene usted?

Tengo dos hermanos y tres hermanas.

4 ¿Cuántas primas tiene usted?

Tengo cinco primas.

5 ¿Quiere usted mucho a sus amigos?

Sí, quiero mucho a mis amigos.

6 ¿Cuándo va usted al cine?

Voy al cine esta noche.

7 ¿Cómo se llama su abuela?

Se llama ~~mi abuela~~ la señora Kelly.

8 ¿Trabaja usted mucho?

Sí, trabajo mucho.

9 ¿Adónde va usted mañana?

Voy a la clase mañana

VOCABULARIO

For each definition or description, find the correct word in the list and write it in the blank next to the definition. Some words will not be needed.

1 Your mother's father is your _abuelo_.

2 Where students often eat lunch. _cafetería_

3 How many? _cuántos_

4 Two days after Friday. _domingo_

5 Relationship to you of a female child of your father. _hermana_

6 A sign or poster. _letrero_

7 Your father's wife is your _madre_.

8 If we own the tavern, it is _nuestra_ taberna.

9 Your father's sister is your _tía_.

10 Your cousins are your aunt's _hijos_.

11 Already. _ya_

12 If you don't know the answer, then you have one. _pregunta_

13 She's not just your sister; she's your little sister. _hermanita_

14 All the time. _día y noche_

15 Your aunt's son is your _primo_.

16 To look for something. _buscar_

17 What your mother and grandmother are and your father and grandfather can't be. _mujeres_

18 What you might be if your date didn't show up within an hour after the appointed time. _preocupada(o)_

abuelo
buscar
cafetería
cuántos
~~día y noche~~
domingo
hermana
hermanita
~~hijos~~
hombre
letrero
libro
madre
mujeres
~~nuestra~~
~~pregunta~~
preocupada(o)
~~primo~~
~~tía~~
todavía
~~ya~~

Lección 4

LABORATORIO

10

¿Lógica o absurda?

You will hear ten pairs of statements. If the two statements are logically related, circle **L** *(lógica). If they do not go together, circle* **A** *(absurda).*

1 L	2 L	3 L	4 L	5 L	6 L	7 L	8 L	9 L	10 L
A	A	A	A	A	A	A	A	A	A

Notas culturales

You will hear the **notas,** *and then a series of statements. If a statement is true according to the* **nota,** *circle* **V** *(verdadero). If it is false, circle* **F** *(falso).*

La educación pública

1 V	2 V	3 V	4 V
F	F	F	F

Las carreras; La ciudad universitaria

1 V	2 V	3 V	4 V	5 V
F	F	F	F	F

Lectura

You will hear the **lectura,** *and then a series of statements. If a statement is true in terms of the* **lectura,** *circle* **V** *(verdadero). If it is false, circle* **F** *(falso).*

1 V	2 V	3 V	4 V	5 V	6 V	7 V	8 V	9 V	10 V
F	F	F	F	F	F	F	F	F	F

Yo corregí los errores

39

Narración

You will hear the **narración,** *and then a series of statements. If a statement is true in terms of the* **narración,** *circle* **V** **(verdadero).** *If it is false, circle* **F** **(falso).**

1 V 2 V 3 V 4 V 5 V 6 V 7 V 8 V 9 V 10 V

F F F F F F F F F F

PROCESAMIENTO DE PALABRAS

A Verbos que cambian en la raíz (e-i)

Fill in the blanks with the proper form of the cue.

1 (seguir) Mi hermano __sigue__ la carrera de dentista.

2 (pedir, ellas) ___Piden___ clases difíciles.

3 (decir) ¿Qué ___dicen___ los jóvenes de la ciudad universitaria?

4 (seguir, nosotros) No ___seguimos___ esa carrera.

5 (decir, tú) ¿Qué ___dices___ de esta clase?

6 (pedir) ¿Cuándo ___piden___ ustedes clases fáciles?

7 (decir, yo) No ___digo___ que soy norteamericana.

B *Pedir o preguntar*

Choose between **pedir** *and* **preguntar** *and write the proper conjugated verb form in each blank.*

1 Ana ___pide___ un lápiz.

2 ¿ ___Pregunta Preguntan___ sus padres si va al cine con su amigo?

3 Los estudiantes ___piden___ materias difíciles.

4 Su mamá ___pregunta___ si está cansado.

5 ¿ ___Pide___ usted más tiempo?

C Verbos que cambian su raíz (o-ue)

Fill in the blanks with the proper form of the cue.

1 (dormir, yo) Siempre __**duermo**__ ocho horas.

2 (dormir, nosotros) No ___dormimos___ en esa clase.

3 (poder, ellos) *Ellos pueden* saber más si estudian.

4 (poder) Elena y yo ___podemos___ ir a España.

5 (volver) Esa chica no ___vuelva___ al grupo.
vuelves

6 (volver) Si tú no ___vuelve___, no ___volvemos___ nosotros.

7 (poder/volver) ¿ ___Pueden___ ___volver___ ustedes en seguida?

D *Conocer* y *saber*

Choose between **conocer** *and* saber *and write the proper conjugated verb form in each blank.*

1 (Yo) No __sé__ la lección.

2 Ricardo ___conoce___ España.

3 Nosotros ___sabemos___ hablar español.

4 Nosotros ___conocemos___ a todos en la clase.

5 ¿Cuántos de ustedes ___saben___ mucho?

6 Felipe no ___conoce___ a Teresa.

7 ¿ ___Conoces___ tú la ciudad?

8 Ella dice que ellos ___saben___ muy poco.

9 ¿ ___Sabe___ Ricardo que es importante estudiar?

10 Alberto no ___conoce___ a la amiga de Miguel.

E Los pronombres usados como complementos directos

a) *Rewrite each sentence substituting the appropriate direct-object pronoun for the direct-object noun.*

1 Escuchamos la música.   La escuchamos.

2 Necesitamos tiempo.   *Lo necesitamos*

3 Conozco a Maricarmen.   *La conozco.*

4 No sé la lección.   *No la sé.*

5 Pido clases difíciles.   *Las pido*

6 Ven al profesor.   *Lo ven.*

7 Decís la verdad.   *La decís.*

b) *Answer the following questions, substituting a direct-object pronoun for the direct-object noun.*

1 ¿Estudia Alicia su lección?

   Sí, la estudia.

2 ¿Vas a aprender español?

   Sí, voy a aprenderlo.   *or*   Sí, lo voy a aprender.

3 ¿Ramón escribe las cartas?

   Sí, las escribe.

4 ¿Vas a traer el periódico?

   Sí, voy a traerlo o Sí, lo voy a traer.

5 ¿Tienes el libro de Ramón?

   Sí, lo tengo.

6 ¿Leen ellos el libro de español todos los días?

   Sí, lo leen todos los días.

7 ¿Siempre pides dinero?

   No, no lo pido siempre.

8 ¿Escribes las cartas ahora?

   Sí, las escribo ahora.

9 ¿Van ellos a comprar el regalo hoy?

   Sí, van a comprarlo hoy o Sí, lo van voy a comprarlo.

10 ¿Quieres mucho a tus abuelos?

   Sí, los quiero mucho.

c) Give the Spanish equivalent. (The direct-object pronouns in the sentences should agree with the cues given in parentheses.)

1 We need it. (dinero)

Lo necesitamos.

2 I love you. (tú)

Te quiero

3 They don't study it. (lección)

No la estudian.

4 We don't know her.

No la conocemos.

5 I can't speak it. (alemán)

No lo hablo. No lo puedo hablar / No puedo hablarlo

6 She doesn't want to see me.

Ella no me quiere ver o

Ella no quiere verme

F   Los números cardinales del 101 al 1.000.000

Answer the following questions. Write out all numbers.

1 ¿Cuántos son 509 más 213?   (722)

Son setecientos veintidós

2 ¿Cuántas personas hay en esta ciudad?   (10,459)

Hay diez mil cuatrocientas cincuenta y nueve personas en esta ciudad.

3 ¿Cuántas chicas hay en esta universidad?   (6,891)

Hay seis mil ochocientas noventa y una chicas en esta universidad

4 ¿Cuántas páginas tiene ese libro?   (258)

Tiene doscientas cincuenta y ocho páginas.

5 ¿Cuántas personas viven aquí?   (1,238,405)

Un millón doscientos treinta y ocho mil cuatrocientas cinco personas viven aquí.

6 ¿Cuántos estudiantes aprenden español?   (6,540)

Hay seis mil quinientos cuarenta estudiantes que aprenden español.

G La hora

a) *Fill in the blanks with the Spanish equivalent of the English words in parentheses.*

1 *(at 6:00)* Voy al centro _a las seis_ .

2 *(it's 10:00)* Ahora _son las diez_ .

3 *(at 4:00)* Vamos al cine _a las cuatro_ .

4 *(it's one o'clock)* Ya _es la una_ .

b) *Give the Spanish equivalents of the following.*

1 I'm going at 5:00 o'clock sharp.

Voy a las cinco en punto

2 What time is it?

¿Que hora es?

3 It's 4:50 P.M.

Son las cinco menos diez de la tarde.

4 Class starts at 8:30 A.M.

La clase comienza a las ocho y media, de la mañana

5 I always study at night.

Siempre estudio por (en) de la noche.

6 What time are you *(tú)* going home?

¿A qué hora vas a casa?

H Los días de la semana

a) *Write the correct day in the blank.*

1 Si hoy es martes, mañana es _(lunes) miércoles_ .

2 Si hoy es sábado, mañana es _domingo_ .

3 Si hoy es jueves, mañana es _viernes_ .

4 Si hoy es miércoles, mañana es _jueves_ .

5 Si hoy es viernes, mañana es _sábado_ .

b) *Give the Spanish equivalent.*

1 On Tuesdays I have math at 9:00 A.M.

Los martes tengo matemáticas a las nueve de la mañana.

2 We have to study Spanish every day.

Tenemos que estudiar español todos los días.

3 Are you coming to see us on Saturday?

Viene usted (ver a nos) el sábado
          a vernos

4 Today is Wednesday.

Hoy es miércoles

5 Fridays are good. Mondays are bad.

Los viernes (están bien). Los lunes (están mal)
          Son bienos   *son malos*

I **Palabras interrogativas**

a) *Write questions in Spanish as suggested by the English cues. Supply any other words necessary.*

ENGLISH	SPANISH
1 How? /sister/to be	**¿Cómo está tu hermana?**
2 Where? /**taberna**/to be	¿Dónde está la taberna.
3 Who? /not/to come	¿Quién no viene?
4 Whose? /pencils/to be	¿De quiénes (están) *son* los lápices?
5 From where? /Felipe/to be	¿De dónde (está) *es* Felipe?
6 What? /they/to study	¿Qué estudian?
7 How many? /dollars/to have	¿Cuántos ~~dollars~~ *dólares* tiene usted?
8 Why? /you (**tú**-form)/ to ask	¿Por qué ~~puedes~~ *preguntas*?
9 (To) where? /you (**tú**-form)/to go	¿Adónde vas?
10 Which, Which one? / your (**tú**-form) shirt/to be	¿Cuál (está) *es* tu camisa? *shirt*

b) *Choose the correct answer and write it in the blank.*

1 ¿ ___Adónde___ va Eduardo?
   a) De dónde   b) Cuál   c) Adónde

2 ¿ ___De quién___ es el libro?
   a) Cuándo   b) De quién   c) Por qué

3 ¿ ___Cuándo___ quiere usted comer?
   a) Quién   b) De dónde   c) Cuándo

4 ¿ ___Cuál___ es tu casa?
   a) Cuál   b) Quién   c) Adónde

J Resumen

Fill in each blank with an appropriate word (noun, verb form, interrogative word, etc.)

1 ¿Quién ___es___ a María?   *conoce*

2 No tengo su libro. Ella ___lo___ tiene.

3 Las clases ___comienzan___ a las 7:00 de la mañana.

4 En esta universidad hay ___novecientos___ estudiantes.   (*muchos*)

5 Tenemos clase de español todos ___los___ días.

6 ¿ ___Cuál___ es tu libro?

7 ¿ ___De Quién___ es este libro?

8 ¿ ___Sigue___ usted la carrera de matemáticas?

9 Ella dice que no ___sabe___ si viene mañana o no.

10 Pido materias difíciles porque ___las___ quiero estudiar.

11 Ella quiere mucho a Roberto y va a ver ___lo___ ___el___ sábado.

12 ¿ ___Duerme___ usted bien ___por___ la noche?
       en

EXPRESIÓN INDIVIDUAL

K   Complete las frases

1 Mis clases _____ son muy interesantes. _____ .

2 El sábado _____ voy al centro _____ .

3 Siempre duermo _____ hasta las nueve el sábado _____ .

4 Los domingos _____ voy a la iglesia _____ .

5 Estudio la lección _____ día y noche _____ .

L   Forme preguntas

1 Sí, las clases son muy difíciles.

¿ _____ Son difíciles o fáciles las clases _____ ?

2 Duermo hasta las nueve los domingos.

¿ _____ Cuándo duerme usted hasta las nueve _____ ?

3 No, no veo la televisión todos los días.

¿ _____ Ve usted la televisión todos los días _____ ?

4 Escucho la radio todas las noches.

¿ _____ Cuándo escuchas la radio _____ ?

5 Gustavo estudia la historia de Bolivia.

¿ _____ Quién estudia la historia de Bolivia _____ ?

M   Preguntas personales

Write complete answers to the following questions.

1 ¿Son fáciles sus materias de la universidad?

_____ No, no son fáciles, son difíciles _____ .

2 ¿Cuál es su número de teléfono?

_____ Es siete setenta y cuatro treinta y seis ochenta. _____

3 ¿Cuándo ve usted la televisión?

_____ Veo la televisión todas las noches _____ .

4 ¿Quién duerme día y noche?

_____ No sé, sé quién es yo no duermo día y noche _____ .

OR pero ¡yo no!

5 ¿A qué hora va usted a la biblioteca?

Voy a la biblioteca a las diez de la mañana.

6 Hoy es domingo, ¿verdad?

No, no es domingo, es jueves.

7 ¿Cuándo va usted a estudiar la lección?

Voy a l las cuatro y media la.

8 ¿Cuándo va usted al cine?

Voy al cine los sábados.

9 ¿Por qué no trabaja usted los domingos?

El domingo es un día festivo.

10 Este libro es muy interesante, ¿no?

Sí, es muy interesante.

VOCABULARIO

Find the words from Lesson 4 that fit the definitions and write them in the blanks. Then try your skill at finding the words in one of the three **SOPA DE LETRAS** grids. In Grid A the words are arranged horizontally or vertically only. In Grid B the words are listed horizontally, vertically, or diagonally. Grid C presents the words horizontally, vertically, or diagonally in either normal or inverted letter-order.

1 A person who repairs automobiles. _el mecánico_

2 Thought of as opposite from _the country_. _la ciudad_

3 Science of matter and motion. _la física_

4 One's major or special interest in school. _la especialidad_

5 A small sidewalk shop or store. _la tienda_

6 Study of living beings and life processes. _biología_

7 Opposite of _hard_ or _difficult_. _fácil_

8 Which one? _¿Cuál?_

9 To find something. _encontrar_

10 Opposite of "never". _siempre_

11 A single leaf of a book. *la página*

12 End-product of taking a picture. *la foto*

13 To know (someone). *conocer*

14 Day after Tuesday. *el miércoles*

15 To cost, be worth. *costar*

16 Several. *varios*

17 To be able (to do something). *poder*

18 Science dealing with chemicals and their properties. *la química*

19 Someone who specializes in sewing and dressmaking. *el, la modista*

20 Day before the weekend begins. *el viernes*

21 Degree sought by engineering students. *ingeniería*

Sopas de letras

(A)

```
E T L F T J K J G D Q Y M E M
S T M O D I S T A R E U E N M
P V I E R N E S Q J V V C C U
E C O S T A R N U I A M M O I
C X C U A L R X Q N R X I N M
I I P O X F U F L G I H E T I
A J O Z Q M G Y B E C V R R C
L G D S P N C F I N S F C A A
I M E C A N I C O I S I O R F
D R R U C K U H L E I S L V O
A F A C I L D C O R E I E X T
D F X N Q A K G I M O S A O
L I A P A G D O I A P A F M F
T I E N D A S E A B R W R K Z
C O N O C E R R T X E U L J G
```

(B)

```
B E I F H A P A C S T Z G X B R F I P U
L F F P P Q Z Z S A K T F K I G I G F U
I T H I W I H T A P Q I O M O S Y M P Q
C E R K S B S S R W A T T U L U O E L D
R C U L I I E H E Z I G O I G A Y C V M
D U A Q P N C V C T D F I Q G Z F A R G
I U K I R Q Q A B M D Y I N I F S N U S
C O Z E N M I E R C O L E S A A P I T W
W I I S J G S I E M P R E Y C C E C Q Z
T V U H W M E Q B O Y V B I A I C G W C
C I P D E C O N O C E R M Y T L I N K T
V I E O A N T E I J T I Y F V U A F Y Y
Z A D N D D C Z I E U H Y I M M L W U P
F F R S D E C C O Q R O J A K V I A R Q
R P I I C A R E N F N I U S X T D Q B H
E B V B O O F M G T B F A J X V A I K X
U S Q J W S S S V D R O W E V M D G P A
A U A B X Q G T W C A A A G V H S V W P
G N C D I S T A A K X B R K M S D D F D
W D N V M R G Z X R X S B L J C J P D D
```

(C)

```
M D E H U H A N W N E F P X R W L W G P M I W T W
S L G H Z K P R X Y X T R J H G Y K X P O T R E C
M P H J V M K H B Q B T S U A Y B Y P A Z N W T U
C H G D M E R N H J C J W Z G Z O Q F T I A M L A
F C V H N T A C I N B S H Z I Q O A C I M I U Q L
F Z C I Y Y T H L O V R E C R T U F I W E B F L Q
K D F N V V S K A J O R Z A B S A A A R A E B A L
B R G G I Y O S P K A M H C V S T O C A N I G A P
V H I E G M C V Z F E E H I U Z W O Z T P S H M U
A V B N G S R A R C N E S S N A L A I G O L O I B
R E C I U D A D A C F R X I R E C O N O C T T L I
I T Q E B S L N O M Z P S F S X S K X T C I C D L
O G Q R V A I N S I Y M Y E D Q S A N F E W A C I
S D H I A C T U K K M E G X N Y S C C N L D L N C
M Q D A O R Z N Z S C I M P Z R B M D L I V L X A
D O L H A S R Y I Z B S Q A T Y E A V L M T R C F
A E N R D T Q L Y S D A B W T X W I A U G E I W M
Q L B J J Y M M G F J A T V P B W I V U Z A S I A
W E B U N Y M F V J S C N S V L C S T P W Y I C L
H L N I X U N H H Z J N S M I E A P M M G P K K T
Y R H R P C V T F V J M O S P D U J W T J M S M K
F L B P E E L O W V S I J S W X O T U D M P H O J
V Z E X U D Q N H M A Q E D X U E M E X E D R V P
G D X S Q Z O C T Y X R L Z H H L E X C T Y R Z I
H U T A L Y S P R T W X O S T S L Q T O Z U E V U
```

Listening Comprehension Exam

LECCIONES 1-4

¿ Verdadero o falso?

You will hear five sentences on the tape that are either true or false. If a sentence is true, circle **V** *(***verdadero***). If it is false, circle* **F** *(***falso***).*

1 V   2 V   3 V   4 V   5 V

  F   F   F   F   F

¿ Lógica o absurda?

You will hear five pairs of statements. If the two statements are logically related, circle **L** *(***lógica***). If they do not go together, circle* **A** *(***absurda***).*

1 L   2 L   3 L   4 L   5 L

  A   A   A   A   A

Selección multiple

*You will hear 35 question with three answer choices for each, only one of which is correct. Circle the letter (***A, B,*** or ***C***) of the correct choice.*

1 A 2 A 3 A 4 A 5 A 6 A 7 A 8 A 9 A 10 A

  B   B   B   B   B   B   B   B   B   B

  C   C   C   C   C   C   C   C   C   C

11 A	12 A	13 A	14 A	15 A	16 A	17 A	18 A	19 A	20 A
B	B	B	B	B	B	B	B	B	B
C	C	C	C	C	C	C	C	C	C
21 A	22 A	23 A	24 A	25 A	26 A	27 A	28 A	29 A	30 A
B	B	B	B	B	B	B	B	B	B
C	C	C	C	C	C	C	C	C	C
31 A	32 A	33 A	34 A	35 A					
B	B	B	B	B					
C	C	C	C	C					

Lección 5

10

LABORATORIO

¿Lógica o absurda?

You will hear ten pairs of statements. If the two statements are logically related, circle **L** *(lógica).*
If they do not go together, circle **A** *(absurda).*

1 L   2 L   3 L   4 L   5 L   6 L   7 L   8 L   9 L   10 L

  A   A   A   A   A   A   A   A   A   A

Notas culturales

You will hear the **notas,** *and then a series of statements. If a statement is true according to the*
nota, *circle* **V** *(verdadero). If it is false, circle* **F** *(falso).*

El clima y el trabajo

1 V   2 V   3 V   4 V   5 V   6 V

  F   F   F   F   F   F

El frío y el viajero

1 V   2 V   3 V

  F   F   F

Los contrastes de clima

1 V   2 V   3 V

  F   F   F

Yo corregí los errores

53

Lectura

You will hear the **lectura,** *and then a series of statements. If a statement is true in terms of the* **lectura,** *circle* **V** *(verdadero). If it is false, circle* **F** *(falso).*

1 V 2 V 3 V 4 V 5 V 6 V 7 V 8 V
   F   F   F   F   F   F   F   F

Narración

You will hear the **narración,** *and then a series of statements. If a statement is true in terms of the* **narración,** *circle* **V** *(verdadero). If it is false, circle* **F** *(falso).*

1 V 2 V 3 V 4 V 5 V 6 V 7 V 8 V 9 V 10 V
   F   F   F   F   F   F   F   F   F   F

PROCESAMIENTO DE PALABRAS

A Pronombres usados como complementos indirectos

a) *Underline the indirect object in the following English sentences.*

1 Will you lend me your book?

2 I gave Jason twenty dollars.

3 Send her my address, please.

4 Write us when you can.

5 We mailed him the package.

b) *Fill in each blank with the proper form of the indirect object.*

1 A él __le__ escriben muchas cartas.

2 A mí __*me*__ escriben muchas cartas.

3 Usted __*les*__ presta un abrigo a los estudiantes.

4 Él __*nos*__ presta un abrigo a nosotros.

5 ¿Tú __*le*__ escribes una carta a mi hermano?

6 Él quiere hablar- __*les*__ a ellos.

c) *Underline the indirect object in each sentence. Then rewrite the sentence, substituting the appropriate indirect-object pronoun for the indirect-object noun.*

1 Presto el abrigo a mi amigo.

  Le presto el abrigo.

2 ¿Escribes cartas a Elena?

  ¿Le escribes cartas?

3 Hablamos a Roberta todos los días.

  Le hablamos todos los días.

4 No quiero escribir a mi tía.

  No quiero escribirle o no le quiero escribir.

5 Cuándo no tenemos pluma, ella presta una a nosotros.

  Cuándo no tenemos pluma, ella nos presta una.

d) *Answer the questions according to the cues, using indirect-object pronouns.*

1 ¿Quiere usted hablarle al profesor? (Sí)

  Sí, quiero hablarle, o Sí, le quiero hablar.

2 ¿Quién te presta un lápiz? (Marta)

  Marta (te) presta un lápiz.

3 ¿Les escribe mucho a ustedes su abuela? (No)

  No, ella no nos escribe mucho a nosotros.

4 ¿Cuándo le escribes a tu novia(o)? (los domingos)

  Le escribe a mi novia los domingos.

5 ¿Cuándo te escribe ella? (los miércoles)

  Me escribe los miércoles.

Cuándo - whe.

e) *Give the Spanish equivalent.*

1 She wants to talk to me.

Ella quiere hablarme, Ella me quiere hablar.

2 Do you write him every Sunday?

¿Le escribes todos los domingos?

3 When he doesn't have a coat, I lend him one.

Cuándo el no tiene (un) abrigo, le presto uno.

4 He doesn't buy us gifts.

El no nos compra regalos a nosotros

B **Pronombres usados como objectos de preposición**

Fill each blank with the propositional-object pronoun suggested by the English cue.

1 (*her*) A __ella__ le leen el libro.

2 (*him*) Ellos lo hacen para __él__ .

3 (*them*, all feminine) Queremos hablarles a __ellas__ .

4 (*us*, mixed group) Nos escriben una carta a __nosotros__ .

5 (*you*, singular formal) Compramos los regalos por __usted__ .

6 (*me*) Mañana ella va con- __migo__ .

C *Gustar, parecer* y *faltar*

a) *Rewrite the sentence, changing as necessary to accommodate the substituted words.*

A mí me gusta el clima de aquí.

1 A ella __le gusta el clima de aquí__ .

2 __a ella le (mí me) gustan__ estos libros.

3 A nosotros __nos gustan estos libros__ .

4 __a nosotros nos (mí me) gusta__ el frío .

5 A ti __te gusta el frío__ .

6 A Gloria y a Anabel no __les gusta el frío.__

b) *Write questions for the answers given below. Use* **tú-** *forms to express "you."*

1 No, no me falta dinero.

¿ Te falta dinero ?

2 Sí, a mis hermanas les gusta esquiar.

¿Les gusta esquiar a tus hermanas?

3 Sí, me parece que va a nevar.

¿Te parece que va a nevar ?

4 Sí, me parece muy buena la clase.

¿Te parece (muy) buena la clase?

5 No, no nos falta tiempo.

¿Nos falta tiempo ?

c) *Write the Spanish equivalent.*

1 I like this climate.

A mí me gusta este clima.

2 I like it (climate) ,too.

~~La quiero, también.~~ a mí me gusta, también.

3 We need (lack) books.

A nosotros Nos faltan ~~los~~ libros.

4 The climate seems cold to her.

(A ella le parece la clima es frío)

5 We don't like to buy gifts.

No nos gusta comprar regalos.

6 He needs friends, not money.

Le faltan amigos, no dinero.

El clima le parece frío a ella.

D Expresiones con *tener*

Write the Spanish equivalent.

1 I'm sleepy.

   Tengo sueño.

2 I'm afraid.

   Tengo miedo

3 I'm in a hurry.

   Tengo prisa

4 I'm jealous.

   Tengo celos.

5 I'm right.

   Tengo razón.

6 I'm thirsty.

   Tengo sed

7 I'm 25 years old.

   Tengo veinticinco años.

E El tiempo, las estaciones y los meses del año.

a) *Write the Spanish equivalent.*

1 It's bad weather today.

   Hace mal tiempo hoy.

2 Do you like to ski in the winter?

   ¿ Te gusta
   ¿Quieres esquiar en el invierno?

3 I don't like it when it's windy.

   No me gusta cuándo hace viento

4 What's the weather like in the spring?

   ¿Qué tiempo hace en la primavera?

5 It's always cold in January.

   Siempre Hace frío (siempre) en enero

6 Is it cool today?

   ¿Está fresco hoy?

7 Does it snow a lot in the winter in Colorado?

   ¿Nieva mucho en el invierno en
                        Colorado?

b) *Answer the following questions as suggested by the English cues.*

1 ¿En qué meses llueve mucho?   (*June and July*)

 Llueve mucho en junio y julio..

2 ¿Qué le parece a usted el calor?   (*I like it.*)

 (Lo quiero.) Me gusta el calor.

3 ¿Dónde hay nieve en el Perú?   (*in the Andes*)

 Hay nieve en los Andes.

4 ¿Qué mes le gusta más a usted?   (*December*)

 Me gusta más, el mes de diciembre.

5 ¿Qué le parece a usted el clima de aquí?   (*I don't like it.*)

 No lo quiero, No me gusta el.
 clima de aquí.

F   **Expresiones con** *hacer*

a) *Write the Spanish equivalent.*

1 What's the weather like in September?

 ¿Qué tiempo hace en septiembre?

2 Is it overcast today?

 ¿Está nublado hoy?

3 It's very cool today.   *Está muy fresco hoy.*

 Hace mucho frío hoy.

4 In what season is the weather hot?

 ¿Hace calor en qué estación?

5 Is it very hot in April?

 ¿Hace mucho calor en abril?

b) *Write answers in Spanish as suggested by the English cues.*

1 ¿Qué tiempo hace hoy?   (*windy*)

 Hace viento. hoy

2 ¿Le gusta cuando hace mucho calor?   (*yes*)

 Sí, me gusta cuándo hace mucho calor.

3 ¿Hace frío en su estado en el invierno?   (*yes*)

 Sí, hace frío en mi estado en
 ~~el~~ invierno.

4 ¿Cuándo hace mucho sol?   (*August*)

Hace mucho sol en agosto .

G   La fecha y la temperatura

Write the Spanish equivalent.

1 Is it the twentieth of May?

¿Es el veinte de mayo?

2 What is today's date?   _¿Cuál es la fecha de hoy._
(¿Qué día es hoy?)

3 What day of the month is it?

¿A cómo estamos?

4 At what temperature does water boil?   _a que temperatura hierve el agua_
¿Agua hierve a que temperatura?

5 What is the normal temperature of the human body?

Cuál es la temperatura normal del cuerpo humano.

6 The temperature in Denver is 10 degrees centigrade.

La temperatura de Denver es de diez grados
10° centigrados.

H   Resumen

a) *Choose the correct response and write it in the blank.*

1 Ella no quiere prestar _me_ su abrigo.
   a) me   b) lo   c) mí

2 ¿Qué tiempo hace hoy?   _Está fresco_
   a) Hoy es lunes.   b) Son las tres y media.   c) Está fresco.

3 ¿Qué te parece mi abrigo?   _Me gusta mucho_
   a) Me gusta mucho.   b) Sí, me parece.   c) Mi abrigo es pesado.

4 Ellos le escriben a Teresa pero a _mí_ no me escriben.
   a) mí   b) mi   c) yo

5 Él es joven. _Tiene_ 11 años.
   a) Es   b) Tiene   c) Está

6 ¿ _Les_ escribes mucho a tus padres?
   a) Nos   b) Ellos   c) Les

EXPRESIÓN INDIVIDUAL

I Complete las frases

1 ¿Cuántos años __tienes__ ?

2 Hace frío __en este estado en invierno__ .

3 A mí __me gusta el tiempo de Flagstaff__ .

4 Tengo __hambre a las seis de la tarde__ .

5 Me __falta dinero__ .

J Forme preguntas

1 Sí, me gusta el clima de aquí.

¿ __Te gusta el clima de aquí__ ?

2 Hay nieve en el invierno.

¿ __Cuándo hay nieve en Norteamérica__ ?

3 Tengo diecinueve años.

¿ __Cuántos años tienes__ ?

4 Mi cumpleaños es en el mes de mayo.

¿ __En qué mes es tu cumpleaños__ ?

5 No, no me gusta cuando hace calor.

¿ __Te gusta cuándo hace calor__ ?

K Preguntas personales

1 ¿Tiene usted sed?

__No, no tengo sed__

2 ¿Lo sienten ustedes?   _sentimos_

__Sí, lo siento__ .

3 ¿A usted le gusta cuando está fresco?

__No, no me gusta el frío__ .

4 ¿Quiere usted prestarme cinco dólares?

__Sí, te presto cinco dólares__ .

5 ¿Qué tiempo hace cuando está nublado?

Está fresco y lluvioso

6 ¿A qué temperatura hierve el agua?

El agua hierve a cien grados (celcius)

7 ¿Le escribe usted una carta a su familia todas las semanas?

No, no le escribo una carta a
mi familia todas las semanas.

8 ¿Va su novia(o) con usted al centro?

Sí, va conmigo al centro.

9 ¿Está usted cansado(a)?

No, no ~~soy~~ estoy cansada.

10 ¿Por qué tenemos frío?

Porque es el invierno

11 ¿A cómo estamos hoy?

Es el ocho de noviembre hoy

12 ¿Qué le falta a usted?

Me falta un abrigo pesado.

13 Usted quiere ir conmigo, ¿verdad?

Sí, quiero ir contigo.

14 ¿Hace frío en julio?

No, no hace frío en julio.

15 ¿Hace calor ahora?

No, no hace calor ahora.

16 ¿Le gusta esquiar?

Sí, me gusta esquiar.

17 ¿Qué estación le gusta más?

Me gusta más la primavera.

18 ¿A ustedes les gusta el letrero?

Sí, nos gusta el letrero.

NOMBRE _____ FECHA _____ CLASE _____

VOCABULARIO

In each blank write as many vocabulary items as you can think of from Lesson 5 that relate in some way to the word given. The number of words possible ranges from one for certain items to eight or more for others. You may need to check the Vocabulario section at the end of the textbook for the meaning of some of the words given.

1 ojo _Cara , Ver, Cuerpo_

2 frío _el clima, cordillera, invierno, resfriada_
Congelar, nieve, abrigo pesado, resfriado, temperatura, fresco

3 pluma _Carta, escribir_

4 avión _aerolíneas, aeropuerto, azafata, piloto, pasajero_

5 centígrado _temperatura, grados, hervir, calor, clima, frío_

6 montañas _nieve, frío, esquiar, cordillera_

7 agua _hervir, lluvioso, llover, nublado, lluvia, sed_

8 seguro _cierto, tengo razón_

9 dormir _tengo sueño_

10 nubes _nublado, el clima, lluvioso, nieve_

11 comida _tengo hambre y sed, el hambre (f.), me gusta.._

12 julio _playa, calor, clima, mes, estación, sol, verano_

13 esquiar _cordillera, montaña, nieve, nevar, invierno_

14 país _Irlanda, Unidos Estados, peruano, avión, Perú_

15 primavera _estación, flores, agradable, lluvia, fresca,_
marzo, april, mayo., mariposas.

Lección cinco 63

Lección 6

10

✓

LABORATORIO

¿Lógica o absurda?

You will hear ten pairs of statements. If the two statements are logically related, circle **L** *(***lógica***).*
If they do not go together, circle **A** *(***absurda***).*

1 L	2 L	3 L	4 L	5 L	6 L	7 L	8 L	9 L	10 L
A	A	A	A	A	A	A	A	A	A

Notas culturales

You will hear the **notas,** *and then a series of statements. If a statement is true according to the*
nota, *circle* **V** *(***verdadero***). If it is false, circle* **F** *(***falso***).*

1 V	2 V	3 V	4 V	5 V	6 V	7 V	8 V	9 V	10 V
F	F	F	F	F	F	F	F	F	F

Lectura

You will hear the **lectura,** *and then a series of statements. If a statement is true in terms of the*
lectura, *circle* **V** *(***verdadero***). If it is false, circle* **F** *(***falso***).*

1 V	2 V	3 V	4 V	5 V	6 V	7 V	8 V	9 V	10 V
F	F	F	F	F	F	F	F	F	F

Yo corregí los errores

You will hear the **narración,** *and then a series of statements. If a statement is true in terms of the* **narración,** *circle* **V** *(verdadero). If it is false, circle* **F** *(falso).*

1 V 2 V 3 V 4 V 5 V 6 V 7 V 8 V 9 V 10 V

  F   F   F   F   F   F   F   F   F   F

PROCESAMIENTO DE PALABRAS

A *Hacer, poner* y *salir*

a) *Fill in the blank with the correct form of* **hacer,** **poner,** *or* **salir** *as appropriate.*

1 ¿Qué __hace__ usted los sábados?

2 Ella __sale__ de la casa a las 7:30 de la mañana.

3 ¿Dónde __pones__ tus libros?

4 ¿ __Salimos__ (nosotros) primero?

5 ¿Lo __pongo__ (yo) en la mesa?

6 (Nosotros) siempre __hacemos / salimos__ los trabajos por la noche.

b) *Fill in the remainder of the chart with the appropriate conjugated forms.*

	hacer	poner	salir
yo	hago	pongo	salgo
él	hace	pone	sale
tú	haces	pones	sales
nosotros	hacemos	ponemos	salimos
ellas	hacen	ponen	salen
usted	hace	pone	sale
vosotros	hacéis	ponéis	salís

c) *Answer the following questions as suggested by the English cues.*

1 ¿Dónde pone usted los libros por la noche?   (*on the table*)   *Los pongo en la mesa.*

Pongo los libros en la mesa.

2 ¿Quién sale primero de la casa, usted o su compañero(a)?   (*I do.*)

Salgo primero de la casa.

3 ¿Qué hacen ustedes por la tarde?   (*study*)

Estudio Estudiamos por la tarde.

4 ¿Salen sus amigos a comer?   (*yes*)

Sí, (mis amigos) salen a comer

5 ¿Sale usted con ellos?   (*no*)

No, no salgo. (con ellos)

6 ¿Qué hace usted después de esta clase?   (*sleep*)

Duermo después de esta clase

B   Verbos reflexivos

a) *Indicate the reflexive pronoun which corresponds to each verb form.*

1 __me__ afeito

2 _nos_ lavamos

3 _se_ sientan

4 _te_ levantas

5 _se_ acuesta

6 _se_ quedan

7 _te_ vistes

8 _nos_ sentamos

9 _me_ despierto

10 _te_ afeitas

b) *Fill in the blanks with the proper form of the verbs as indicated by the cues.*

1 (levantarse) Mi hermano __se levanta__ a las siete.

2 (lavarse, yo) _Me lavo_ las manos.

3 (acostarse, nosotros) _Nos acostamos_ antes de las once.   *acostamos*

4 (afeitarse, ellos) _Se afeitan_ rápido.

5 (sentarse, tú) _Te sientas_ en el parque.

6 (vestirse, yo) Siempre ___*me visto*___ antes de desayunar.

7 (despertarse) Enrique ___*se despierta*___ temprano.

8 (quedarse) Mis amigas ___*se quedan*___ en casa.

c) *Give the Spanish equivalent of the following sentences.*

1 I go to bed at 11:00. ___*Me acuesto a las once.*___

2 I dress rapidly. ___*Me visto rapido*___

3 We always sit here. ___*Siempre nos sentamos aqui.*___

4 He washes his hands. ___*Él Se lave las manos.*___

5 He shaves early. ___*Él Se afeita temprano.*___

C **Verbos con significado distinto en el reflexivo**

a) *Write answers to the following questions as suggested by the English cues.*

1 ¿Se van los estudiantes ahora? (*yes*)

___*Sí, se van ahora*___

2 ¿Se duerme usted en seguida cuando se acuesta? (*no*)

___*No, no me duermo en seguida cuando me acuesto.*___

3 ¿Quién se llevó mis libros? (*your friend*) *Tu amigo se llevó sus libros.*

___*Tu amigo se lleva tus libros.*___

4 ¿Qué se pone usted cuando hace frío? (*an overcoat*)

___*Me pongo un abrigo cuando hace frío.*___

5 ¿Se lo come todo usted? (*yes*)

___*Sí, me lo como todo.*___

D *Sentir*

Express the following in Spanish.

1 I don't feel well.

___*No me siento bien.*___

2 Are you (**tú**-form) sorry?

___*¿Lo sientes?*___

3 Jorge feels ill.

___*Jorge se siente enfermo.*___

4 We are all very sorry.

___*Todos nosotros lo sentimos mucho.*___

5 My roommate doesn't feel well. *(de cuatro)*

___*Mi compañeira no se siente bien.*___

E   La construcción progresiva (el presente con el gerundio)

a) *Fill in each blank with the proper form of the verb.*

1 (hablar) Están __hablando__ en el avión.

2 (aprender) Estoy ___aprendiendo___ rápido.

3 (leer) Estamos ___leyendo___ el libro.

4 (cantar) Emilio está ___cantando___ con ellas.

5 (poner) Estás ___poniendo___ la mesa.

6 (estudiar) Los niños están ___estudiando___ ahora.

7 (escribir) Estoy ___escribiendo___ la carta.

8 (trabajar) Estamos ___trabajando___ .

9 (dormir) Elena está ___durmiendo___ ahora.   *durmiendo*

10 (comer) ¿Estáis ___comiendo___ vosotros?

F   Posición de pronombres reflexivos y complementos con el gerundio

a) *Rewrite the sentences, changing the verbs to the present progressive and making any other adjustments required.*

1 Le hablo a Elena.   __Estoy hablándole a Elena.__   *or*   __Le estoy hablando a Elena.__

2 Me afeito ahora.   Estoy afeitándome, Me estoy afeitando. *ahora*

3 Se viste ahora.   Está vistiéndose ahora, Se está vistiendo ahora

4 La estudio ahora.   Estoy estudiándola ahora, La estoy estudiando ahora

5 Me baño ahora.   Estoy bañándome ahora Me estoy bañando ahora

6 Me lavo las manos.   Estoy lavándome las manos, Me estoy bañando *las manos*

7 Les escribo una carta.   Estoy escribiéndoles una carta,

Les estoy escribiendo una carta.

Estoy escribiéndosela.

Se la estoy escribiendo

b) *Write complete sentences using the appropriate forms of the following words and supplying others as necessary.*

1 nosotros—estar—hablar—lo—bien

 Nosotros estamos hablándolo muy bien ahora. *or* **Lo estamos hablando muy bien ahora.**

2 Elena—estar—escribir—la

 Elena está escribiéndola, Elena la está escribiendo

3 Él—estar—lavarse—manos

 Él está lavándose las manos, Se está lavando las manos.

4 Estudiante—estar—comer—los

 El Estudiante está comiéndolos (Estudiante). Los está comiendo

5 Ramón—estar—ponerse—abrigo

 Ramón está poniéndose el *un abrigo (Ramon) Se está poniendo* el abrigo

6 Padres—estar—quedarse—casa—hoy

 Los Padres están quedádose en la casa hoy (Los padres) Se están
 quedando en la casa hoy

G *Hay que* y *tener que*

Give the Spanish equivalent.

1 One should get up early.

 Hay que levantarse temprano

2 I have to go to bed at 9:00 o'clock.

 Tengo que acostarme a las nueve.

3 Do you (**tú**-form) have to work tomorrow?

 ¿Tienes que trabajar mañana?

4 One should work a lot.

 Hay que trabajar mucho.

5 One should arrive to class early.

 Hay que llegar a (la) clase temprano.

6 I have to rest a minute.

 Tengo que descansar un momento.

5. Ramon se lo está poniendo.
Ramon está poniéndoselo

H   Los complementos directos e indirectos usados en secuencia

a) *Rewrite the sentences, substituting a direct-object pronoun for the underlined words.*

1   Martín me presta su carro.

   Martín me lo presta.

2   Te traigo los vestidos.

   Te los traigo.

3   Mi novio me escribe las cartas.

   Mi novio me las escribe.

4   ¿Quién le compra el traje?

   ¿Quién se lo compra?

5   Ellos nos prestan la ropa.

   Ellos nos la prestan.

6   Le traigo el anillo mañana.

   Se lo traigo mañana.

7   El banco no me presta el dinero.

   El banco no me lo presta.

8   Tienes que traerle la falda antes de las ocho.

   Tienes que traérsela antes de las ocho.   *Tienes que se la traer antes de las ocho.*

9   ¿Quieres prestarme los aretes?

   ¿Quieres préstármelos? ¿Quieres me los prestas?

10 Él siempre le compra regalos.

   Él siempre se los compra.

b) *Write answers to the following questions using both indirect and direct object pronouns in sequence.*

1   ¿Me vendes el carro hoy?

   Sí, te lo vendo hoy.

2   ¿Nos trae usted el periódico?

   Sí, os lo traigo.   *se*

3   ¿Les compramos las blusas ahora a ellas?

   Sí, se las compramos ahora.

4   ¿Quién me presta un sombrero?   (Alberto)

   Alberto me lo presta.   *te*

5 ¿Me compras medias, por favor?

Sí, te las compro.

6 ¿Quieren ustedes prestarle dinero a Alfredo?

queremos prestárselo.

Sí, se lo queremos prestar,

7 ¿Me lavas estos pantalones?

Sí, te los lavo.

8 ¿Nos prestan ustedes los libros?

_se_

Sí, nos los prestamos.

9 ¿Puede usted traerme la sopa?

se la puedo traer   Se la traigo.

Sí, puedo traertela.

10 ¿Tiene su novio(a) el anillo?

(Sí, se lo tengo),

Sí, lo tiene.

I _Dar_

a) _Supply the correct form of_ **dar**.

1 Yo no le ___doy___ permiso.

2 Jorge le ___da___ su corbata a Alfredo.

3 ¿Me ___da___ usted más tiempo?

4 Ellos no nos ___dan___ dinero.

5 ¿Qué le ___das___ (tú) a María?

b) _Answer using object pronouns when appropriate._

1 ¿Les da usted dinero a sus hermanos?   (Sí)

Sí, se lo doy.

2 ¿Qué te dan tus padres?   (un reloj)

Me dan un reloj.

3 ¿Cuándo les dan ustedes dinero a los pobres?   (en diciembre)

Se lo damos en diciembre

4 ¿Qué le da su novio(a) a usted para su cumpleaños?   (un anillo)

Mi novio me da un anillo para mi

cumpleaños.

J Repaso

a) Direct-object pronouns—review.

Rewrite the following sentences, replacing the direct object with the appropriate direct-object pronoun.

1 Leo el libro.   **Lo leo.**

2 Compro el regalo.   *Lo compro*

3 Veo a la señorita.   *La veo*

4 Tengo el lápiz.   *Lo tengo*

5 Estoy escribiendo la lección.   *Estoy escribiéndola, La estoy escribiendo*

6 Estamos aprendiendo español.   *Estamos aprendiéndolo, Lo estamos aprediendo.*

b) Indirect-object pronouns—review.

Insert the appropriate indirect-object pronoun.

1 **Le** doy el libro. (a Juan)

2 *Nos* gusta mucho el español.
(a nosotros)

3 *Me* prestan los libros. (a mí)

4 *Les* damos dinero. (a ellos)

5 Mi mamá *le* escribe muchas cartas.
(a papá)

6 Siempre *les* hablo en español.
(a mis hermanos)

K Resumen

a) *Choose the correct response and write it in the blank.*

1 ¿Conoces ese libro? Sí, *lo* estoy leyendo ahora.
  a) le   b) lo   c) se

2 ¿Quieren ustedes comprar *le* un regalo?
  a) lo   b) los   c) le

3 ¿Me prestas esta falda? No, no *te la* presto.
  a) te lo   b) me la   c) te la

4 ¿A qué hora se levantan ustedes? *Nos levantamos* a las 6:00.
  a) Nos levantamos   b) Nos levantan   c) Se levantan

5 Parece que ella está enferma. *Lo siento* mucho.
  a) Se siente   b) Lo siento   c) Lo sienta

EXPRESIÓN INDIVIDUAL

L Complete las frases

1 ¿Se lava ___las manos antes de comer___ ?

2 ¿Tiene usted que ___trabajar___ ?

3 ¿Qué haces ___en el invierno___ ?

4 ¿Jorge se va ___temprano___ ?

5 ¿Hay que ___escuchar a la música___ ?

M Forme preguntas.

1 Me levanto a las seis.

¿ ___A qué hora te levantas___ ?

2 Sí, las muchachas se visten rápido.

¿ ___Se visten rápido las muchachas___ ?

3 Estoy escribiéndole una carta.

¿ ___Qué estás haciendo___ ?

4 Después de levantarme me baño.

¿ ___Qué haces después de levantarte___ ?

5 Descanso todos los días.

¿ ___Cuándo descansa usted___ ?

N Preguntas personales

Answer each question with a complete sentence.

1 ¿A qué hora se levanta usted?

___Me levanto a las siete.___

2 ¿Hay que afeitarse día y noche?

___Sí, me afeito día y noche.___

3 ¿Cuándo tiene usted que ir a casa?

___Tengo que ir a casa a las cinco.___

4 ¿Cuándo se lavan ustedes las manos?

Nos lavamos las manos antes de comer.

5 ¿Qué están leyendo ustedes?

Estamos leyendo las revistas.

6 ¿Nos levantamos tarde los sábados?

Sí, nos levantamos tarde los sábados.

7 ¿Dónde se duerme Rebeca?

Se duerme en la casa.

8 ¿Se afeita su novio(a)?

Sí, se afeita.

9 ¿Están ustedes aprendiendo a esquiar?

No, no estamos aprediendo a esquiar.

10 ¿Cuándo se viste usted?

Me visto depués de bañarme.

11 ¿Está leyendo usted el periódico?

Sí, estoy leyéndolo.

12 ¿Quieren ellos estudiar portugués?

Sí, quieren estudiarlo.

13 ¿Tenemos que trabajar todos los días?

Sí, tenemos que trabajar siempre.

14 ¿Hay que lavarse las manos antes de desayunar?

Sí, hay que lavarse las manos antes de desayunar.

15 ¿A qué hora se levantan sus padres?

Se levantan a las siete y media.

VOCABULARIO

Crucigrama

Complete the **crucigrama** *as suggested by the cues, using vocabulary items from Lesson 6.*

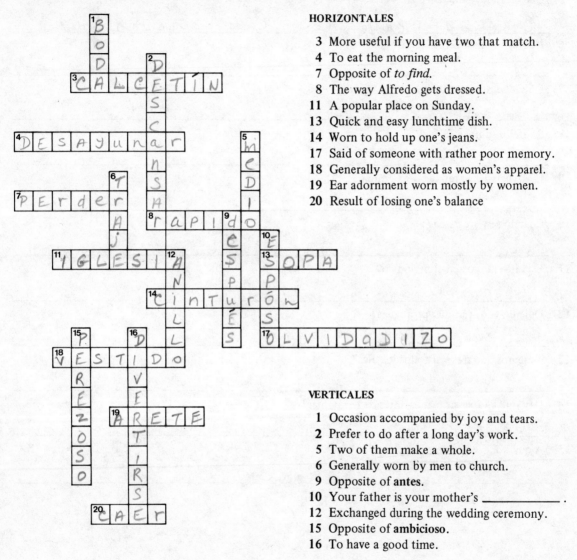

HORIZONTALES

3 More useful if you have two that match.
4 To eat the morning meal.
7 Opposite of *to find.*
8 The way Alfredo gets dressed.
11 A popular place on Sunday.
13 Quick and easy lunchtime dish.
14 Worn to hold up one's jeans.
17 Said of someone with rather poor memory.
18 Generally considered as women's apparel.
19 Ear adornment worn mostly by women.
20 Result of losing one's balance

VERTICALES

1 Occasion accompanied by joy and tears.
2 Prefer to do after a long day's work.
5 Two of them make a whole.
6 Generally worn by men to church.
9 Opposite of **antes.**
10 Your father is your mother's _____.
12 Exchanged during the wedding ceremony.
15 Opposite of **ambicioso.**
16 To have a good time.

Lección 7

10

LABORATORIO

¿Lógica o absurda?

You will hear ten pairs of statements. If the two statements are logically related, circle **L** *(**lógica**). If they do not go together, circle* **A** *(**absurda**).*

1 L	2 L	3 L	4 L	5 L	6 L	7 L	8 L	9 L	10 L
A	A	A	A	A	A	A	A	A	A

Notas culturales

You will hear the **notas,** *and then a series of statements. If a statement is true according to the* **nota,** *circle* **V** *(**verdadero**). If it is false, circle* **F** *(**falso**).*

El luto

1 V	2 V	3 V
F	F	F

El día del santo

1 V	2 V	3 V	4 V
F	F	F	F

El sastre y la modista

1 V	2 V	3 V	4 V
F	F	F	F

Yo corregí los errores

Lectura

You will hear the **lectura,** and then a series of statements. If a statement is true in terms of the **lectura,** circle **V (verdadero).** If it is false, circle **F (falso).**

1 V   2 V   3 V   4 V   5 V   6 V   7 V   8 V   9 V   10 V
  F   F   F   F   F   F   F   F   F   F

Narración

You will hear the **narración,** and then a series of statements. If a statement is true in terms of the **narración,** circle **V (verdadero).** If it is false, circle **F (falso).**

1 V   2 V   3 V   4 V   5 V   6 V   7 V   8 V   9 V   10 V
  F   F   F   F   F   F   F   F   F   F

PROCESAMIENTO DE PALABRAS

A Verbos regulares en el presente de subjuntivo

Give the present subjunctive forms indicated by the cues.

1 (vivir, él) _____viva_____

2 (trabajar, yo) _____trabaje_____

3 (escribir, ellos) _____escriban_____

4 (comer, nosotros) _____comamos_____

5 (contar, ella) _____~~conte~~_____
                cuente

6 (aprender, tú) _____aprendas_____

7 (comprar, ustedes) _____compren_____

8 (permitir, ellas) _____permitan_____

9 (escuchar, usted) _____escuche_____

10 (entrar, vosotros) _____entréis_____

B   El presente de subjuntivo en cláusulas sustantivas

a) *Using the present subjunctive, form a single sentence from the parts given.*

1   Ellos compran comida para la fiesta. Quiero que . . .
   Quiero que compren comida para la fiesta.

2   Teresa lleva sandalias. Su mamá no quiere que . . .
   Su mamá no quiere que (Teresa) lleve sandalias.

3   Alberto vive en mi casa. Sus amigos dudan que . . .
   Sus amigos dudan que (Alberto) viva en mi casa.

4   Ellos entran en seguida. Les pido que . . .
   Les pido que ellos entren en seguida.

5   Elena no canta con nosotros. Sentimos que . . .
   Sentimos que (Elena) no cante con nosotros

6   Mi papá se preocupa mucho. Prefiero que no . . .
   Prefiero que no (mi papá) no se preocupe mucho.

7   Su compañero escucha la radio toda la noche. Siento que . . .
   Siento que su compañero escuche la radio toda la noche.

8   Él se baña por la mañana. Insisten en que . . .
   Insisten en que (él) se bañe por la mañana.

b) *Write that you want the following people to do the things indicated.*

1   Manuel–levantarse más temprano
   Quiero que Manuel se levante más temprano.

2   Cristina–estudiar la lección
   Quiero que Cristina estudie la lección (la estudie)

3   ellos–llamar a la policía
   Quiero que ellos llamen a la policía.

4   Ricardo–hablar español en la clase
   Quiero que Ricardo hable español en la clase.

5   Memo–leer ese libro
   Quiero que Memo lea ese libro.

6 Alicia—comprarme un regalo

(la compre).

Quiero que Alicia compre un regalo.

7 mi novia—llevar jeans

Quiero que mi novia lleve jeans.

c) *Give the Spanish equivalent of the following.*

1 I want you (**tú**-form) to sell my car.

(lo vendas)

Quiero que vendas mi ~~caro.~~ coche

2 He wants us to speak Spanish.

Quiere que nosotros hablemos Español.

3 Do you (**tú**-form) want me to write to you?

¿Quieres que te escriba?

4 She doesn't want me to work tonight.

esta

No quiere que trabaje (a la) noche.

5 Don't you (**usted**-form) want us to listen to the radio?

¿No Quiere usted que nosotros escuchemos
~~a~~ la radio?
(te escuchemos?)

C El presente de subjuntivo de algunos verbos irregulares

a) *Complete the sentence using the appropriate present-subjunctive form of the verb indicated.*

1 (venir) Insistimos en que ellos __vengan__ a clase.

2 (decir) Quiero que usted me ___diga___ todo.

3 (venir) Teresa duda que su novio ___venga___ temprano.

4 (hacer) ¿Quiere usted que yo ___haga___ el trabajo?

5 (ponerse) Quiero que tú no te ___pongas___ esas sandalias.

6 (traer) Dudamos que ellos ___traigan___ comida para todos.

b) *Unscramble the following sentences and rewrite them so that they make sense. Then give the English equivalent.*

1 verdad digan me quiero que la

   Quiero que me digan la verdad.

   (I want them to tell me the truth.)

2 ¿ de clase usted salgamos que espera temprano ?

   ¿Espera usted que salgamos de clase temprano?

   Do you hope that we leave class early?

3 ¿ qué ustedes hagamos quieren que ahora ?

   ¿Qué ~~ustedes~~ quieren ustedes que hagamos ahora?

   What do you want us to do ~~today~~ now?

4 la ella me que dudo acompañe fiesta a .

   Dudo que ella me acompañe a la fiesta

   I doubt that she will accompany me to the ~~fiesta~~ party.

✗5 dinero novia tenga mi siente no yo que más .

   Mi novia ~~no~~ siente que yo no tenga más dinero

   My girlfriend *does not* thinks that I have ~~much~~ *more* money.

6 estudiemos noche profesores que día y insisten los en .

   Los profesores insisten en que estudiemos

   día y noche. *The* Professors insist that we study

   all the time. (day and night.)

D Mandatos formales de *usted* y *ustedes*

a) *Write answers to the following questions using affirmative **usted**-commands.*

1 ¿Compro esos jeans?

   Sí, compre esos jeans.

2 ¿Digo la verdad?

   Sí, diga la verdad.

3 ¿Salgo ahora?

   Sí, salga ahora

4 ¿Vengo mañana?

   Sí, venga mañana

5 ¿Vuelvo en seguida?

   Sí, vuelva en seguida

6 ¿Voy con ellos?

   Sí, ~~vea~~ *vaya* con ellos

5. Mi novia siente que yo no tenga más dinero.

My girlfriend is sorry that I do not have more money.

b) *Write Spanish equivalents of the following commands.*

1 *Write the letter today.* (usted)

   Escriba la carta hoy.

2 *Speak Spanish, please.* (ustedes)

   Hablen ~~x~~ español, por favor.

3 *Study the lesson tonight.* (ustedes)

   Estudien la lección ~~esta la~~ esta noche.

4 *Bring your book to class.* (usted)

   Traiga su libro a ~~la~~ clase.

5 *Don't sleep in class.* (usted)

   No se duerma en la clase

6 *Don't put those sandals on the table.* (usted)

   No ponga esas sandalias en la mesa.

E Posición de complementos con mandatos

a) *Write answers to the following questions, first using an affirmative* **usted**-*command and then using a negative* **usted**-*command.*

1 ¿Le doy el libro a Francisco?

   Sí, déselo.

   No, no se lo dé.

2 ¿Le doy los trajes?

   Sí, déselas.

   No, no se los dé.

3 ¿Le presto las medias a María?

   Sí, présteselas.

   No, no se las preste.

4 ¿Le traigo a usted las camisas esta mañana?

   Sí, tráigamelas esta mañana

   No, no me las traiga.

5 ¿Le escribo la carta a ella hoy?

   Sí, escríbasela hoy.

   No, no se la escriba hoy

6 ¿Le hablo pronto a él?

   Sí, le háblele pronto

   No, no ~~se~~ le hable pronto.

b) *Change the following affirmative commands to negative commands.*

1 Escríbame una carta, por favor.

   __No me escriba una carta.__

2 Déle el zapato.

   No le dé el zapato

3 Préstele el cinturón.

   No le préste el cinturón

4 Léanos el periódico.

   No nos lea el periódico.

5 Tráigame las camisas.

   No me tráige las camisas.

c) *Answer the following sentences with a command, either affirmative or negative. Be sure to position the object and/or reflexive pronouns correctly.*

1 ¿Quiere usted que me lave las manos?

   __Sí, láveselas.__

2 ¿Quiere usted que le traiga el periódico?

   Sí, lo traiga. (tráigamelo.)

3 ¿Quiere usted que le dé mi tarea?

   No, no me la dé (se la dé)

4 ¿Quiere usted que me ponga este abrigo?

   Sí, póngaselo.

5 ¿Quiere usted que me acueste temprano?

   No, no se acueste temprano.

6 ¿Quiere usted que me duerma en clase?

   No, no se duerma en clase

d) *Write affirmative and negative answers to the following questions.*

1 ¿Le doy los libros a Marta?

   __Sí, déselos.__   __No, no se los dé.__

2 ¿Le presto la falda a tu amiga?

   Sí, préstesela,   no, no se la preste.

3 ¿Le doy el dinero a ella?

   Sí, déselo,   no no se lo dé

4 ¿Les presto las camisas a ustedes?

   Sí, se las preste (présteselas),   no, no se las preste

5 ¿Les traigo los vestidos a ellas?

   Sí, tráigaselos,   no, no se los traiga.

F Resumen

a) *Write the correct choice in the blank.*

1 Ella no quiere que tú le __hables__.

   a) hablas   b) hable   c) hables

2 Quiero ir a la fiesta. Pues, __vaya__.

   a) vaya   b) va   c) ir

3 Dudo que Elena __estudie__ mucho.
   a) estudia   b) estudies   c) estudie

4 ¿Cuándo le traigo la comida? __b) Se la traiga__ en seguida.   *Tráigamela*
   a) Me la traiga   (b) Tráigamela)   c) Se la traiga

5 Ellos insisten en que __nos levantemos__ temprano.
   a) nos levantemos   b) nos levantamos   c) levantarnos

6 Sí, quiero que ustedes __vengan__ a las 7:00.
   a) vengan   b) venir   c) vienen

7 Insisto en que lo __hagas__ ahora.
   a) hace   b) haces   c) hagas

8 ¿Cuándo vuelve ella? __Vuelva__ mañana.   *Vuelve*
   (a) Vuelve)   b) Vuelva   c) Vuelvo

9 Dudo que mi novio me __comprenda__ bien.
   a) comprender   b) comprende   c) comprenda

10 ¿Me da usted esos libros? Sí, __démelos__ en un momento.   *se los doy*
   a) se los doy   (b) démelos)   c) se los das

b) *Choose an appropriate verb from the list and fill in the blank with the correct form of that verb. There may be more than one correct answer.*

1 Dudo que Teresa y Elena __vayan__ a la fiesta.
2 Ellos __hablan__ que va a ser una buena fiesta.   *Saben*
3 Siento mucho que ellas no __quieran__ ir.
4 ¿Qué vamos a __hacer__ en la fiesta?
5 ¿Quieren que nosotros __preparemos__ la comida?
6 Sí, ellos piden que la __comen__ .
7 ¿ __Sabes__ tú a qué hora comemos?
8 Dicen que nosotros __tenemos__ que comer después del programa.
9 Quieren que todos __traigas__ trajes o vestidos elegantes.   *se pongan*
10 No quieren que la fiesta __termine__ hasta muy tarde.

comer
dar
decir
escribir
hablar
hacer
ir
levantarse
ponerse
preparar
✓ querer
saber
salir
ser
tener
terminar
trabajar
traer

EXPRESIÓN INDIVIDUAL

G   Complete las frases

1 No puedo _____ dártelo. _____ .

2 No tengo _____ un abrigo pesado. _____ .

3 Juan me _____ quiere. _____ .

4 Abra usted _____ ~~tu~~ su libro _____ .

5 Cierre usted _____ ~~tu~~ su libro. _____ .

H   Forme preguntas

1 No, no quiero prestárselos.

¿ _Le presta usted los libros a él_ ?

2 Se lo doy mañana.

¿ _Le da usted ~~el~~ el sombrero a Juan_ ?

3 Sí, me lo pongo ahora.

¿ _Te pones el traje ~~po~~ para la boda_ ?

4 No, no quiero que ellos me lo digan.

¿ _Quieres que te digan el poema_ ?

5 Sí, dudo que ella venga.

¿ _Duda usted que ella venga_ ?

I   Preguntas personales

Answer each question with a complete sentence.

1 ¿Se acuesta usted tarde o temprano el día de su cumpleaños?

Me acuesto tarde el día de mi cumpleaños

2 ¿Quiere usted que su novio(a) la (lo) invite al cine?

Sí, quiero que (mi novio) me la invite al cine.

3 ¿Quiere usted lavarse las manos ahora?

No, no quiero lavármelas ahora.

4 ¿Le doy mis libros?

Sí, déselos.

5 ¿Cuándo tenemos que probarnos los vestidos?

¿tenemos que probarnoslos
Tienen que probarnselos. ahora

6 ¿Me trae usted la cuenta? story

traigamela

Sí, se la traigo.

7 ¿Quiere usted que sus amigos vayan al baile de gala?

Sí, quiero que vayan al baile de gala.

8 ¿Por qué no se levanta usted temprano?

Porque mis clases no están temprandt

9 ¿Vengo mañana? venga

Sí, vaya mañana.

10 ¿Prefiere usted que todos digan la verdad?

Sí, prefiero que todos digan la verdad.

VOCABULARIO

Find the words from Lesson 7 that fit the definitions and write them in the blanks. Then try your skill at finding the words in one of the three SOPA DE LETRAS grids. In Grid A the words are arranged horizontally or vertically only. In Grid B the words are listed horizontally, vertically, or diagonally. Grid C presents the words horizontally, vertically, or diagonally in either normal or inverted letter-order.

1 What style-conscious people are concerned about. _____ moda _____

2 Where one lives. _____ residencia

3 A term meaning *immediately* : **en** _____ seguida

4 What one should do with a dress before purchasing it. _____ probarse

5 When inviting another to come in, one would say, "_____ Adelante _____".

6 Often occurs at Latin American parties. _____ el baile

7 A joyous time of year. _____ la Navidad

8 Two. (dos) par

9 Footwear worn mainly in the summertime. _____ sandalias

10 Said after someone sneezes. _____ Salud

11 To demand. insistir _____

12 Said as a greeting to someone who is eating: **buen** _____ provecho

13 A specific blood line. raza

14 Opposite of **primero**. _____ último

15 Animal that likes bananas. _____ mono .

Sopas de letras

(A)

```
I G E Z S Y S S U G L U C L Q
P H C I A K M T C U L T I M O
B H V N N Q O D J P U J O T F
E C T S D Q J I X R S X D O Z
P E O I A M I Y P O E A V T G
X Z ` I S L O K I Q B G D L H P
W Y J T I N K M U A U E N M A
S G W I A O R E T R I L A O R
I T W R S A R U A S D A V D E
I P R O V E C H O E A N I A R
I C C B A B B A I L E T D K A
U J K W H C S A L U D E A V Z
N U S C C O A U Y Y Q W D P A
H L O K R E S I D E N C I A G
S K I O Y C O K B I L J X V Y
```

(B)

```
G B D R X L J P S O M O D A M A G S C O
R Z A P C P O P P T H U X H Z D S Q E R
B P H R S V I C V S R M L A I E U K A E
T F G O R E U P I S A D R T R J C C R S
D E V B A R A D E L A N T E I W T W B I
G V V A G A W O G D B J D Q Y M S N U D
J O Z R Q K H W I G A O Y A T T O Y J E
A E X S W C K V M Q I R N A L D B R R N
V B K E E F A J V H L X S F V I E C E C
M C R V P N B L Y A E X E T X Z A L V I
A O O Z U G S S H H X S G G Z G E S G A
T R N K Y W X A U H L F U O Y P C X P F
P C Q O Y K Y R L T Q M I R B Q X L V A
L N H Y M O F D L U Y X D J G J L X M L
A P W W G B H K G Y D D A L K B S U R M
S I L G P I Y H O U O F O W V I D K Y S
D Z Z H F W N J F M I X P D U S T A R C
I N S I S T I R O T I K X A Y T Y Y F R
P J I T Y Q Z O I T L G N X R A J O D I
P X V T J L J O W N L W H B V G X T K D
```

(C)

```
E Z I P N M V E U D C I K Q Y F O U L O R C B X J
D M Z Y Z M I X U E E E H H I S M Z T W V J U H B
R E S I D E N C I A M N T C U L P W P Z E J M W J
J I N S I S T I R H W Q S O L S C F G W Y S M O D
K G R G U Y W O J X F V F E T R E W A V M E B N K
M E F M L X M S K I W P S P I A K K O A I T O R F
A D I U G E S H H K Y R S P M P I K B T Y N K N X
G P Z Q V T O U T O A S E R O D H A K E O A M R A
M M R J J K C S L B A A N N E P N A Z F L L G O A
R U B E H I J Q O L L N O V W I E F V U J E P Y M
I M P J F B B R U K H H R T D O M I G M Y D O K N
O S N D S Y P D A P C E M B R O Q E W L P A Z O O
K R N W Z E P V B E M Y N J N I E P X W D V Q A O
P L R Y V L C Y V B O G H O L W K T V B H D S Y D
K Z I I X C L O A X D G J X H Q G A K Z T A E V G
O O H N U E R F T D A K Q V Q L B K Y Y N G M V F
I A U J L P I Y F R W D W X Z L S N L D A H Z Y D
A T O S T G D D V V N P S X Y R S T A B I G N Z W
T S N I P E V A K L S H N I T Y A L W O O N V P R
K V L A W Q J D C K B A E W I L I Z O J X M O W C
E N O B N X A I Z X J J O J X A P H A W C S W D J
L Y N D K Y I V J E L I A B S U D Q Y P B P D P Y
D V X Z Y J S A E P S L U N C I F K G G E Q I U T
P D O O S K F N J W Y Q F K X B H M N U F P U D M
P A Q R Q J A L K A A R P H F R A I P Q A K Q A O
```

Lección 8

LABORATORIO

¿ Lógica o absurda?

You will hear ten pairs of statements. If the two statements are logically related, circle **L** *(lógica).*
If they do not go together, circle **A** *(absurda).*

1 L	2 L	3 L	4 L	5 L	6 L	7 L	8 L	9 L	10 L
A	A	A	A	A	A	A	A	A	A

Notas culturales

You will hear the **notas,** *and then a series of statements. If a statement is true according to the* **nota,** *circle* **V** *(verdadero). If it is false, circle* **F** *(falso).*

1 V	2 V	3 V	4 V	5 V	6 V	7 V
F	F	F	F	F	F	F

Lectura

You will hear the **lectura,** *and then a series of statements. If a statement is true in terms of the* **lectura,** *circle* **V** *(verdadero). If it is false, circle* **F** *(falso).*

1 V	2 V	3 V	4 V	5 V	6 V	7 V	8 V
F	F	F	F	F	F	F	F

Narración

You will hear the **narración,** *and then a series of statements. If a statement is true in terms of the* **narración,** *circle* **V** *(verdadero). If it is false, circle* **F** *(falso).*

1 V 2 V 3 V 4 V 5 V 6 V 7 V 8 V 9 V 10 V
  F   F   F   F   F   F   F   F   F   F

PROCESAMIENTO DE PALABRAS

A   El pretérito—verbos regulares e irregulares

a) *Rewrite the sentences, changing the main verb from the present to the preterit.*

1 Vives en Chicago.
   Viviste en Chicago.

2 Hablan inglés.
   Hablieron inglés.

3 Aprendemos la lección.
   Aprendimos la lección

4 Escribo las cartas.
   Escribí las cartas

5 Canta en la fiesta.
   Cantó en la fiesta

6 Compramos ropa en esa tienda.
   Compramos ropa en esa tienda

7 Hablas con el embajador.
   Hablaste con el embajador

8 Él responde rápido.
   Él respondió rápido

9 Comen a las cinco.
   Comieron a las cinco.

10 Me levanto tarde.

Me levanté

11 Ella está en Nueva York.

Ella estuvo en Nueva York.

12 Tengo que ir al baile de gala.

Tuve que ir al baile de gala.

13 Sabemos que usted es amiga de Eduardo.

Supimos que usted es amiga de Eduardo

14 ¿Te pones el sombrero antes de salir?

¿Te pusiste el sombrero antes de salir?

15 No pueden cenar con nosotros.

No pudieron cenar con nosotros

16 Elena no quiere verme.

Elena no quiso verme.

17 Hacemos el trabajo en casa.

Hicimos el trabajo en casa.

18 ¿Vienes a la fiesta?

¿Viniste a la fiesta?

19 Estoy con mis amigos de California.

Estuve con mis amigos

20 Sabe que Miguel es norteamericano.

Supo que Miguel es norteamericano

b) *Form complete sentences using the words given. Use the preterit form of the verb and supply other words as necessary.*

1 Ayer—no—poder—salir—casa.

Ayer no pude salir de la casa.

2 Ayer—novia—venir—casa.

Ayer mi novia vino a mi casa.

3 Padre—hacer—trabajo—anoche.

Mi padre hizo el trabajo anoche

4 Niños—no—querer—ponerse—zapatos.

Los niños no quisieron ponerse los zapatos

5 Nosotros—estar—enfermos—ayer.

Nosotros estuvimos enfermos ayer

6 Luis—tener—estudiar—ayer.

Luis tuvo que estudiar ayer

7 Amigos—no—venir—casa—anoche.

Los mis amigos no vinieron a mi casa anoche

c) *Answer saying you did the action mentioned at the past time indicated by the cue.*

1 ¿Vas al banco hoy?   (ayer)
  No, fui ayer.

2 ¿Cuándo van ustedes a estudiar la lección?   (anoche)

La estudiamos anoche.

3 ¿Van ellos a terminar hoy?   (ayer)

No, Terminaron ayer

4 ¿Va a levantarse Eduardo ahora?   (Ya)

Sí, se levantó ya.

5 ¿Van a escribirte tus padres?   (la semana pasada)

Los me escribieron la semana pasada.

6 ¿Cuándo va a salir él?   (el lunes pasado)

Salió el lunes pasado

7 ¿Cuándo vienen sus amigos de Monterrey?   (ayer)

Vinieron ayer.

8 ¿Vas a comer?   (Ya)

Comí ya.

9 ¿Cuándo van a hacer ustedes los trabajos de la clase?   (anoche)

Los hicimos anoche.

10 ¿Tiene ella que venir mañana?   (ayer)

No, vino ayer.

B Verbos con significado distinto en el pretérito

Write Spanish equivalents for the following sentences.

1 John was not able to leave early.
   Juan no pudo salir temprano.

2 We found out last night.
   Lo Supimos anoche.

3 I refused to eat it.
   No quise comerlo.

4 Teresa didn't find out the truth.
   No supo la verdad Teresa

5 He didn't want (refused) to put on his shirt?
   ¿No quiso ponerse la camisa?

6 He wasn't able to fall asleep.
   No pudo dormirse

7 We wanted (and tried) to come to the party.
   Quisimos venir a la fiesta

C *Ir* y *ser* en el pretérito

Noting the context of the underlined word, determine its English equivalent and write it in the blank.

1 Ella fue conmigo. __went__

2 ¿Quién fue el profesor de la clase? _____ Was.

3 ¿Fueron ustedes amigos? _____ were

4 ¿Fueron ellos al cine anoche? _____ went Did they go.

5 Fuimos compañeros de cuarto. _____ We were

6 Fuimos a la clase. _____ We went

D Contrastes negativos y afirmativos

a) *Answer the questions first in the affirmative and then in the negative.*

1 ¿Comió usted esta tarde?
   Sí, comí algo.
   No, no comí nada.

2 ¿Estudiaron ustedes anoche?
   Sí, estudimos algo.
   No, no estudimos nada.

3 ¿Vio usted a alguien en el parque?
   Sí, vi a alguien en el parque
   No, no vi a nadie en el parque

4 ¿Vendieron ustedes mucho ayer?
   Sí, vendimos mucho ayer.
   No, no vendimos nada ayer

5 ¿Hicieron ustedes algunos viajes a España?
   Sí, hicimos algunos viajes a España
   No, no hicimos ningún viaje a España.

b) Tampoco versus **también**

Complete the sentences using **también** *or* **tampoco** *plus the form of the verb required by the cue.*

1 No fui al trabajo.
  Pablo   **no fue tampoco.**

2 Ellos vinieron tarde.
  Nosotros   **vinimos tarde también.**

3 Carlos se lavó las manos.
  Ella se lavó las manos también

4 Luis no se afeitó.
  Tú no te afeitaste tampoco

5 Me levanté temprano.
  Ana se levantó temprano también.

6 Yo no recibí dinero.
  Mi hermano no recibió dinero tampoco.

E El presente de subjuntivo—repaso

a) *Express that you do not want the following things to occur.*

1 Ella siempre baila con todos en las fiestas.
   No quiero que ella baile con todos en las fiestas.

2 Susana sale a las cinco.

   No quiero que Susana salga a las cinco

3 Eduardo habla de sus otras amigas.

   No quiero que Eduardo hable de sus otras amigas.

4 Mónica y Cecilia estudian en la biblioteca.

   No quiero que M. y C. estudien en la biblioteca.

5 Raúl va al cine todos los sábados.

   No quiero que Raúl vaya al cine todos los sábados

6 Esteban y Benito son perezosos.

   No quiero que sean perezosos.

b) *Restate each sentence using the cue in parentheses.*

1 Quiero ir de paseo.   (que ella)
   Quiero que ella vaya de paseo.

2 No quieren levantarse temprano.   (que yo)

   No quieren que me levante temprano

3 Quiero descansar.   (que tú)

   Quiero que tú descanses

4 Julio prefiere ir más tarde.   (que ustedes)

   Julio prefiere que ustedes vayan más tarde

5 Esperamos hacer el trabajo hoy.   (que Julio)

   Esperamos que Julio haga el trabajo hoy.

6 Sentimos no tener tiempo para responder.   (que vosotros)

   Sentimos que tengáis tiempo para responder

F Resumen

Complete the following paragraph, filling each blank with the correct preterit form of the verb indicated in the key.

¡Al fin (1) _nosotros fuimos_ a casa! Eduardo me

(2) _preguntó_ si yo (3) _comí_ bien. Le

(4) _respondí_ que sí. Luego él (5) _salió_

y yo me (6) _bañé_ , me (7) _acosté_ y me

(8) _dormí_ en seguida.

1. ir, nosotros
2. preguntar
3. comer
4. responder
5. salir
6. bañarse
7. acostarse
8. dormir

EXPRESIÓN INDIVIDUAL

G Complete las frases

1 _Estudié_ anoche .

2 Dudo que usted _estudie todos los días_ .

3 _No estudio todos los días_ tampoco.

4 Fui _al cine anoche._ .

5 _No estudré_ nada ayer.

H   Forme preguntas

1 Fui al cine porque me gusta.

¿ _Por que fuiste al cine_ ?

2 Sí, me gustó el baile.

¿ _Te gustó el baile_ ?

3 Me levanté a las siete.

¿ _Cuándo se levantó_ ?

4 Sí, le escribí.

¿ _Le escribió a tu tío_ ?

5 Trabajé cinco horas ayer.

¿ _Qué hiciste ayer_ ?

I   Preguntas personales

Answer each question with a complete sentence.

1 ¿No quiso su hermano acostarse temprano?

No, no quiso acostarse temprano.

2 ¿Dónde estuvo usted ayer?

Estuve en Fénix ayer.

3 ¿Por cuántas horas estuvo usted en casa de su novio(a) anoche?

Estuve allí dos horas

4 ¿Por qué tuvo usted que ponerse el sombrero?

Porque llovió.

5 ¿Fue usted a México el verano pasado?

Sí, fui a México el verano pasado.

6 ¿Por qué no pudo usted leer la lección anoche?

Porque no hice tiempo (había)

7 ¿Dónde puso usted los libros cuando llegó a casa anoche?

Los puse en la mesa.

8 ¿Nunca quieren ustedes ir de paseo?

No, no queremos ir de paseo

9 ¿No hizo usted el trabajo tampoco?

No, no hice el trabajo

10 ¿Cuándo supo usted del problema?

Supe ayer.

VOCABULARIO

*In the blanks next to the words in column A, write words of the same, or nearly the same, meaning. The synonyms required all appear in Lesson 8. In the blanks of column B, write words of opposite meaning (antonyms). You may need to consult the **Vocabulario** at the end of the textbook for some of the unfamiliar words listed below.*

	A		B
1 feliz	*contento*	1 preguntar	*responder*
2 tierra	*mundo*	2 nada	*algo*
3 proverbio	*refrán*	3 muchos	*ningún, ninguno*
4 solo	*único*	4 fin	*principio*
5 comienzo	*principio*	5 nadie	*alguien*
6 periódico	*revista*	6 dar	*recibir*
7 junta	*reunión*	7 reír	*llorar*
8 expedición	*viaje*	8 siempre	*nunca*
9 catástrofe	*tragedia*	9 comedia	*tragedia*
10 carácter	*el único* *humor*	10 comprar	*vender*

Listening Comprehension Exam

LECCIONES 5-8

¿ Verdadero o falso?

You will hear five sentences on the tape that are either true or false. If a sentence is true, circle **V** *(verdadero). If it is false, circle* **F** *(falso).*

1 V	2 V	3 V	4 V	5 V
F	F	F	F	F

¿ Lógica o absurda?

You will hear five pairs of statements. If the two statements are logically related, circle **L** *(lógica). If they do not go together, circle* **A** *(absurda).*

1 L	2 L	3 L	4 L	5 L
A	A	A	A	A

Selección multiple

*You will hear 35 question with three answer choices for each, only one of which is correct. Circle the letter (***A, B,*** or ***C***) of the correct choice.*

1 A	2 A	3 A	4 A	5 A	6 A	7 A	8 A	9 A	10 A
B	B	B	B	B	B	B	B	B	B
C	C	C	C	C	C	C	C	C	C

11 A	12 A	13 A	14 A	15 A	16 A	17 A	18 A	19 A	20 A
B	B	B	B	B	B	B	B	B	B
C	C	C	C	C	C	C	C	C	C

21 A	22 A	23 A	24 A	25 A	26 A	27 A	28 A	29 A	30 A
B	B	B	B	B	B	B	B	B	B
C	C	C	C	C	C	C	C	C	C

31 A	32 A	33 A	34 A	35 A
B	B	B	B	B
C	C	C	C	C

Lección 9

LABORATORIO

¿Lógica o absurda?

You will hear ten pairs of statements. If the two statements are logically related, circle **L** *(***lógica***).*
If they do not go together, circle **A** *(***absurda***).*

1 L 2 L 3 L 4 L 5 L 6 L 7 L 8 L 9 L 10 L

  A   A   A   A   A   A   A   A   A   A

Notas culturales

You will hear the **notas**, *and then a series of statements. If a statement is true according to the*
nota, *circle* **V** *(***verdadero***). If it is false, circle* **F** *(***falso***).*

Los platos típicos

1 V 2 V 3 V 4 V 5 V 6 V 7 V 8 V

  F   F   F   F   F   F   F   F

¡Pssssssst!   ¡Mozo!

1 V 2 V 3 V 4 V 5 V 6 V 7 V 8 V 9 V

  F   F   F   F   F   F   F   F   F

¡A la mesa, por favor!

1 V 2 V 3 V

  F   F   F

PROCESAMIENTO DE PALABRAS

A   El pretérito de verbos que cambian su raíz

a) *Rewrite the sentences, changing the verbs to the preterit.*

1   ¿A qué hora vuelves?

   ¿A qué hora volviste?

2   Ellos piden churrascos.

   Ellos pidieron churrascos.

3   Servimos la cena a las nueve.

   Servimos la cena a las nueve.

4   Alejandro nunca pide postre.

   Alejandro nunca pidió postre.

5   Luz me sirve un churrasco.

   Luz me sirvió un churrasco.

6   ¿Se acuestan temprano ustedes?

   ¿se acostaron^{amos} temprano ustedes?

to have a good time

7 Paco se divierte en el restaurante.

Paco se divirtió en el restaurante.

8 Mis amigos prefieren ir a La Cabaña.

Mis amigos prefirieron ir a La Cabaña

9 Jorge duerme mucho.

Jorge durmió mucho

10 Muchos mueren en la guerra.

Muchos murieron en la guerra.

b) *Answer the following in the preterit. Use object pronouns where possible.*

1 ¿Durmió usted bien anoche?   (no)

No, me dormí bien anoche.

2 ¿A qué hora se acostaron ustedes anoche?   (11:30)

Nos Acostamos a las once y media anoche

3 ¿En qué año murió el General Francisco Franco?   (1975)

Murió en mil novecientos setenta y cinco.

4 ¿Les sirvieron pan con el churrasco a ustedes?   (sí)

Sí, nos lo sirvieron con el churrasco.

5 ¿Pidió usted postre?   (sí)

Sí, lo pedí.

6 ¿Volvieron ustedes antes de medianoche?   (no)

No, no volvimos antes de medianoche.

7 ¿Qué le pidió a usted su novio(a) anoche?   (un regalo)

Mi novio me pidió un regalo.

8 ¿Te divertiste en el baile la semana pasada?   (sí)

Sí, me divertí en el baile la semana pasada

9 ¿Cuántas horas durmió su compañero(a) de cuarto anoche?   (nueve)

Durmió nueve horas.

10 ¿Qué prefirió usted comer la última vez que fue a un restaurante?   (churrasco)

Preferí comer churrasco.

B Verbos irregulares en el pretérito: *decir, traer, dar, leer, creer, oír* y *construir*

a) *Rewrite the sentences, changing the verbs to the preterit.*

1 Les decimos la verdad.

Les dijimos la verdad.

2 ¿Te traigo las tortillas?

¿Te traje las tortillas?

3 ¿Me da el menú?

¿Me dio el menú?

4 Cuando reciben cartas las leen en seguida.

Cuando recibieron cartas las leyeron en seguida

5 Tomás no me cree.

Tomás no me creyó

6 No oigo bien la música.

No oí bien la música.

7 ¿Quiénes construyen esas casas?

¿Quiénes construyeron esas casas?

8 ¿Trae usted comida?

¿Trajo usted comida?

9 Le doy cinco dólares por ese libro.

Le di cinco dólares por ese libro.

10 ¿Qué le dices a María?

¿Qué le dijiste a María?

b) *Answer the following in the preterit. Use object pronouns where possible.*

1 ¿Quién les trajo el menú a ellos?   (el mozo)

El mozo se lo trajo.

2 ¿Dijeron ustedes que les gustó la comida?   (sí)

Sí, lo dijimos

3 ¿Le dieron ustedes la propina?   (sí)

Sí, se la dimos.

4 ¿Qué leyó usted en el periódico?   (de la guerra)

Leí de la guerra en el periódico.

5 ¿Oíste algo?   (no)

No, no oí nada.

6 ¿Leyeron la lección sus amigos de la clase?   (sí)

Sí, la leyeron.

7 Él dijo que fue a la fiesta. ¿Lo creyó usted?   (sí)

Sí, lo creí.

8 ¿Construyó usted su casa?   (no)

No, no la construí ~~su casa~~.

C El pretérito de verbos que terminan en -car, -gar y -zar

car - change c to qu before e
gar --   g to gu -- e
zar --   z to c -- e

a) *Rewrite the sentences, changing the verbs to the preterit.*

1 No toco el piano.

No toqué el piano.

2 Le entrego la revista.

Le entregué la revista.

3 Comienzo temprano.

Comencé temprano

4 Llego a las once.

Llegué a las once.

5 Busco el restaurante La Cabaña pero no lo encuentro.   *find*

Busqué el restaurante La Cabaña pero no lo encontré.

6 Empiezo después de la reunión.

begin   _Empecé después de la reunión._

b) *Answer the following questions using verbs in the preterit and object pronouns where possible.*

1 ¿Quién llegó a la clase primero hoy, usted o el profesor?   (yo)

Yo llegué primero.

2 ¿A qué hora empezó esta clase?   (9:00 A.M.)

Empezó a las nueve de la mañana

3 ¿Buscó usted algo en particular anoche?   (un libro de historia)

Sí, Busqué un libro de historia anoche

4 ¿Tocó usted el piano en la fiesta el sábado pasado?   (sí)

Sí, lo toqué en la fiesta el sábado pasado.

5 ¿Comenzó usted a esquiar el invierno pasado?   (sí)

Sí, lo comencé el invierno pasado.
     Comencé a esquiar " "

Imperative = 3rd pers. sing. indicative

D El imperativo

a) *Rewrite the sentences, changing the* **usted-***command form to a* **tú-***command form.*

1 Escriba usted la carta.
   Escribe la carta.

2 Coma usted las tortillas.
   Come las tortillas.

3 Hable usted con Martín.
   Habla con Martín

4 Lea usted esa carta.
   Lee esa carta

5 Compre usted unas naranjas.
   Compra unas naranjas

6 Pida usted jugo de naranja
   Pide jugo de naranja

7 Beba usted esa leche
   Bebe esa leche

8 Diga usted la verdad.
   Di la verdad

Di)

Sal irregular **9** Salga usted por esa puerta.
   Sal por esa puerta

Pon) **10** Ponga usted sus libros en la mesa.
   Pon sus libros en la mesa.

b) *Answer the questions in the negative using an appropriate* **tú-***command.*

1 ¿Puedo ir mañana con mis amigos?
   No, no vayas con ellos.

2 ¿Puedo pedir postre?
   No, no pidas postre.

3 ¿Puedo comprar una hamburguesa?
   No, no compres una hamburguesa

4 ¿Puedo poner los libros aquí?
   No, no los pongas aquí

5 ¿Puedo venir temprano?
   No, no vengas temprano

6 ¿Puedo comenzar ahora?

No, no comiences ahora

7 ¿Puedo responder a la pregunta?

No, no respondas a la pregunta

8 ¿Puedo comer ahora?

No, no comas ahora.

9 ¿Puedo decir las razones?

No, no digas las razones

10 ¿Puedo tomar algo?

No, no tomes nada.

c) *Reply using an* **usted** *or* **tú** *command appropriately.*

1 Usted no es simpático.

Sea simpático.

2 No eres simpático.

Sé simpático.

tú - form positive - 3rd per.
- pres. indic.

3 Vienes tarde.

No vengas tarde.

4 No tienes cuidado.

Ten cuidado.

5 Usted no dice la verdad.

Diga la verdad

6 Usted duerme mucho.

No duerma mucho.

7 Usted no come todo.

Coma todo.

8 Lees esos periódicos.

No leas esos periódicos

9 Usted va al cine todos los días.

No vaya al cine todos los días.

10 Usted trae muchos regalos.

No traiga muchos regalos

Irregular
di
ten
ven
pon
sal
haz
ve
se

E La colocación de complementos con el imperativo

a) *Answer the following questions both affirmatively and negatively, using* **tú**-*command forms.*

1 ¿Les doy el jugo?
   Sí, dánoslo.

   No, no nos lo des.

Positive — 3rd per. sing.,
            pres. indic.

Neg. — 2nd pers. sing.,
            subj.

2 ¿Me pongo los zapatos?

   Sí, póntelos.

   No, no te los pongas.

3 ¿Te compro esa blusa?

   Sí, cómpramela.

   No, no me la compres.

4 ¿Te digo la verdad?

   Sí, dímela.

   No, no me la digas.

5 ¿Te despierto a las seis?

   Sí, despiértame a las seis.

   No, no me despiertes a las seis.

6 ¿Como las hamburguesas?

   Sí, cómelas.

   No, no las comas.

7 ¿Te leo el menú?

   Sí, léemelo.

   No, no me lo leas.

b) *Translate the following using* **tú**- *command forms.*

1 Shave before eating breakfast, Carlos.

   Carlos, aféitate antes de desayunar.

2 Wash your hands, Amanda.

   Lávate las manos, Amanda.

3 Don't get up early.

   No te levantes temprano.

Copyright © 1982 John Wiley & Sons

4 Don't sit there, please.

No te sientes allí, por favor

5 Give him the tip.

Dale la propina.

6 Don't lend them the money.

No les prestes el dinero.

7 Put on your hat, Rodolfo.

Ponte tú el sombrero, Rodolfo

8 Try on this dress, Carmen.

Pruébate este vestido, Carmen.

9 Don't write them a letter this week.

No ~~los~~ les escribas una carta esta semana.

10 Go to bed before midnight.

Acuéstate antes de la medianoche.

F El subjuntivo en cláusulas sustantivas—repaso

Choose the appropriate verb and write the correct form in the blank.

1 (pasar/conocer) ¿Quieres que yo _pase_ por ti mañana?

2 (recordar/escribir) ¿Esperas que tu novio _recuerde_ tu cumpleaños?

3 (seguir/presentar) Quiero que ustedes me lo _presenten._

4 (comenzar/conocer) Ellos quieren que nosotros _comencemos_ temprano.

5 (prestar/poder) Dudo que ellos _puedan_ hacerlo para mañana.

6 (ser/venir) Nos gusta que ustedes _vengan_ todos los días.

7 (perder/sentirse) No quiero que ellas _se sientan_ mal.

G Resumen

a) *Respond appropriately to the following questions and directions.*

1 ¿Le diste cinco dólares a tu compañero(a) de cuarto esta mañana?   (no)

No, no le di cinco dólares a mi compañero de cuarto esta m.

2 ¿Se divirtieron ustedes anoche?   (sí, mucho.)

Sí, nos divertimos mucho anoche.

3 Dígale a su amigo que no vaya a la fiesta esta noche.

No vayas a la fiesta esta noche.

4 ¿Durmió usted bien anoche?   (nada)

No dormí nada anoche.

5 ¿A qué hora llegó usted a la clase hoy?   (ocho en punto)

Llegué a las ocho en punto a la clase.

6 ¿A qué hora se despertó usted esta mañana?   (6:30)

Me desperté a las seis y media esta mañana.

7 Dígale a su amigo que se **apure**.

Apúrate

8 ¿Os acostasteis muy tarde anoche?   (sí)

Sí, nos - acostamos muy tarde anoche.

b) *Write Spanish equivalents for the following sentences.*

1 Where did you sleep last night?   (**usted**)

¿Dondé durmió anoche?

2 I looked for my books this morning but I couldn't find them.

Busqué mis libros esta mañana pero no los encontré.

3 Call her tomorrow.   (**tú**-form)

Llámala mañana

4 Please don't worry.   (**usted**)

No se preocupe, por favor.

5 I didn't bring a pencil. Lend me one, please.   (**tú**-form)

No traje (un) lápiz. Préstame uno, por favor

6 Did you ask for permission?   (**usted**)

¿Pidió usted permiso?

Reflexive, always before verb?

EXPRESIÓN INDIVIDUAL

H Complete las frases

1 Te vi ____en la biblioteca.____ .

2 ____Te vi____ en el parque.

3 ____usted____ llegó ____temprano____ .

4 Tomé ____mucha agua.____ .

5 ____Pase____ la sal ____, por favor.____ .

I Forme preguntas

1 No estuve porque fui al banco.
   ____¿ Estuviste en casa a las tres ?____

2 Me puse a dieta ayer.
   ____¿ Cuándo te pusiste a dieta ?____

3 Estuve en casa anoche.
   ____¿Dónde estuvo anoche ?____

4 Yo se lo traje.
   ____¿ No me trajo un libro ? No lo encuento.____

5 Yo les di el dinero ayer.
   ____¿Quieren dinero hoy ?____

J Preguntas personales

Answer each question with a complete sentence.

1 ¿Se puso usted el abrigo antes de salir?
   ____Sí, me lo puse antes de salir.____

2 ¿Quién se durmió en la clase?
   ____Juan se durmió en la clase____

3 ¿Cómo se divirtió usted anoche?
   ____Sí, me divertí anoche____

4 ¿Por qué tuvieron ustedes que ponerse a dieta?

Porqué somos muy gordos.

5 ¿Qué le sirvieron a usted cuando fue al restaurante?

me Sirvieron churrasco.

6 ¿Qué pidieron sus amigas?

Pidieron chorizo

7 ¿Ya leyó usted el libro _Don Quijote_?

Sí, lo leí.

8 ¿Dónde durmieron ustedes anoche?

Dormimos en la universidad.

9 ¿Cómo pudo usted salir bien en sus clases el semestre pasado?

_____

10 ¿Tomó usted algo anoche?

No, no tomé nada anoche.

11 ¿Por qué no prefirió usted quedarse en casa anoche?

Porque quise a ver a mis amigos, pero no pude.

12 ¿Volvió usted antes de medianoche?

Sí, volví antes de medianoche.

13 ¿A quién trajeron ustedes a la fiesta?

Trajimos a mi amigo, Miguel.

14 ¿Oyó usted la música?

_Sí, la oí._

15 ¿Estuvo Alicia en la fiesta también?

Sí, estuvo en la fiesta también.

K Composición

Write a paragraph about the last meal you had at your favorite restaurant. Make something up if you prefer.

La semana pasada, fui al Fénix.
Mi amigo me ~~pidió~~ invitó ~~que~~ al cine con el.
Fuimos al ~~Es~~ restaurante que se llamó,
"Gregory's". Fue el viernes, y +ⓞ
pedimos pescado. La moza fue
muy (~~bien~~) (well), y nos divertimos.

VOCABULARIO

Cross out the word or words that would not sensibly complete the sentence.

1 Anoche en el restaurante comimos (fruta, ~~propina~~, postre, ~~dieta~~).

2 Es cierto. Mi tío es una persona muy (~~chorizo~~, ~~reina~~, famosa, ~~sabrosa~~).

3 Ella tiene mucha sed y quiere (~~jugarlo~~, ~~tocarlo~~, beberlo, ~~tratarlo~~).

4 ¡Esta comida está (sabrosa, ~~ensalada~~, ~~dieta~~, deliciosa)!

5 Por favor, me pasa usted (~~la tarde~~, la sal, el jugo, la ensalada).

6 A él no le gusta (jugar, el menú, la cena, ~~particular~~).

7 Antes de empezar a comer, nos sirvieron (~~guerra~~, vino, ~~vez~~, postre).

8 Comí dos (chorizos, ~~medianoches~~, ~~tardes~~, ensaladas).

9 ¿Quiere usted (cenar, ~~regañar~~, almorzar, beber) con nosotros?

10 ¿Le diste al mozo (la taza, la leche, la propina, ~~la reina~~)?

Lección 10

LABORATORIO

¿ Lógica o absurda?

*You will hear ten pairs of statements. If the two statements are logically related, circle **L** (**lógica**).*
*If they do not go together, circle **A** (**absurda**).*

1 L	2 L	3 L	4 L	5 L	6 L	7 L	8 L	9 L	10 L
A	A	A	A	A	A	A	A	A	A

Notas culturales

*You will hear the **notas**, and then a series of statements. If a statement is true according to the*
***nota**, circle **V** (**verdadero**). If it is false, circle **F** (**falso**).*

¡Viva la Raza!

1 V	2 V	3 V	4 V	5 V	6 V	7 V
F	F	F	F	F	F	F

Los valores culturales

1 V	2 V	3 V	4 V	5 V
F	F	F	F	F

Lectura

You will hear the **lectura,** *and then a series of statements. If a statement is true in terms of the* **lectura,** *circle* **V** *(***verdadero***). If it is false, circle* **F** *(***falso***).*

1 V   2 V   3 V   4 V   5 V   6 V   7 V   8 V   9 V   10 V
  F   F   F   F   F   F   F   F   F   F

Narración

You will hear the **narración,** *and then a series of statements. If a statement is true in terms of the* **narración,** *circle* **V** *(***verdadero***). If it is false, circle* **F** *(***falso***).*

1 V   2 V   3 V   4 V   5 V   6 V   7 V   8 V   9 V   10 V
  F   F   F   F   F   F   F   F   F   F

PROCESAMIENTO DE PALABRAS

A   Verbos regulares en el imperfecto

a) *Supply the approriate verb form in the imperfect tense.*

1 (encontrar) Nosotros __encontrábamos__ chicos de todas partes.

2 (hablar, yo) __hablaba__ con mi papá.

3 (decir, ellos) __decían__ la verdad.

4 (vivir) María __vivía__ en Los Ángeles.

5 (aprender) Mis amigos __aprendían__ español.

6 (pasar, tú) __pasabas__ por la casa de Elena.

7 (comprender, yo) __comprendía__ el francés.

8 (vivir, nosotros) __vivíamos__ en el Perú.

9 (aprender) Los jóvenes __aprendían__ la cultura de España.

10 (venir) José ___Venía___ cada día a mi casa.

11 (aprender, nosotros) ___aprendíamos___ la historia de Inglaterra.

12 (vivir) José y Raúl ___vivían___ juntos.

13 (hablar, ellos) ___hablaban___ mal de ustedes.

14 (comprender, tú) ¿ ___comprendías___ todo esto?

15 (estar) Elena y María ___estaban___ en la biblioteca.

b) *Choose the appropriate verb and write the correct imperfect-tense form in the blank.*

1 (bañarse/acostarse) De costumbre yo ___me bañaba___ antes de desayunar.

2 (dar/vender) ¿En esos días por cuánto se ___vendían___ esos autos?

3 (saber/conocer) Nosotros nos ___conocíamos___ muy bien.

4 (tener/tomar) ¿ ___Tomabas___ tú mucho con tus amigos?

5 (lavar/llegar) ¿Dónde ___lavaba___ usted la ropa?

6 (sentir/sentar) Era una tragedia y yo lo ___sentía___ mucho.

7 (jugar/tocar) Él siempre ___jugaba___ tocaba el piano en las fiestas.

8 (preguntar/pedir) Todos los días ellos me ___preguntaban___ dónde vivía.

9 (entrar/esperar) Yo no ___esperaba___ más favores.

10 (divertirse/despertarse) ¿ ___se divertía___ usted en las montañas con su familia?

c) *Write Spanish equivalents for the following sentences.*

1 Silvia used to live with her aunt.

___Silvia vivían con su tía.___

2 Where would you rest when you were tired? (**usted**)

___Dónde descansaba cuando estaba cansado___

3 We used to sing on television.

___Cansábamos en la televisión.___

4 What were you doing?

¿Qué hacía?

5 We always spoke Spanish at home.

Hablábamos español en casa, siempre.

B Los tres verbos irregulares en el imperfecto

a) *Supply the proper verb form in the imperfect tense.*

1 (ser, yo) __Era__ popular de niño.

2 (ir, nosotros) ___íbamos___ al Brasil.

3 (ver) Carlos ___veía___ el teatro todos los días.

4 (ir, tú) ¡___ibas___ al cine solo!

5 (ser, ellas) ___eran___ mis amigas de la escuela.

6 (ver, ustedes) ¿___veían___ a sus amigos a menudo?

7 (ver, yo) ___veía___ a mucha gente en la tienda.

8 (ser) ellos ___eran___ las cuatro de la mañana.

9 (ser/ir) Cuando yo ___era___ niño, mi papá y yo ___íbamos___ al parque.

10 (ver) De niño yo ___veía___ el mundo de otra manera.

b) *Write Spanish equivalents for the following sentences.*

1 I used to go to the soccer games with my father.

Iba a los partidos de fútbol con mi padre

2 What color was your house?

¿De qué colores era tu casa?

3 Where were you going?

¿Adónde iba?

4 He was very sharp (smart) when he was younger.

El era muy listo cuando era más joven

5 Did you see a game every weekend?

¿Veías un partido todos los fines de semana?

C Formación de adverbios

Change the adjectives to adverbs.

1 fácil   **fácilmente**

2 frecuente _fre cuentemente_

3 feliz _felizmente_

4 público _publicamente_

5 solo _solamente_

6 usual _usualmente_

D Comparaciones de igualdad

Write Spanish equivalents for the following sentences.

1 Eugenio didn't eat as much salad as José.
   Eugenio no comió tanta ensalada como José.

2 Raúl knew as much about Spain as Pepe.
   Raúl sabía tanto, de España, como Pepe.

3 He was as tall as Claudia.
   El era tan alto como Claudia

4 Rosa always studied as much as Juan.
   Rosa siempre estudiaba tanto como Juan.

5 Nobody used to sleep as much as Jorge.
   Nadie no dormía tanto como Jorge.

6 I have as much money as Ricardo.
   Tengo tanto dinero como Ricardo.

E Comparaciones de desigualdad

Write Spanish equivalents for the following sentences.

1 Señor Rodríguez is happier than his wife.
   El señor Rodríguez es más feliz que su esposa.

2 Manolo has less money than Miguel.
   Manolo tiene menos dinero que Miguel

3 Silvia learns more than Juana.
   Silvia aprende más que Juana

4 They have more than 1,000 dollars.
   Tiene más de mil dólares

5 Carlos seems more intelligent than Tomás.

Carlos parace tan intelegente como Tomás.

6 He is older than 32.

El tiene más de treinta y dos años.

7 Marcos is richer than I.

Marcos es más rico que yo.

8 I believe Anita is prettier than Carmen.

Creo que Anita es más bonita que Carmen.

9 Alicia goes to the movies more frequently than her sister.

Alicia va al cine ~~tan~~ más frecuentemente ~~como~~ que su hermana.

10 Your classes are easier than my classes.

Tus clases son más faciles que mis clases.

F Comparaciones de adjetivos—formas irregulares

Combine the two statements using a comparison.

1 El carro de Miguel es bueno. El carro de Manolo es malo.

El carro de Miguel es mejor que el de Manolo.

2 Estos zapatos son malos. Ésos son buenos.

Estos zapatos son peores que esos. zapatos

3 Este libro es bueno. El otro no es bueno.

Este libro es mejor que el otro. libro

4 La fiesta de anoche fue muy buena. Esta fiesta no es buena.

La fiesta de anoche fue mejor que esta fiesta.

5 Tengo 23 años. Mi hermano tiene 18 años.

Yo soy mayor que mi hermano.

6 Soy bajo. Él es alto.

El es más alto que yo

7 Sara tiene 19 años. Su hermana tiene 25 años.

Sara es menor que su hermana.

G El superlativo de adjetivos

Complete the sentences using comparative and superlative forms as in the models.

1 María Ángeles es rica.

   (*less*) Inés **es menos rica.**

   (*least*) Julia **es la menos rica.**

2 Nuestro partido de fútbol es fácil.

   (*easier*) El partido de Manolo ___ es más fácil ___

   (*easiest*) El partido de mi hermano ___ es el más fácil ___

3 Yolanda es alta.

   (*taller*) Ana ___ es más alta. ___

   (*tallest*) Carmen ___ es la más alta. ___

4 Ella es grande (age).

   (*younger*) Lisa ___ es menor, ___

   (*youngest*) Anabel ___ es la menor. ___

5 Este programa es malo.

   (*worse*) Ése ___ es peor. ___

   (*worst*) Aquél ___ es el peor. ___

6 Nuestra idea es buena.

   (*better*) Vuestra idea ___ es mejor ___

   (*best*) Su idea ___ es la mejor. ___

7 José es grande (size).

   (*bigger*) Rafael ___ es más grande ___

   (*biggest*) Manuel ___ es el más grande ___

8 La señora Gutiérrez es vieja.

   (*older*) La señorita Margarita ___ es más vieja. ___

   (*oldest*) La señora Beatriz ___ es la más vieja, ___

H Comparaciones empleando los adverbios *mejor* y *peor*

Combine the two sentences using a comparison with either **mejor** *or* **peor**.

1 Luisa canta bien. Yo canto mal.
   Luisa canta mejor que yo.

2 Pedro estudia bien. Francisco no estudia bien.

   Pedro estudia mejor que Francisco.

3 Yo hablo español muy bien. Mi compañero(a) habla español un poco.

   Yo hablo español mejor que mi compañero.

4 Carlos juega mal. Eduardo juega bien.

   Carlos juego peor que Eduardo.

5 Yo toco sólo un poco. Mi primo toca muy bien.

   Yo toco peor que mi primo.

I El superlativo absoluto

Change the adjective to the absolute superlative.

1 El español es muy importante.
   El español es importantísimo.

2 El español es muy fácil.

   El español es facilísimo.

3 Ella es muy bella.

   Ella es bellísimo

4 La carne está muy rica.

   La carne está riquísima

5 El discurso fue muy interesante.

   El discurso fue interesantísimo

6 Las camisas son muy blancas.

   Las camisas son blanquísimas

J El subjuntivo en cláusulas sustantivas—repaso

Write a complete sentence on the basis of the elements given, adding additional elements as necessary.

1 yo—querer—que—novio(a)—llamar—pronto
   Quiero que mi novio me llame pronto.

2 ellos—dudar—que—yo—poder—construir—casa

   Ellos dudan que yo pueda construir la casa.

3 a él—gustar—que—Rosa—venir

Le gusta a él que Rosa venga.

4 nosotros—preferir—que—clase—terminar—temprano

Nosotros preferimos que nuestra clase termine temprano.

5 ella—esperar—que—nosotros—volver—pronto

Ella espera que volvamos pronto.

K Resumen

a) *Write the correct word in the blank.*

1 Mi hermano ___mayor___ es más grande que yo.
a) mejor　　　　b) mayor　　　　c) viejo

2 Antes ___jugábamos___ al fútbol en la calle.
a) jugábamos　　b) jugamos　　　c) jugar

3 ¿ ___Eran___ ustedes buenos amigos?
a) Eres　　　　b) Estaban　　　c) Eran

4 ¡Esta lección es ___importantísima___ !
a) facilísimo　　b) interesantísimo　　c) importantísima

5 Yo no tenía ___tanto___ dinero ___como___ él.
a) tan . . . como　　b) tanto . . . como　　c) tanto . . . que

6 Ella, sí, es bonita. Pero mi novia es ___más___ bonita.
a) más　　　　b) mejor　　　　c) mayor

7 De los tres hermanos, Vicente es ___el más alto___ .
a) más alto　　b) alto　　　　c) el más alto

8 Dice que soy ___tan___ inteligente ___como___ ellos.
a) tan . . . como　　b) tanto . . . como　　c) más . . . como

b) *Write Spanish equivalents for the following sentences.*

1 That class was very easy!

¡Esa clase era muy fácil!

2 Did you visit your grandparents each summer?

¿Visitabas a tus abuelos cada verano?

3 I don't have as much time as you do.

No tengo tanto tiempo como tú tienes.

4 If you have more than 25 dollars, lend me five.

Si tienes más de veinticinco dólares, préstame cinco.

5 We always spoke more Spanish than English.

Siempre hablábamos más español que inglés.

6 Who is your best friend?

¿Quién es tu mejor amiga?

7 I have fewer than ten dollars.

Tengo menos de diez dólares.

8 This movie is worse than last night's movie.

Esta película es peor que la película de anoche.

EXPRESIÓN INDIVIDUAL

L Complete las frases

1 ¿Podía usted estudiar bien siempre ?

2 La verano me gustaba todos los años .

3 De costumbre hablábamos español cuando era pequeño.

4 Yo estudiaba tanto inglés como español .

5 ¿Por qué se acostaba temprano a menudo?

M Forme preguntas

1 No, de costumbre no bailaba cuando era más joven.

¿Bailaba usted cuando era más joven?

2 En mi casa hablábamos inglés.

¿Qué idioma hablaban en casa?

3 Me gusta el cine tanto como el teatro.

¡Bien! ¿Cuál prefiere, el cine o el teatro?

4 Sí, yo estaba contenta cuando era niña.

¿Estaba contenta de niña?

N Preguntas personales

Answer each question with a complete séntence.

1 ¿Qué hacían ustedes durante las vacaciones del verano?

De cosumbre íbamos a ~~x~~ campo.

2 ¿Dormía mucho cuando era niño(a)?

Sí, dormía mucho de niño

3 ¿Por qué no duerme usted mucho ahora?

Porque soy más ocupado ahora.

4 ¿Cuántas personas había en su clase ayer?

Habíamos venticinco personas en mi clase aye

5 ¿Qué acostumbraba hacer los sábados?

comíamos
Los sábados habíamus hamburguesas.

6 De niño, ¿qué le gustaba hacer?

me gustaba jugar.

7 ¿Qué idioma hablaba en casa?

Hablábamos inglés

8 ¿Aprendía usted mucho en la escuela?

Sí, aprendía mucho en la escuela.

9 ¿Dónde vivía usted de niño?

Vivía en Inlanda.

10 ¿Le gusta donde vive ahora?

Sí, me gusta Flagstaff

O Composición

Write a paragraph about your experiences as a student in elementary school.

Mi familia vivía en un pueblo pequeño. La escuela era de cerca de nuestra casa. Un día me caí y me destrozé la pierna. No fue a la escuela por tres meses.

VOCABULARIO

Crucigrama

Complete the crucigrama as suggested by the cues, using vocabulary items from Lesson 10.

HORIZONTALES

2 Razón o motivo.
4 Otro nombre para **profesor**.
5 Donde uno debe aprender mucho.
8 Sección de una ciudad.
9 No olvidar.
11 Parecido a **generalmente**.
13 Sinónimo de **potencia**.
14 Parecido a **perseverancia**.
15 Quiere decir **a menudo**.
16 Sin error.

VERTICALES

1 Significa **de costumbre**.
3 El opuesto de **humilde**.
4 Levantarse temprano.
6 Significa **más grande**.
7 El opuesto de **difícilmente**.
10 El opuesto de **negro**.
12 Lo que sufre uno sin amigos.
15 Parecido a **contento**.

Lección 11

LABORATORIO

¿Lógica o absurda?

You will hear ten pairs of statements. If the two statements are logically related, circle **L** *(lógica).*
If they do not go together, circle **A** *(absurda).*

1 L   2 L   3 L   4 L   5 L   6 L   7 L   8 L   9 L   10 L

A   A   A   A   A   A   A   A   A   A

Notas culturales

You will hear the **notas**, *and then a series of statements. If a statement is true according to the*
nota, *circle* **V** *(verdadero). If it is false, circle* **F** *(falso).*

Los deportes y los aficionados

1 V   2 V   3 V   4 V   5 V   6 V   7 V   8 V

F   F   F   F   F   F   F   F

El béisbol, el jai alai y la salsa

1. V   2 V   3 V   4 V   5 V

F   F   F   F   F

Lectura

You will hear the **lectura,** *and then a series of statements. If a statement is true in terms of the* **lectura,** *circle* **V** *(***verdadero***). If it is false, circle* **F** *(***falso***).*

1 V   2 V   3 V   4 V   5 V   6 V   7 V   8 V   9 V   10 V
  F   F   F   F   F   F   F   F   F   F

Narración

You will hear the **narración,** *and then a series of statements. If a statement is true in terms of the* **narración,** *circle* **V** *(***verdadero***). If it is false, circle* **F** *(***falso***).*

1 V   2 V   3 V   4 V   5 V   6 V   7 V   8 V   9 V   10 V
  F   F   F   F   F   F   F   F   F   F

PROCESAMIENTO DE PALABRAS

A El pretérito y el imperfecto

a) *Complete each sentence with either the preterit or imperfect tense of the verb indicated.*

1 (gustar) ¿Le __gustó__ a usted el almuerzo anoche?   *lunch*

2 (visitar) ¿Siempre __visitabas__ tú México en el verano?

3 (vivir) ¿__Vivieron__ ustedes en Colombia por cinco años?

4 (comer) ¿A qué hora __comías__ (tú) generalmente?

5 (ayudar) ¿Le __ayudaba__ Alicia a su suegra en esos días?   *mother-in-law.*

6 (hablar) ¿Yo __hablaba__ dos idiomas de niño?

7 (ser) ¿Qué hacía usted cuando __era__ joven?

8 (dar) ¿Antes __daban__ ellos clases de literatura en la escuela?

b) *Complete the following paragraph, filling each blank with the appropriate imperfect or preterit form of the verb indicated in the key.*

A Luis le (1) ___*gustaba*___ mucho ir a los partidos de fútbol

cuando (2) ___*era*___ más joven. Él me (3) ___*dijo*___ que

(4) ___*iba*___ todos los domingos con su papá. También me

(5) ___*contó*___ algo que yo no (6) ___*sabía*___:

que su papá (7) ___*jugaba*___ con un equipo profesional. Y

dicen que él (8) ___*era*___ uno de los mejores jugadores en esos días.

1. gustar
2. ser
3. decir
4. ir
5. contar
6. saber
7. jugar
8. ser

c) *Guided by the clarification of meaning in parentheses, translate the following sentences, using either the preterit or imperfect tense to express the meaning in Spanish.*

1 She went to school. (every day)
   Ella iba a la escuela.

2 I spoke at the meeting. (last night)
   Hablé en la reunión anoche

3 We went to the park. (on Sundays)
   Íbamos a la parque los domingos

4 She slept well. (when she was young)
   Dormía bien.

5 We left early. (last night)
   Salimos temprano

6 He went to bed at 10 P.M. (as a child)
   Acostaba a las diez.

7 Did it rain? (yesterday)
   ¿Llovió?

B El pasado progresivo

Change the imperfect-tense verb in each sentence to the past progressive.

1 ¿Qué hacía usted cuando él entró?

  ¿Qué estaba haciendo usted cuando él entró?

2 ¿Quién hablaba cuando ellos pasaron?

  ¿Quién estaba hablando cuando ellos pasaron?

3 ¿Qué leías cuando te llamé?

  ¿Qué estabas leyendo cuando te llamé?

4 ¿Qué escribían ellas?

  ¿Qué estaban escribiendo ellas?

5 Llovía cuando me desperté.

  Estaba lloviendo cuando me desperté.

6 Federico bailaba con Debbie cuando Alicia lo vio.

  Federico estaba bailando con Debbie cuando
  Alicia lo vio.

C *Ser, ir* y *venir*—no emplean la forma progresiva

Give the Spanish equivalent.

1 We were going to the party when it started to rain.

  Ibamos a la fiesta cuando llovió.
  Comenzó a llover.

2 They were coming to see us when the accident occurred.

  Venían a vernos cuando ocurrió el accidente.

3 Mario said he was coming to our meeting.

  Mario dijo que venía a nuestra reunión.

4 I was going to the library when I saw him.

  Iba a la biblioteca cuando lo vi.

D Verbos con significado distinto en el pretérito y en el imperfecto

Complete the sentences as suggested by the English cues. Use the **tú-***form to translate "you."*

1 (*I met him*) __Lo conocí.__ cuando era joven.

2 (*He knew*) __Supo) Sabía__ que ellos salían sin comida.

3 (*We managed*) __Pudimos__ encontrar al niño.

4 (*Did you know Benito*) ¿__Conocías a Benito__ cuando él vivía en el Perú?

5 (*When did you find out*) ¿__Cuándo supiste__ del accidente?

6 (*I wanted to open the window*) __~~Quiso~~ abrir la ventana__ pero
no pude. __Quería__

7 (*Did you know*) ¿__Sabías__ que él quería conocer a la señorita?

E *Conocer o saber—***repaso**

Write in the correct form of **conocer** *or* **saber.**

1 ¿__Conociste__ tú a Patricia anoche en la fiesta?

2 Yo __sé__ que hay muchas personas que vienen.

3 Ella __conoció__ a mi primo en el baile el sábado pasado.

4 ¿__Conociste__ tú a esa profesora ayer?

5 Nosotros __supimos__ de la fiesta esta mañana. Por eso no fuimos anoche.

6 ¿__Saben__ ustedes a qué hora comienza el programa?

F *Se* **reflexivo como sujeto impersonal**

Rewrite each question, using **se** *as a non-personal subject.*

1 ¿Dónde puede uno comprar pan?
   ¿Dónde se puede comprar pan?

2 ¿Por qué estudia uno en la biblioteca?
   ¿__Por qué se estudia en la biblioteca?__

3 ¿Dónde hablan alemán?
   ¿__Dónde se habla alemán?__

4 ¿Bailan aquí todos los sábados?

¿Se baila aquí todos los sábados?

5 ¿Cuándo podemos jugar?

¿Cuándo se puede jugar?

6 ¿Dónde preparan esa comida?

¿Dónde se prepara esa comida?

7 ¿Por dónde sale uno?

¿Por dónde se sale?

8 ¿Cómo sabe uno si eso es la verdad?

¿Cómo se sabe si eso es la verdad?

G *Se* reflexivo en acciones inesperadas

Translate using the verb suggested in the cue.

1 (romper) *I broke my pencil.*
  Se me rompió el lápiz.

2 (olvidar) *Did you (**tú**-form) forget your book again?*

¿Se te olvidó el libro otra vez?

3 (quedar) *Yes, I left my book home again.*

Sí, se me quedó el libro en casa
otra vez.

4 (caer) *Where did he drop his money?*

¿Dónde se le cayó el dinero?

5 (perder) *My brother always used to lose his shoes.*

A mi hermano siempre se le perdían los zapatos

6 (ocurrir) *How did you (**tú**-form) get that idea?*

¿Cómo se te occurrió esa idea?

7 (olvidar) *What did they forget this morning?*

¿Qué se les olvidó esta mañana?

H   El subjuntivo—repaso

Express in writing that you prefer that the contrary happen in each of the following situations.

1   Alicia no va a la fiesta.
   Prefiero que Alicia vaya a la fiesta.

2   Federico no baila con todas las chicas.
   Prefiero que Federico baile con todas las chicas.

3   Los deportistas ganan mucho dinero.
   Prefiero que los deportistas no ganen mucho dinero.

4   Mi compañera de cuarto no me presta su abrigo.
   Prefiero que mi compañera de cuarto me preste su abrigo.

5   Ellos no vienen a mi casa.
   Prefiero que ellos vengan a mi casa.

6   Mi novio no me compra regalos.
   Prefiero que mi novio me compre regalos.

7   Ella no descansa.
   Prefiero que ella descanse.

8   Mi compañero no se levanta temprano.
   Prefiero que mi compañero se levante temprano.

9   Tú no perdonas a todos.
   Prefiero que tu perdones a todos.

10   Vosotros no respondéis a mis cartas.
   Prefiero que vosotros respondáis a mis cartas.

I   Resumen

Write the correct responses in the blanks.

1   Ella ___bailaba___ mientras yo ___esperaba___ .
   a) bailaba . . . esperaba   b) bailó . . . esperaba   c) bailaba . . . esperó

2   Yo no ___sabía___ que se te ___murió___ el perro.
   a) conocí . . . murió   b) sabía . . . murió   c) supo . . . ocurrió

3 Ella me dijo que los otros ___*fueron*___ al cine anoche.
   a) iban   b) fueron   c) llevaron

4 Luis ___*iba*___ a la biblioteca cuando lo vi.
   a) iba   b) estaba yendo   c) fue

5 ¿Cómo ___*se aprende*___ mejor el español?
   a) se puede   b) se entrega   c) se aprende

6 Cuando era más joven yo siempre ___*me levantaba*___ tarde.
   a) me levanté   b) me levantaba   c) me levanto

7 ¿ ___*Trajo*___ usted algo para el almuerzo ayer?
   a) Trae   b) Traía   c) Trajo

8 Antes él ___*jugaba*___ mucho al béisbol.
   a) jugaba   b) juega   c) jugó

9 Se me ___*olvidaron*___ los problemas.
   a) ocurrió   b) olvidó   c) olvidaron

10 Yo ___*estaba hablando*___ con Federico cuando Alicia abrió la puerta.
   a) hablé   b) estaba hablando   c) hablo

EXPRESIÓN INDIVIDUAL

J Complete las frases

1 Estudiaba ___*de niño*___.

2 Carmela tuvo ___*una casa grande*___.

3 Supe ___*la respuesta correcta*___.

4 Eran las seis ___*cuando ella llegó*___.

5 ¿Qué deporte ___*jugabas de niño*___?

K Forme preguntas

1 Sí, me divertía mucho en los deportes.

¿Te divertías mucho en los deportes?

2 No, no sé jugar al tenis.

¿Juegas al tenis?

3 Conocimos a Federico en Chile.

¿Cuándo conocieron ustedes a Federico?

4 No, no quise ir a la clase.

¿Porque Pablo no está aquí? ¿Está enfermo?

5 Sí, cuando éramos jóvenes jugábamos mucho.

¿De jóvenes jugaban mucho?

L Preguntas personales

Answer each question with a complete sentence.

1 ¿Tenía usted miedo cuando lo (la) llamaba su mamá?

No, no tenía miedo, me gustaban las llamadas.

2 ¿Fueron ustedes al teatro anoche?

Sí, fuimos al teatro anoche.

3 ¿Hacía mucho frío afuera?

Sí, hacía mucho frío.

4 ¿Estaba usted cansado(a) cuando se acostó?

Sí, estaba cansada.

5 ¿Se le quedó algo en casa?

_____

6 ¿Sabían ustedes que veníamos?

Sí, sabíamos.

7 ¿Leía usted muchos libros de filosofía cuando estaba en la escuela?

No, no leía libros de filosofía, pero leía libros de historia.

8 ¿A quién visitó usted anoche?

Visité mi amigo, Miguel.

9 ¿Pudo usted venir temprano a la clase?

Sí, vine temprano.

10 ¿Cuántas novias (Cuántos novios) tenía usted cuando era joven?

Tenía muchos.

11 ¿Conocieron ustedes a todos los profesores?

Si, los conocimos.

12 ¿Qué hora era cuando comenzó la clase?

Comenzó a las diez.

13 ¿Qué hacía usted antes de venir a la universidad?

Trabajaba por el año.

14 ¿Cuándo supieron ustedes del accidente?

Supimos ayer.

15 ¿No quisieron ustedes pedir ayuda?

_No, no yo_

16 ¿Estaba usted cantando cuando vino el profesor?

Si, estaba cantando.

17 ¿Cuántos años tenía cuando fue a la escuela por primera vez?

Tenía cuatros años.

M Composición

Write a paragraph about your experiences before you went to school.

_____

_____

_____

_____

_____

_____

Help on (15)

VOCABULARIO

Find the words from Lesson 11 that fit the definitions and write them in the blanks. Then try your skill at finding the words in one of the three **SOPA DE LETRAS** *grids. In Grid A the words are arranged horizontally or vertically only. In Grid B the words are listed horizontally, vertically, or diagonally. Grid C presents the words horizontally, vertically, or diagonally in either normal or inverted letter-order.*

1 Uno que juega a varios deportes. *deportista (a)   athlete*

2 También quiere decir **pronto**. _____

3 Sinónimo de **recreo**. _____

4 Juego entre dos personas sobre un tablero. *ajedrez*

5 El opuesto de **cerrar**. *abrir*

6 Un deporte que se hace en la nieve. *esquí*

7 El último partido. _____

8 Dos de éstos juegan en un partido. *deportistas*

9 Instrumento que transmite la voz. *teléfono*

10 Antónimo de **recordar**. *olvidar*

11 Se usa para tomar agua. _____

12 El más preferido. *favorito*

13 Lo que se hace con el teléfono. *llamada*

14 Se baila o se pone en la comida. *salsa*

15 Sinónimo de **terminar**. *acabar*

Sopas de letras

(A)

```
T E L E F O N O U J H P V D D
K W M X Q R C F D H D L X X I
U G Z T U S T B F E S Q U I V
O S G E D A I P A G I Q Y M E
L U L D L L G T V E L S L O R
V F U V A S O I O O G S W G S
I B E E C A D S R M L E K W I
D T G T N J Q W I N J H R N O
A N O E R J N Q T R I E V A N
R T W C A M P E O N A T O J E
L L A M A D A F B Y Q A D E Q
B D E P O R T I S T A B P D U
O B D A Z K A C A B A R V R I
N W Q I G D B T G Y O I R E P
U V V H D T F B X K V R U Z O
```

(B)

```
G H Q B E H C A G S H L N X O U L Y T D
Y Y Z L R G A H B Z F Z Q R E P M L T Q
T L Z M Z D C A M P E O N A T O G K W D
J T O V A N U E H W Z O L D I R I A P Z
F I N M H O P I O V T L J H J W I H G T
Z M A B Y F F B X I S R V H R C H L F A
A L C V F X T E V A S O Z I T C B I J J
L N A I L U P O Q P D E P O R T I S T A
F B B X D F V W P U M H N A N R S T X J
I J A N V J U G Z Z I X W O P N N R I E
I G R R Q S D O X V V P I O G B J E Z D
I P J Z E S G U H C X S O A B R I R Z R
R G R N E E C C M A R L O F V X W R F E
V X H B U M A K A E M N O A H Z Z V S Z
A X H L B O N S V I O C L V O K W F G M
Q Q G G V D L I O F V I V O A W B G E F
A D O O J A D F E R X C I R I K T S O D
C X E U S L X L G T D K D I I E S Q U I
T H E T T D E J R Y J F A T G B F G P T
D J M R F T Y T P I F Q R O Z S Z J Y H
```

(C)

```
D H D G L B I Z K H N Z T V K R F X P W N L N O E
T Z B O L J Q Z P A O G X J B C T T L M W G Y O E
P O E C T D F N C H S T W . Z D K R Q I V T T L H R
J R F K U G B A X V P G A B Y E I J U H A V R Z B
I Q N C U W B T Y D A E A N H K R Q S S I B U K B
B V S Z B A C M N Y D H T X O U B W X D J R Z O P
J N Q I R O T P A Y X Q S O F E A Q A T R E N Z T
F V Q D C P T V L W I Y I O X V P R V S X Y P N J
E N E A N K J G J J V B T Q W R C M F B T S J T X
D R W V P E B X U O X V R R G U Z J A X J J Q M J
A J E D R E Z K U E K V O K A O Q U O C Q J W B A
S D O W K M P P I Q A D P J B V K C O G Q G J F Q
V A S O Z U J E C U S U E C F A V O R I T O S Q M
C M K D E F Q T T I Y H D N A W Z X K X B A L W E
V N N R Q H T O N P B O J H Z W F R O V L L R J D
M P V M V Z K E F O W B Y H B O F F D S S L E F B
L U E G O H Z E A B Z Q H Q L S N H A C E A S K D
I M H L P N H C F I G K M W X D L O H Z W M Q J Z
M N T E O I X U Y P C O Y K V W X S F B C A U P U
X Y T E O Z B L H U U N X F H N U P H E Z D I Z B
L D P S X G E D D A O E Y X F G F Q V E L A U M H
S R J P P N I U V J I R Q L S G W J U F O E E C F
U Q B M Z G T X V T E D U N O I S R E V I D T C E
D D L H E G G E H V J I A O U C S Z W L M Y C G Z
Q Q R P O E Q N Q D L D I G Q S Y G F T W B B F J
```

Lección 12

LABORATORIO

¿Lógica o absurda?

You will hear ten pairs of statements. If the two statements are logically related, circle **L** *(***lógica***).*
If they do not go together, circle **A** *(***absurda***).*

1 L	2 L	3 L	4 L	5 L	6 L	7 L	8 L	9 L	10 L
A	A	A	A	A	A	A	A	A	A

Notas culturales

You will hear the **notas,** *and then a series of statements. If a statement is true according to the*
nota, *circle* **V** *(***verdadero***). If it is false, circle* **F** *(***falso***).*

1 V	2 V	3 V	4 V	5 V	6 V	7 V	8 V
F	F	F	F	F	F	F	F

Lectura

You will hear the **lectura,** *and then a series of statements. If a statement is true in terms of the*
lectura, *circle* **V** *(***verdadero***). If it is false, circle* **F** *(***falso***).*

1 V	2 V	3 V	4 V	5 V	6 V	7 V	8 V	9 V	10 V
F	F	F	F	F	F	F	F	F	F

Narración

You will hear the **narración,** *and then a series of statements. If a statement is true in terms of the* **narración,** *circle* **V** **(verdadero).** *If it is false, circle* **F** *(falso).*

1 V   2 V   3 V   4 V   5 V   6 V   7 V   8 V   9 V   10 V

   F   F   F   F   F   F   F   F   F   F

PROCESAMIENTO DE PALABRAS

A Verbos regulares en el futuro

Choose the appropriate verb and complete the sentence with the correct future-tense form.

1 (contar, cantar)   ¿Quién __cantará__ en el programa?

2 (probarse, sentirse)   ¿Por qué no _____ usted ese vestido?

3 (ir, dar)   ¿Cuándo _____ tú a la biblioteca?

4 (responder, recibir)   ¿Cuándo _____ ellos a mis cartas?

5 (prestar, pedir)   ¿ _____ ustedes postre?

6 (recordar, enseñar)   ¿Quién _____ esta clase?

7 (volver, olvidar)   Dicen que _____ a las ocho.

8 (seguir, traer)   Ella _____ la comida.

9 (madrugar, sugerir)   ¿Quiénes _____ eso?

10 (afeitarse, despertarse)   _____ después de bañarme.

B Verbos irregulares en el futuro

Complete the following sentences as indicated by the cues, using verbs in the future tense.

1 (venir, el profesor)   ¿ __Vendrá el profesor__ a la facultad esta noche?

2 (saber, ella)   ¿ _Sabrá_ la verdad acerca de ellos?

3 (poder, nosotros) _Podremos_____ escuchar el programa la semana próxima.

4 (salir, el doctor) ¿Cuándo _saldrá el doctor?_

5 (tener, usted) ¿_Tendrá_____ tiempo para hablar conmigo?

6 (poner, la muchacha) ¿_Pondrá la M._____ todas las flores en la mesa?

7 (hacer, yo) ¿Qué _yo haré____ después de la clase?

8 (tener, tú) ¿Cuándo _tendrás tú___ que estudiar las materias?

9 (valer) ¿Cuánto _valdrá_____ este anillo?

10 (haber) ¿Cuántos estudiantes _habrá_____ en la clase mañana?

C El futuro para expresar probabilidad

Give the Spanish equivalent.

1 I wonder if Mario is thirsty.
   ¿**Tendrá sed Mario**?

2 Can he be the person we saw?
   ¿Será él la persona que vimos?

3 Where can my roommate be?
   ¿Dónde estará mi compañera de cuarto

4 I wonder what Elena is doing tonight.
¿Qué hará Elena esta noche? estará haciendo

5 I wonder what they are eating.
¿Qué comerán? o ¿Qué estarán comiendo?

D El presente con significado futuro

Translate the sentences, using the present tense to express future meaning.

1 I'll write to her tomorrow.
   Le escribo mañana.

2 He's coming to my house tonight.
   Vienes a mi casa esta noche.

3 We'll talk to you (**tú**-form) later.
Te hablamos (luego) después
            más tarde

4 He will give me the papers tomorrow.

Me da los papeles mañana.

5 They'll tell us next week.

Nos dicen la semana próxima.

E El equivalente de _shall_ o _will_

Give the Spanish equivalent.

1 Shall I come now?

 ¿Vengo ahora?

2 Shall we study tonight?

¿Estudiamos esta noche?

3 Shall we dance?

¿Bailamos?

4 Will you (**tú**) accompany us?

¿Nos acompañas?

5 Shall I buy the brooch or the necklace?

¿Compro el broche o el collar?

F Los adjetivos demostrativos

Write the appropriate form of the demonstrative adjective suggested by the English cue.

1 (_This_) **Esta** joyería es de mi padre.

2 (_These_) _Estas_ joyas son negras.

3 (_this_) ¿De quién es _este_ broche?

4 (_These_) _Estos_ broches son muy finos.

5 (_this_) No me gusta _esta_ tienda.

6 (_Those, far away_) _Aquéllas_ tiendas son mejores.

7 (_That, far away_) _Aquél_ collar es muy bonito.

8 (_Those, near you_) _Esos_ collares no me gustan.

9 (_this_) ¿Es de oro _esta_ cadena?

G Los pronombres demostrativos

a) *Answer the questions, substituting a demonstrative pronoun.*

1 ¿Te gustan estos zapatos?
   No, prefiero éstos.

2 ¿Te gusta este abrigo?
   éste

3 ¿Te gusta esta camisa?
   ésta

4 ¿Te gustan estos pantalones?
   éstos

5 ¿Te gustan estas medias?
   éstas

b) *Answer following the model.*

1 ¿Qué te parece ese traje?
   Aquél me gusta más.

2 ¿Qué te parecen esos anillos?
   aquéllos

3 ¿Qué te parece ese broche?
   aquél

c) *Answer as in the model.*

1 ¿Te interesa ese sombrero?
   Me interesa más ése.

2 ¿Te interesa esa corbata?
   ésa

d) *Write the form of the demonstrative pronoun suggested by the English cue.*

1 (*This*) _*Éste*_ es mi país.

2 (*Those, far away*) _*Aquéllos*_ eran buenos años.

3 (*That–idea*) _*Eso*_ es muy importante.

4 (*Those, far away*) _*Aquéllas*_ son montañas muy bonitas.

5 (*that one, near you*) Éste es mi lápiz, _*ése*_ es de Carlos.

H El reflexivo como equivalente de la voz pasiva

Translate into Spanish, using the reflexive as equivalent of the passive voice.

1 Where is good jewelry sold?

   ¿Dónde se venden buenas joyas?

2 Where were these books written?

   ¿Donde se escribieron los libros?

3 The doors opened at 9:00 o'clock.

   Se abrieron las puertas a las nueve.

4 How was the advice received?

   ¿Como se recibió el consejo?

5 Shirts aren't sold here.

   No se venden las camisas aquí.

6 My overcoat was found in the park.

   Mi abriga se encontró en el parque

7 Two games will be played tomorrow.

   Dos partidos se jugarán mañana.

I Las conjunciones *pero* y *sino*

Fill in the blank with **sino**, **sino que**, *or* **pero** *as the context requires.*

1 No me gusta bailar ___sino___ cantar.

2 No fuimos a la fiesta ___Sino que___ nos quedamos en casa.

3 Me gusta mucho viajar ___pero___ cuesta mucho estos días.

4 Voy solo a Chile ___pero___ sería mejor con un buen amigo.

5 Los jugadores no esperaron el avión ___Sino que___ vinieron en autobús.

6 Nuestro carro no es nuevo ___pero___ corre muy bien.

7 Él no necesita dinero ___Sino___ buenos amigos.

8 Es mejor jugar con dos personas ___Pero___ se puede jugar con tres.

9 La clase no es grande ___Sino___ muy pequeña.

10 Me gustaba ir a los partidos ___pero___ no había mucha oportunidad.

J Resumen

Give the Spanish equivalent

1 We'll talk to you (**tú**-form) later.

Te hablamos depués.

2 I wonder what time it is.

¿Qué hora será?

3 Shall I buy this brooch?

¿Compro este broche?

4 We don't want to return tomorrow, but we will return.

No queremos ~~salir~~ volver mañan, pero ~~saldemos~~ volveremos.

5 This necklace is pretty but that one (next to you) is prettier.

Este collar es bonito, pero ése es más bonito.

6 How is the salsa danced?

¿Cómo se baila la salsa?

7 The doors were closed at 7:00 o'clock.

Se cerriaron las puertas a las siete

8 I don't like these rings, but rather those (over there).

No quiero estos anillos, sino aquéllos.

EXPRESIÓN INDIVIDUAL

K Complete las frases

1 Mañana lo ___escribé___.

2 ___Voy___ a la sastrería (tailor shop) esta noche.

3 ¿___Ven___ conmigo?

4 Ellos tendrán que ___ir temprano___.

5 Tú me ___dices tan pronto como viene___ ¿Verdad?

L Forme preguntas

1 Compraré zapatos con ese dinero.

¿Qué comprarás con ese dinero?

2 Mañana saldré a las cuatro.

¿A qué hora saldrás mañana?

3 No, a ella no le gustará ese broche.

¿Le gustará a ella ese broche?

4 Yo prefiero ésta.

¿Cuál prefieres?

5 Pepe tendrá veinte años.

¿Cuántos años tendrá Pepe?

M Preguntas personales

Answer each question with a complete sentence.

1 ¿Estarán estudiando en la biblioteca sus amigos?

Sí, sus amigos estarán estudiando ahí.

2 ¿Va usted al mercado el sábado?

Sí, voy al mercado el sábado.

3 ¿Por qué será tan cara esa cadena?

4 ¿Dónde estará su compañera(o) de cuarto?

Mi compañera estará en casa.

5 ¿Quiere usted comprar esta camisa o aquélla?

Quiero comprar ésta.

6 ¿A su compañero le gusta ir de compras?

Sí, le gusta ir de compras.

7 ¿Cuándo vendrá el autobús?

Lo vendré el sábado.

8 ¿Por qué estará usted cansado(a)?

Estaré cansada porque habré trabajado mucho.

9 ¿Cuándo pasará usted por mi casa?

Pasaré por tu casa mañana.

10 ¿Salimos mañana o ahora mismo?

Sí, salimos mañana o ahora mismo

11 ¿Por qué no creerá usted en los signos del zodíaco?

Porque no se nada por ellos.

12 ¿Es ésta la joya más bonita?

Sí, ésta es la joya más bonita.

13 ¿Seguirá usted una carrera en medicina?

Sí, me gustaría seguir una carrera en medicina.

14 ¿Me dice usted el precio de este abrigo?

Es cientos dollares

15 ¿Le quedan a usted muy grandes esos pantalones?

Sí, esos pantalones me quedan muy grandes.

16 ¿Qué hará usted esta tarde?

Espero ir a la cine.

N Composición

Write five sentences about what you are going to do tonight.

_____

_____

_____

_____

_____

llegar - t leave.
quedar - to stay.

VOCABULARIO

Fill in each blank with an appropriate word from the vocabulary list in Lesson 12.

1 Mi _____signo_____ es escorpio.

2 De costumbre mi mamá iba de _____compras_____ todos los sábados.

3 Se compra carne en la _____carnecería_____

4 Un sinónimo de **suficiente** es _____bastante_____.

5 Uno puede comprar medicina en la _____farmacia_____

6 El _____champú_____ se usa para lavar el pelo.

7 De costumbre los turistas compran muchos _____recuerdos_____

8 Venden joyas, broches y collares en la _____joyería_____.

9 No quiero que la ropa sea cara sino _____barata_____.

10 Si quiero que me hagan un traje, voy a la _____sastrería_____.

11 No me gusta pagar mucho. Por eso busco las _____gangas / ofertas_____.

12 ¿Antes de salir para la universidad le dieron sus padres muchos _____consejos_____ a usted?

13 Si sólo quiero leer el libro voy a la biblioteca. Pero si quiero comprarlo, voy a la _____librería_____.

14 Los estudiantes salieron ayer _____rumbo_____ a Lima, Perú.

15 En una tienda queremos que el _____vendedor_____ nos ayude con las compras.
Shop.

Listening Comprehension Exam

LECCIONES 9-12

¿ Verdadero o falso?

*You will hear five sentences on the tape that are either true or false. If a sentence is true, circle V (**verdadero**). If it is false, circle F (**falso**).*

1 V   2 V   3 V   4 V   5 V

   F   F   F   F   F

¿Lógica o absurda?

*You will hear five pairs of statements. If the two statements are logically related, circle L (**lógica**). If they do not go together, circle A (**absurda**).*

1 L   2 L   3 L   4 L   5 L

   A   A   A   A   A

Selección multiple

*You will hear 35 question with three answer choices for each, only one of which is correct. Circle the letter (**A, B,** or **C**) of the correct choice.*

1 A   2 A   3 A   4 A   5 A   6 A   7 A   8 A   9 A   10 A

   B   B   B   B   B   B   B   B   B   B

   C   C   C   C   C   C   C   C   C   C

11 A	12 A	13 A	14 A	15 A	16 A	17 A	18 A	19 A	20 A
B	B	B	B	B	B	B	B	B	B
C	C	C	C	C	C	C	C	C	C

21 A	22 A	23 A	24 A	25 A	26 A	27 A	28 A	29 A	30 A
B	B	B	B	B	B	B	B	B	B
C	C	C	C	C	C	C	C	C	C

31 A	32 A	33 A	34 A	35 A
B	B	B	B	B
C	C	C	C	C

Lección 13

LABORATORIO

¿Lógica o absurda?

You will hear ten pairs of statements. If the two statements are logically related, circle **L** *(lógica).*
If they do not go together, circle **A** *(absurda).*

1 L   2 L   3 L   4 L   5 L   6 L   7 L   8 L   9 L   10 L

   A   A   A   A   A   A   A   A   A   A

Notas culturales

You will hear the **notas,** *and then a series of statements. If a statement is true according to the*
nota, *circle* **V** *(verdadero). If it is false, circle* **F** *(falso).*

1 V   2 V   3 V   4 V   5 V   6 V   7 V   8 V   9 V   10 V

   F   F   F   F   F   F   F   F   F   F

Lectura

You will hear the **lectura,** *and then a series of statements. If a statement is true in terms of the*
lectura, *circle* **V** *(verdadero). If it is false, circle* **F** *(falso).*

1 V   2 V   3 V   4 V   5 V   6 V   7 V   8 V   9 V   10 V

   F   F   F   F   F   F   F   F   F   F

Narración

You will hear the **narración,** *and then a series of statements. If a statement is true in terms of the* **narración,** *circle* **V** *(***verdadero***). If it is false, circle* **F** *(***falso***).*

1 V   2 V   3 V   4 V   5 V   6 V   7 V   8 V   9 V   10 V

  F   F   F   F   F   F   F   F   F   F

PROCESAMIENTO DE PALABRAS

A El condicional

a) *Supply the appropriate conditional form of the verb in the following questions.*

1 (ser)   ¿ **Sería** usted presidente del club?

2 (comprar) ¿ _Compraría_ él un nuevo Porsche?

3 (visitar) ¿Nos _visitaría_ Felipe a nosotros?

4 (dormir) ¿ _Dormirías_ tú hasta el mediodía?

5 (vivir) ¿ _Vivirían_ ellos en la ciudad?

6 (comer) ¿ _Comerían_ ustedes en el restaurante del hotel?

7 (hablar) ¿ _Hablaría_ usted con el profesor?

8 (conocer) ¿ _Conocería_ yo a todos los profesores?

9 (tocar) ¿ _Tocaría_ Doris el piano en la reunión?

10 (traer) ¿ _Traería_ Manolo a sus amigos?

11 (entrar) ¿ _Entraríamos_ nosotros en esa casa?

b) *In the following sentences, change verbs in the present tense to the past and the verbs in the future to the conditional.*

1 Dice que volverá mañana.

   Dijo que **volvería** mañana.

2 Dice que estará en el parque después de la clase.

   Dijo que _estaría_ en el parque después de la clase.

3 Prometes que hablarás español con nosotros.

   Prometiste que _hablarías_ español con nosotros.

4 Digo que ganaremos el partido.

   Dije que _ganaríamos_ el partido.

5 Carmen dice que Sonia no cantará en el programa.

   Carmen _dijo_ que Sonia no _cantaría_ en el programa.

6 Le digo al profesor que llevaré los exámenes a su oficina.

   Le _dije_ al profesor que _llevaría_ los exámenes a su oficina.

7 El periódico indica que nevará por la tarde.

   El periódico _indicó_ que _nevaría_ por la tarde.

8 Julio dice que conocerá Venezuela.

   Julio _dijo_ que _conocería_ Venezuela.

c) *Give the Spanish equivalent.*

1 You would have to ask (**preguntar**) my dad.

   Tendría que preguntarle a mi papá.

2 I wouldn't have her patience.

   Yo No tendría su paciencia.

3 You wouldn't say those things again.

   Tú no dirías esas cosas otra vez.

4 These earrings would be worth more in the United States.

   Estos aretes valdrían más en los Estados Unidos.

5 He said there would be a party for my birthday.

Dijo que habría una fiesta para mi cumpleaños

6 He would tell everything.

Diría (todas las cosas) todo.

B El condicional en peticiones corteses

Soften the request in the following sentences by changing the verb to the conditional tense.

1 ¿Puede usted ayudarme?

¿ **Podría** usted ayudarme?

2 ¿Me pasa usted la leche?

¿Me _*pasaría*_ usted la leche?

3 ¿Me prestas un lápiz?

¿Me _*prestarías*_ un lápiz?

4 ¿Nos pide un taxi?

¿Nos _*pediría*_ un taxi?

5 Ustedes deben llegar más temprano.

¿Ustedes _*deberían*_ llegar más temprano.

6 ¿Me pasas la sal?

¿Me _*pasarías*_ la sal?

7 ¿Nos pueden dar unos minutos más?

¿Nos _*podrían*_ dar unos minutos más?

C Probabilidad en el pasado

Respond that you don't know, then mention the information supplied by the cue, using a verb in the conditional to indicate probability in the past.

1 ¿Qué hora era cuando ella volvió del baile? (las doce)
   No sé, serían las doce cuando volvió.

2 ¿Dónde estaba Carlos? (en España)

   No sé, estaría en España.

to owe, to have to, ought to.
deber — must, should.

3 ¿Cuándo murió Napoleón? (el siglo pasado)

No sé, moriría el siglo pasado.

4 ¿Quién era ese señor? (el embajador)

No sé, sería el embajador.

5 ¿Qué hora era cuando comenzó el partido? (las siete y media)

Is ok this No sé, comenzaría las siete y media

6 ¿Dónde estaba tu abrigo? (en el autobús)

No sé, estaría en el autobús.

7 ¿Cuál era su tío? (el gordo)

No sé, el gordo sería mi tío.

8 ¿Por qué vinieron los deportistas? (para jugar)

No sé, vendrían para jugar.

9 ¿A qué hora comenzó la fiesta? (a la una)

No sé, comenzaría a la una.

10 ¿Adónde fue el profesor? (a casa)

No sé, iría a casa.

11 ¿Qué compró Juan Carlos con el dinero? (un regalo para su novia)

No sé, compraría un regalo para su novia.

12 ¿Quién fue esa chica bonita? (estudiante de otra universidad)

No sé, sería estudiante de otra universidad.

D Hacer en expresiones de tiempo

a) *Answer the questions as suggested by the cues, using expressions of time with* hacer *and the present tense.*

1 ¿Hace cuánto que ustedes hablan español? (varios meses)

Hace varios meses que hablamos español. *or*

Hablamos español desde hace varios meses.

2 ¿Cuántos años hace que enseña el profesor? (3 años)

Hace tres años que enseña el profesor.
El profesor enseña desde hace tres años.

no le escribo a mi novio desde hace dos días.

3 ¿Hace cuánto que no le escribe a su novio(a)? (2 días)

Hace dos días que no le escribo a mi novio.

4 ¿Cuánto hace que usted trabaja con estas preguntas? (3 horas) *No le escribo año*

Hace tres horas que trabajo con estas preguntas.

Trabajo con estas preguntas desde hace tres horas

5 ¿Cuánto hace que no ven ustedes un campeonato de ajedrez? (mucho tiempo)

ajedrez.

Hace mucho tiempo que no vemos un campeonato de

No vemos un C. de ajedrez desde hace mucho tiempo

6 ¿Cuánto hace que usted está esperando aquí? (10 minutos)

Hace diez minutos que yo estoy esperando aquí.

Yo estoy aquí desde hace diez minutos.

b) *Answer the questions as suggested by the cues, using expressions of time with* **hacer** *and the preterit tense. Answer each question twice, using a different word-order pattern each time.*

1 ¿Cuándo empezó el semestre? (diez semanas)

Hace diez semanas que empezó el semestre.

Empezó el semestre hace diez semanas.

2 ¿Cuándo comenzó la película?. (una hora y media)

película?

Hace una hora y media que comenzó la

Comenzó la película hace una hora y media.

3 ¿Cuántos días hace que salió el artículo en el periódico? (dos días o más)

periódico.

Hace dos días o más que salió el artículo en el

Salió el at. en el per. hace dos días o más

4 ¿Cuándo recibiste la carta? (una semana)

Hace una semana que recibí la carta

Recibí la carta hace una semana.

5 ¿Cuánto hace que se casaron sus padres? (treinta años)

Hace treinta años que se casaron mis padres

Se casaron mis padres hace treinta años

156 Lección trece

always

¿estar, with pr. participle?

Copyright © 1982 John Wiley & Sons

E *Por* y *para*

a) *Fill in the blanks with either* **por** *or* **para** *as the context requires.*

1 Estudio duro __**para**__ aprender español.

2 ¡No estarás lista __para__ las siete!

3 Tito salió __por__ pan.

4 Este pequeño regalo es __para__ ti.

5 Vivimos allí __por__ el mercado.

6 ¡Pagó un ojo de la cara __por__ ese carro!

7 Le hablé a Luisa __por__ más de una hora.

8 Pasaré mañana __por__ la noche.

9 __Para__ profesor, es muy simpático.

10 No terminará esta función __para__ las diez.

11 Me toman __por__ mexicano.

12 Saldremos __para__ la plaza después de la siesta.

13 Le causó problemas a su ex-novia __por__ celos.

14 Mi amiga no puede trabajar hoy. Voy a trabajar __por__ ella.

15 No tengo tiempo __para__ divertirme en el campo.

b) *Give the Spanish equivalent.*

1 I thought he would call me by eight o'clock.
   Creía que él me llamaría para las ocho.

2 How much did you (**tú**-form) pay for those tickets?
   ¿Cuánto pagaste por esos boletas?

3 At least we don't have to look for a hotel.
   Por lo menos tenemos que buscar un hotel.

4 He works for my uncle's company.
   Trabaja para la compañía de mi tío.

5 For now, we're all right.

Por ahora, estamos bien

6 I came to the university (in order) to study medicine.

Vine a la universidad para estudiar medicina

7 Tomorrow afternoon we'll leave for Mazatlán.

Mañana por la tarde ~~salemos~~ saldremos para a Mazatlán.

8 Is there a laundry around here?

¿Está un ~~lavateria~~ lavantería por aquí?

F   El subjuntivo—repaso

Give the Spanish equivalent.

1 I hope someone will call me tonight.

Espero que alguien me llame esta noche.

2 My roommates want me to prepare dinner.

Mis compañeros de cuatro quieren que prepare la cena.

3 I doubt they will help me.

Dudo que me ayuden.

4 I'll tell Miguel to eat with us.

Le Diré ~~a~~ que Miguel coma con nosotros.

5 They say they want me to invite him.

Dicen que quieren que lo invite.

G   Resumen

Choose the appropriate verb and write in the correct form.

1 (ser, entender, venir)   Él prometió que _____ ~~tenga~~ *vendría* _____ temprano.

2 (vernos, sentirse, darse)   ¡Hola, María!   Hace mucho tiempo que no _____ ~~te ve~~ *nos vemos.*

3 (tener, tomar, deber)   Usted _____ *debe* _____ tener más cuidado.

4 (llegar, ser, estar)   Es difícil decir a qué hora vinimos, pero _____ ~~fue~~ *serían* las once, más o menos.

5 (salir, conocer, morir)   No lo recuerdo muy bien. Hace cinco años que lo _____ *conocí*

6 (venir, ir, vender)   Yo no dije que se lo _____ *vendría* _____.

Always use ~~past~~ imperfect with time.

NOMBRE _____ FECHA _____ CLASE _____

7 (estar, prometer, ser) No sé por qué no vino anoche. ____Estaría____ con sus amigos en el centro.
    Estaría

8 (querer, preferir, gustar) No quiero ir solo. ¿Te ____gustaría____ ir conmigo?

9 (tocar, estar, dejar) ¿Cuándo se levantará él? ¡Hace mucho tiempo que ____está____ dormido!

10 (gustar, olvidar, escoger) Yo no sabía qué comprarle. Entonces ella dijo que (ella)
    ____escogería____ algo.
    gust

escoger —
to choose
to select

dejar —
to let, to
permit to
leave, to
abandon.

EXPRESIÓN INDIVIDUAL

H Complete las frases

1 Terminamos de trabajar y por eso ____somos alegre.____

2 Irías al cine ____los sábados, pero no tenías no dinero.____

3 Me dijo ____que saldría tenpraa.____

4 ¿Qué hora ____comenza la fiesta____?

5 ____Voy a estudiar.____ por la noche.

I Forme preguntas

1 Yo le hablaría, por seguro.

_____

2 No, yo no iría en autobús.

_____

3 Yo dormiría la siesta todos los días.

_____

4 Sí, salgo para México mañana.

_____

5 Hace media hora que estudio.

_____

Probability in past — Conditional
          — present — future.

J Preguntas personales

Answer each question with a complete sentence.

1 ¿Podría usted decirme dónde está el correo? mail

Está en la mesa.

2 ¿Qué verían ustedes en Madrid?

Veríamos El Tablao Flamenco

3 ¿Trabajaría usted en Sudamérica?

No, no trabajaría ahí.

4 ¿Le prometió su novio(a) que la (lo) llamaría anoche?

Sí, le prometió.

5 ¿Cuánto hace que murió Francisco Franco[1]?

Murió en mil novecientos setenta y cinco.

6 ¿Para qué vino usted a la universidad?

Vine por carrera en ingeniería

7 ¿Cuánto hace que no sale usted a bailar?

Hace un mes que bailé.

8 ¿A qué hora volvió su compañero(a) de cuarto anoche?

Volvió a las once de la noche.

9 ¿Cuánto pagó usted por esos zapatos?

Pagué veinte dólares por ellos.

10 ¿Qué le prometió usted a su compañero(a) que haría?

Prometí ir de compras contigo.

K Composición

Write five sentences about what you would do this weekend with more money.

_____

_____

_____

_____

_____

[1] General Francisco Franco Bahamonde (1892-1975) was Chief of State and Dictator of Spain from 1939 to 1975.

VOCABULARIO

Crucigrama

Complete the **crucigrama** *as suggested by the cues, using vocabulary items from Lesson 13.*

HORIZONTALES

2 Lo que sienten los novios.
5 Los años que tiene uno.
9 Necesarios para entrar en un partido.
11 Alguien que escribe cuentos o novelas.
13 Lo que ocurre al final del semestre.
14 Lo que hacen los aviones.
15 Uno que vive en la próxima casa.
16 Después de primero.
18 Donde se baila el flamenco.
19 Palabra que quiere decir **espectáculo**.

VERTICALES

1 Ocurren generalmente durante el verano.
3 Persona que escribe poesía
4 También quiere decir **claro**.
6 La persona más alta de la compañía
7 Donde distribuyen las cartas.
8 Algo importante que se firma.
10 Persona que sirve mesas.
11 Tiempo sin fin.
12 Lugar fuera de la ciudad.
17 También quiere decir **en seguida**.

Lección 14

LABORATORIO

¿ Lógica o absurda?

You will hear ten pairs of statements. If the two statements are logically related, circle L (lógica). If they do not go together, circle A (absurda).

1 L	2 L	3 L	4 L	5 L	6 L	7 L	8 L	9 L	10 L
A	A	A	A	A	A	A	A	A	A

Notas culturales

You will hear the **notas,** *and then a series of statements. If a statement is true according to the* **nota,** *circle* **V** (**verdadero**). *If it is false, circle* **F** (**falso**).

1 V	2 V	3 V	4 V	5 V
F	F	F	F	F

Lectura

You will hear the **lectura,** *and then a series of statements. If a statement is true in terms of the* **lectura,** *circle* **V** (**verdadero**). *If it is false, circle* **F** (**falso**).

1 V	2 V	3 V	4 V
F	F	F	F

PROCESAMIENTO DE PALABRAS

A El participio pasado

Give the past participle of the following verbs.

1 (salir)   **salido**

2 (eliminar)   *eliminado*

3 (responder)   *respondido*

4 (congelar)   *congelado*

5 (divertir)   *divertido*

6 (creer)   *creído*

7 (hacer)   *hecho*

8 (escribir)   *escrito*

9 (decir)   *dicho*

10 (morir)   *muerto*

B El pretérito perfecto

a) *Answer the following questions in the affirmative, using the present-perfect tense.*

1 ¿Estudiaron ellos?

   Sí, han estudiado.

2 ¿Se lo dijeron a él?

   Sí, se lo han dicho.

3 ¿Cantó Elena con ese grupo?

   Sí, la cantado con ellos.

4 ¿Trajo abrigo la señora Guerrero?

   Sí, lo ha traído.

5 ¿Los visitaron ellos?

   Sí, los han visitado.

6 ¿Volvió él a casa hoy?

   Sí, ha vuelto a casa.

7 ¿Pagasteis la cuenta?

   Sí, la hemos pagado

Cuenta - count, calculation

b) *Answer the following questions in the negative, following the model.*

1 ¿Te vas a afeitar?
No, porque ya me he afeitado.

2 ¿Nos va a visitar un médico?
No, porque ya nos ha visitado.

3 ¿Va usted por pan?
No, porque ya he ido.

4 ¿Vas a llamar a tu novia(o)?
No, porque ya la he llamado.

5 ¿Nos va a escribir el presidente?
No, porque ya nos ha escrito.

6 ¿Va a haber fiesta?
No, porque ya ha habido (una) fiesta

7 ¿Vas a abrir la puerta?
No, porque ya la ha abierta.

C El pluscuamperfecto

Answer each question as suggested by the cue, using a verb in the pluperfect.

1 ¿Qué dijo Ramón? (tener un choque)
Dijo que había tenido un choque.   habido

2 ¿Qué dijo el taxista? (no ver a Ramón)
Dijo que no había visto a Ramón

3 ¿Qué dijeron los dos? (destrozar sus carros)
Dijeron que habían destrozado sus carros.

4 ¿Qué dijo usted? (no oír del accidente)
Dijo que no había oída del accidente.

5 ¿Qué dijo Ramón? (tomar un montón de pastillas)
Dijo que había tomado un montón de pastillas.

6 ¿Qué dijeron Susana y David? (traerle un regalo a Ramón)
Dijeron que le habían traído un regalo a Ramón.

hoy

D El potencial compuesto

Complete the answers to the following questions, using the conditional perfect.

1 ¿Fuiste al tablao?
Con más tiempo **habría ido al tablao.**

2 ¿Viajaron ustedes por avión?
Con más dinero _habríamos viajado por avión._ (ido)

3 ¿Ganaron ellos el partido?
Con más suerte _habrían ganado el partido._

4 ¿Compraste varios recuerdos?
Con más dinero _habría comprado varios recuerdos_

5 ¿Te pusiste ese vestido elegante?
Con más tiempo _me habría puesto ese vestido elegante._

E El futuro perfecto

Complete the answers using the future-perfect tense.

1 ¿A qué hora llegarás a tu casa?
Para las siete **habré llegado.**

2 ¿Cuándo volverán ellos de las vacaciones?
Para el domingo _habrán vuelto de las vacaciones_

By (deadline)

3 ¿Cuándo se levantará usted mañana?
Para las siete y media ya _me habré vestido._

gastar - to spend

4 ¿Van ustedes a gastar todo ese dinero?
Sí, para esta hora mañana _lo habremos gastado todo._

5 ¿Vas a decirle todo?
Sí, mañana _le habré dicho todo._

F El participio pasado como adjetivo

Give the Spanish equivalent.

1 The door is open.
La puerta está abierta.

estar?

2 You (tú-form; masc.) seem (to be) tired.
Pareces cansado

4 They (fem.) are sitting (seated) in my office.
Ellas están sentadas. _en mi officina_

3 He is lying down now.
El Está acostado ahora

5 These shoes are not shined!
No están lustrados estos zapatos

166   Lección catorce

Why is "se" not needed?

Esos

G *Ser* y *estar*—repaso

Fill in the blank with the appropriate form of **ser** *or* **estar**.

1 ¿Dónde __*están*__ mis sandalias?

2 ¿Dónde __*estuvieron*__ ustedes anoche?

3 La reunión __*está*__ *será* en mi oficina mañana.

4 Usted __*es*__ de California, ¿no?

5 Mi hermanito __*está*__ enfermo otra vez.

6 El carro del taxista __*está*__ destrozado también.   *está*

7 ¡Ah, __*estás*__ muy bonita hoy!

8 ¿ __*es*__ de Argentina María Luisa?   *Ser*

9 ¿ __*Está*__ cerrada la puerta ahora?   *estar*

10 ¿Dónde __*fue*__ el examen ayer? (*Where did it take place?*)

H La voz pasiva

a) *Answer the questions, using the passive voice.*

1 ¿Quién publicó ese libro? (la compañía de mi tío)
   Ese libro fue publicado por la compañía de mi tío.

2 ¿Quién descubrió América? (Cristóbal Colón)
   America fue descubierta por Cristóbal Colón

3 ¿Quiénes compraron ese regalo? (Susana y sus amigos)
   Ese regalo fue comprado por Susana y sus amigos

4 ¿Quién escribió ese libro? (mi tía)

_____

5 ¿Quién construyó esas casas? (el señor Lozano)

_____

6 ¿Quién organizó la fiesta de anoche? (Ramón)

_____

Does past participle become a adj. in the passive voice?

b) *Fill in the blank with the correct form of the verb* **ser** *or* **estar** *as appropriate.*

1 Al fin del día yo siempre _____ *estoy* _____ muy cansado.

2 La puerta _____ *está* _____ abierta desde las seis y media.

3 ¿Por quién _____ *fue* _____ abierta esa puerta anoche?

4 No pueden hablar ahora; ella _____ *está* _____ dormida.

5 El nuevo contrato _____ *fue* _____ anunciado por el jefe.

6 Después del accidente los dos carros _____ *estaban* _____ destrozados.

I Adjetivos posesivos—formas enfáticas

Answer in the affirmative, using the long form of the possessive adjectives.

1 Esa chica, ¿es amiga de usted?

   Sí, es una amiga mía.

2 Ese joven, ¿es amigo de ella?

   Sí, es un amiga suya

3 Esos chicos, ¿son amigos de nosotros?

   Sí, son amigos nuestros

4 Esa señora, ¿es profesora de ellos?

   Sí, es profesora suya

5 Ese muchacho, ¿es compañero de él?

   Sí, es compañero suyo.

6 Esos señores, ¿son profesores de ustedes?

   Sí, son profesores nuestros

7 Esos jóvenes, ¿son hermanos de él?

   Sí, son hermanos suyos

8 Estas chicas, ¿son amigas de ustedes?

   Sí, son amigas nuestras.

J Pronombres posesivos

a) *Complete the sentences, using possessive pronouns.*

1 (de ti) Aquí está mi lápiz, pero ¿dónde está **el tuyo?**

2 (de mí) Yo conozco a tus padres, pero tú no conoces a _____ *los míos* _____.

3 (de él) Esta pelota es mía, y esa pelota es _____ *suya* _____.

4 (de nosotros) Ustedes están en la clase de ellos, y ellos están en _____ *nuestra* _____ *la?* _____.

5 (de ellos) Me gustan los sombreros nuestros, pero no me gustan *los suyos* _____.

6 (de mí) Los otros estudiantes tienen sus boletos, pero nadie ha visto _____ *el mío*.

7 (de ti) Charo tiene sus problemas, y tú tienes _____ *los tuyos*.

b) *Complete the sentences, using possessive pronouns appropriate to the subjects of the verbs.*

1 ¿Quiénes tienen sus libros?
   Yo tengo **los míos** , pero ellos no tienen **los suyos** .

2 ¿Qué razones tienen para sus acciones?
   Yo tengo _____*las mías*_____, los otros tendrán _____*las suyas*_____.

3 ¿Dónde dejaron sus carros?
   Yo dejé _____*el mío*_____ en la esquina, Olivia dejó _____*el suyo*_____ en casa.

4 ¿Quiénes tienen pasaporte?
   Tú tienes _____*el tuyo*_____, pero yo he perdido _____*el mío*_____.

5 ¿Cuándo compraron sus boletos?
   Yo compré _____*el mío*_____ hace una hora, pero Tomás compró
   _____*el suyo*_____ hace dos días.

c) *Clarify the following sentences by using the alternate third-person possessive form, incorporating the information in the cues.*

1 El suyo es más grande. (el señor Torres)
   El del señor Torres es más grande.

2 Aquí están las suyas. (ellas)
   Aquí están _____*las de ellas*_____.

3 Los suyos son muy caros, (mamá)
   _____*Los de mamá*_____ son muy caros.

4 No vinieron las suyas. (el joven)
   No vinieron _____*las del joven*_____.

5 Este carro es suyo. (ustedes)
   Este carro es *el de ustedes*.

K Resumen

Write the correct response in the blank.

1 ¿Conoces a mi hermana? No, no la he _____*conocido*_____.
   a) conocida   b) conocido   c) conocí

2 Le expliqué que yo _____*había*_____ comido antes de llegar a la fiesta.
   a) había   b) he   c) haber

3 Yo no quise trabajar en esas condiciones. ¿ _Habría_ trabajado usted?
   a) Ha   b) Habría   c) Habrías

4 No me gusta la clase. _Es_ muy aburrida.   *boring*
   a) Es   b) Estado   c) Ha

5 ¿Dónde _fueron_ hechas esas botas?   (*ser with adj.*)
   a) están   b) fue   c) fueron

6 ¡Ah, me gustan mucho tus botas! ¿Te gustan _las mías_ ?
   a) las mías   b) el mío   c) los míos

7 ¿Abrió alguien las ventanas? Sí, _están_ abiertas.
   a) están   b) son   c) serán

EXPRESIÓN INDIVIDUAL

L Complete las frases

1 Yo tengo mis pastillas. Él _tiene las suyas._

2 Mi camisa es bonita. _La suya_ es bonita también.

3 Ahora me siento _a gusta_.

4 A mí _me envió las flores_.

5 _Está_ enfermo.

M Forme preguntas

1 Sí, me duele mucho.
¿Te duele la mano?

2 No, no lo sabía.
¿Siempre sabías la respuesta?

3 No, no me han puesto inyecciones.
i-perfect _¿Te han puesto inyecciones?_

4 Sí, ya habían salido cuando yo llegué.
¿Han salido todavía?

5 Sí, ya la había abierto.
¿Había abierto Juan la porta cuando llegaste?

170   Lección catorce   Copyright © 1982 John Wiley & Sons

postar   *llegar - arrive*   *Salir - depart / leave*

N Preguntas personales

Answer each question with a complete sentence.

1 ¿Le han gustado sus estudios este año?

  Sí, me gustan. (sí me han gustado)

2 ¿Qué ha aprendido usted en la clase?

  He aprendido todas las lecciónes.

3 ¿Cuánto hace que no visita usted a un enfermo en el hospital?

  Hace dos mesas que visto a un enfermo en el hospital

4 ¿Ha seguido usted una dieta?

  No, no la he seguido.

5 Cuando empezó el semestre, ¿había estudiado usted español?

  Sí, lo había estudiado antes empezé el semestre.

X 6 Cuando se habla de familias, ¿qué dice usted de la suya?

  _____

7 ¿Cuántas veces ha ido usted al dentista este año?

  He ido al dentista dos veces.

8 Con más dinero, ¿habría viajado usted a España el verano pasado?

  Sí, con más dinero habría viajado a España el verano pasado.

9 ¿Qué hace usted cuando está cansado(a)?

  Voy a descansar.

10 ¿Ha descubierto usted algo nuevo este año?

  He descubierto algunos nuevos amigos.

O Composición

Write five sentences about an accident you or your friends have had. Make something up if you prefer.

_____

_____

_____

_____

_____

VOCABULARIO

Unscramble the words at the right and write each one next to the appropriate expression.

1 Donde uno va para ver al médico. ___Consultorio___

2 Como se sienten muchos enfermos. ___deprimidos___

3 Donde descansa uno. ___cama___

4 Se encuentra en la boca. ___muela___

5 Como se pone uno antes de dar un discurso. ___nervioso___

maca ✓
rioconsulto ✓
amuel ✓
sonervio ✓
seprimidod ✓

6 Otra palabra para **ayuda.** ___socorro___

7 Lo que es uno que no es viejo. ___joven___

8 Se dice de uno que trabaja mucho. ___industrioso___

9 Sinónimo de **accidente.** ___choque___

10 Encontrar algo nuevo. ___descubrir___

jenvo ✓
osodustrini ✓
euchoq ✗
desbrircu ✓
ocorros ✓

11 Una forma de dar medicina. ___inyección___

12 La condición de uno que no es fuerte. ___débil___

13 Donde camina la gente en la ciudad. ___acera___

14 Lo que se arregla con la recepcionista. ___cita___

15 Se dice de uno que no está enfermo. ___sano___

nosa ✓
ónyeccini ✓
bidlé ✓
acrea ✓
taci ✓

boca — mouth.

172   Leccíon catorce

Lección 15

LABORATORIO

¿Lógica o absurda?

You will hear ten pairs of statements. If the two statements are logically related, circle **L** *(***lógica***).*
If they do not go together, circle **A** *(***absurda***).*

1 L	2 L	3 L	4 L	5 L	6 L	7 L	8 L	9 L	10 L
A	A	A	A	A	A	A	A	A	A

Notas culturales

You will hear the **notas,** *and then a series of statements. If a statement is true according to the* **nota,** *circle* **V** *(***verdadero***). If it is false, circle* **F** *(***falso***).*

1 V	2 V	3 V	4 V	5 V	6 V	7 V	8 V
F	F	F	F	F	F	F	F

Lectura

You will hear the **lectura,** *and then a series of statements. If a statement is true in terms of the* **lectura,** *circle* **V** *(***verdadero***). If it is false, circle* **F** *(***falso***).*

1 V	2 V	3 V	4 V	5 V	6 V	7 V	8 V	9 V	10 V
F	F	F	F	F	F	F	F	F	F

PROCESAMIENTO DE PALABRAS

A   Verbos regulares e irregulares en el presente de subjuntivo

a) *Fill in the blank with the correct present-subjunctive form of the verb indicated.*

1 (traer)   Espero que ella __traiga__ la música.

2 (apurarse)   Quiero que ustedes __se apuren__.

3 (dar)   ¿Quieres que yo te __dé__ mi dirección?

4 (acompañar)   ¿Quieren ustedes que yo los __acompañe__.

5 (esperar)   Dígales que __esperen__ un momento.

6 (hacer)   ¿Qué quieren ustedes que yo __haga__.

7 (visitar)   Dudo que él nos __visite__.

8 (ir)   Es importante que usted __vaya__ al partido.

9 (pagar)   Pídale a ella que __pague__ la cuenta.

10 (conocer)   Quiero que tú __conozcas__ a mi hermano.

b) *Complete the sentences, changing from the present indicative to the present subjunctive.*

1 Él dice que yo salgo.
  Él manda que yo __salga__.

2 Él dice que yo hago el trabajo.
  Él manda que yo __haga__ el trabajo.

3 Él dice que yo lo traduzco bien.
  Él quiere que yo lo __traduzca__ bien.

4 Él dice que yo voy al cine.
  Él prohíbe que yo __vaya__ al cine.

5 Él dice que yo soy bueno.

   Él pide que yo ___sea___ bueno.

6 Él dice que yo conozco a su primo.

   Él desea que yo ___conozca___ a su primo.

7 Él dice que le doy el dinero.

   Él pide que le ___dé___ el dinero.

B El presente de subjuntivo de verbos que cambian en la raíz

a) *Choose the appropriate verb and write the correct form in the blank.*

1 (doler, volver) Es posible que nosotros __volvamos__ el sábado.

2 (cerrar, volar) ¿Quiere usted que yo ___cierre___ las ventanas?

3 (poder, pedir) Siento que ustedes no ___puedan___ ir.

4 (probar, entender) Dudamos que ellos ___entiendan___ bien.

5 (seguir, sentir) Ellos quieren que yo ___siga___ otra carrera.

seguir
sigo
sigues
sigue

b) *Complete the sentences using the present subjunctive of the verb indicated in the cue.*

1 (cerrar) Él prohíbe que ustedes __cierren__ la puerta.

2 (entender) Él espera que nosotros ___entendamos___ las lecciones.

3 (dormir) Él me aconseja que ___duerma___ ocho horas cada noche.

4 (perder) No conviene que nosotros ___perdamos___ el partido.

5 (volver) Él se alegra de que tú ___vuelvas___ a los estudios.

6 (sentir) Él prefiere que yo no ___sienta___ dolor.

7 (seguir) Él quiere que nosotros le ___sigamos___ pagando dinero.

8 (pedir) Él prohíbe que ellas le ___pidan___ favores.

perder —
to lose
(a game)

C El presente de subjuntivo en cláusulas sustantivas

a) *Form a single sentence from the parts given, using the present subjunctive.*

1 Rafael viene mañana. Nosotros pedimos que . . .

  __Nosotros pedimos que Rafael venga mañana.__

2 Mi novia me compra un regalo para la Navidad. Yo quiero que . . .

  Yo quiero que mi novia me compre un regalo para la Navidad.

3 Vamos al partido de fútbol. Julio quiere que . . .

Julio quiere que vayamos al partido de fútbol.

4 Hay fiesta en la clase. Todos preferimos que . . .

Todos preferimos que haya fiesta en la clase.

5 Limpio mi cuarto. Mi compañero espera que . . .

Mi compañero espera que limpie mi cuarto.

6 Alguien me presta una pluma. Pido que . . .

Pido que alguien me preste una pluma.

7 Lo llevamos a la farmacia. Ramón necesita que . . .

Ramón necesita que lo llevemos a la farmacia.

8 Nos prestan unos libros. Dígales que . . .

Dígales que nos presten unos libros.

9 No puedes acompañarme. Siento que . . .

Siento que no puedas acompañarme.

10 No lo hacemos. Piden que . . .

Piden que no lo hagamos.

11 Juega un partido de ajedrez. A Pablo le piden que . . .

A Pablo le piden que juegue un partido de ajedrez.

12 Salimos primero para Sevilla. Yo prefiero que . . .

Yo prefiero que salgamos primero para Sevilla

13 No sentimos la inyección. El médico se alegra de que . . .

El médico se alegra de que no sintamos la inyección.

b) *Respond in the negative, using the cue as the subject of the noun clause.*

1 ¿Quiere Elena mirar la televisión? (ustedes)
   No, Elena quiere que ustedes miren la televisión.

2 ¿Prefiere Héctor ir al partido? (los otros)

No, Héctor prefiere que los otros vayan a partido

3 ¿Quiere el profesor saber las instrucciones? (nosotros)

No, el profesor quiere que nosotros sepamos las intrucciones.

4 ¿Insiste mamá en tomar las pastillas? (yo)

No, mamá insiste que

5 ¿Prefiere usted preparar la cena? (usted)

---

llevar — carry, take, wear.

D El presente de subjuntivo con *ojalá*

Write complete sentences using the information given.

1 Ojalá / Roberto / prestarme / zapato / marrón
   Ojalá que Roberto me preste sus zapatos marrones.

2 Ojalá / ellos / comprar / casa / amarilla

_____

3 Ojalá / él / darme / flor / rosada

_____

4 Ojalá / ella / vendernos / carro / dorado

_____

5 Ojalá / él / gustar / camisa / azul

_____

E El subjuntivo o el indicativo

Give the Spanish equivalent of the following. Use **usted** *to translate "you."*

1 I want to dance.
   Quiero bailar.

2 I want you to dance.
   Quiero que usted baile.

3 I want you to buy me some red shoes.

_____

4 I want to buy you a white shirt.

_____

5 We hope to go with you to the football (soccer) game.

_____

6 We hope you will go with us to the movies.

_____

7 He's sorry she can't go out with him.

_____

8 She, too, is sorry that she can't go out with him.

_____

9 We want to sing on the program.

_____

10 They want us to sing on the program.

_____

F El subjuntivo o el indicativo en la cláusula sustantiva

a) *Fill in the blanks with the present indicative or the present subjunctive of the verbs given in the cues.*

1 (poder) Dudo que ellos lo __puedan__ comprar.

2 (ayudar) Pídale que lo _____.

3 (venir) Estoy seguro que ella no _____ hasta mañana.

4 (ir) Dicen que ellos nos _____ a vender los boletos.

5 (saber) No quiero que ellos _____ la dirección.

6 (salir) Yo sé que mi novio no _____ con otras chicas.

7 (tener) Siento que ustedes _____ que oír esas palabras.

8 (dar) Prometo que yo les _____ el dinero mañana.

9 (contestar) Ojalá que ella me _____ que sí.

b) *In the blank write the word which completes each sentence correctly.*

1 Piden que ustedes __toquen__ en la orquesta.
   a) tocar   b) tocan   c) toquen

2 Queremos _____ español en la clase.
   a) hablar   b) hablamos   c) hablemos

3 Dudo que tú me _____.
   a) comprender   b) comprendes   c) comprendas

4 Yo quiero _____ en la biblioteca.
   a) estudiar   b) estudio   c) estudie

5 Quiero que tú _____ en la biblioteca también.
   a) estudiar   b) estudias   c) estudies

6 A nadie le gusta que _____ tarde.
    a) llegar   b) lleguemos   c) llegamos

7 Prefiero que ustedes _____ el libro hoy.
    a) terminar   b) terminan   c) terminen

8 Ojalá que _____ ver esa película.
    a) poder   b) podamos   c) podemos

9 ¿Sientes que ella _____ enferma?
    a) esté   b) está   c) estar

10 El entrenador nos manda que _____ antes del partido.
    a) descansar   b) descansamos   c) descansemos

11 No quiere _____ un carro morado.
    a) tener   b) tengo   c) tenga

G El subjuntivo o el indicativo con *creer, pensar, tal vez* y *quizás*

Fill in the blanks with the same verbs used in the questions. Use the indicative or the subjunctive as required by the context of the answer.

1 ¿Cree usted que vuelvan hoy?
    Sí, creo que **vuelven** hoy.

2 ¿Piensan ustedes que los muchachos sean sanos?

    Sí, pensamos que los muchachos _____ sanos.

3 ¿Cree Alberto que su equipo pueda ganar el campeonato?

    Sí, Alberto cree que su equipo _____ ganar el campeonato.

4 ¿Creen ustedes que su entrenador les permita ir?

    No, no creemos que él nos _____ ir.

5 ¿Piensa que ustedes puedan llegar un poco temprano?

    No, no pienso que _____ llegar un poco temprano.

6 ¿Viene Lisa mañana?

    No sé. Tal vez _____.

7 ¿Van a ganar el oro ustedes?

    Tal vez lo _____.

8 ¿Hay tiempo para tomar una coca?

    _____ tiempo, quizás.

9 ¿Quieres acompañarnos al partido?

Sí, los _____, tal vez.

10 ¿Ellos no celebran después de ganar?

Quizás _____ más tarde.

H Resumen

Choose the appropriate verb and write the correct form in the blank.

1 (apurar, perder, traer) Ojalá que ellos no _____ el partido.

2 (pensar, oír, preguntar) Yo _____ ver el campeonato.

3 (parecer, acompañar, servir) Dudo que Lisa nos _____ a celebrar.

4 (preferir, saber, venir) Quizás ella _____ con los otros.

5 (comprar, terminar, disfrutar) Prefiero que él me _____ esa flor rosada.

6 (lustrar, cerrar, llegar) Ellos no _____ la tienda hasta las ocho, tal vez.

7 (haber, seguir, convenir) No creo que _____ tiempo para una fiesta.

8 (tratar, chocar, dejar) Siento que los espectadores no los _____ mejor.

9 (alegrar, deber, estar) Creo que ella _____ contenta.

10 (pasar, comer, poder) Espero _____ un bocado.

EXPRESIÓN INDIVIDUAL

I Complete las frases

1 Tal vez _____.

2 No quiero que _____.

3 ¿Duda usted que _____?

4 Es posible _____.

5 Prohíben que _____.

J Forme preguntas

1 Sí, quiero que él haga el trabajo.

_____

2 No, no me gusta que canten.

_____

3 Sí, creo que vuelven hoy.

_____

4 No, no quiero que nos acompañe.

_____

5 Sí, creo que tienen mucha suerte.

_____

K Preguntas personales

Answer each question with a complete sentence.

1 ¿Cuál es el color favorito de su novia(o)?

_____

2 ¿Espera usted que su compañero(a) prepare la cena esta noche?

_____

3 ¿Quiere usted tomar algo ahora?

_____

4 ¿Piensa el profesor que ustedes puedan aprender bien el español?

_____

5 ¿Espera usted viajar por España algún día?

_____

6 ¿Quiere usted que la clase termine temprano?

_____

7 ¿Le gusta al profesor que los estudiantes se duerman en la clase?

_____

8 ¿Cree usted que sea necesario estudiar?

_____

9 ¿Quiere usted que llueva mañana?

_____

10 ¿Qué quiere usted que le enseñe el profesor?

_____

L Composición

Write five sentences about what you want, prefer, or order your roommates, parents, or instructor to do.

_____

_____

_____

_____

_____

VOCABULARIO

In each set circle the word that does not belong.

1 a) atleta   b) partido   c) pez   d) entrenador

2 a) prohibir   b) parranda   c) fiesta   d) celebrar

3 a) despacio   b) pronto   c) rápido   d) estricto

4 a) tal vez   b) seguro   c) cierto   d) exacto

5 a) lindo   b) bonito   c) poderoso   d) regla

6 a) cinco   b) par   c) bocado   d) único

7 a) participar b) mandar   c) pedir   d) decir

8 a) claro   b) anaranjado   c) oscuro   d) necesario

9 a) regresar   b) desear   c) querer   d) buscar

10 a) lugar   b) dirección   c) clásico   d) oficina

Lección 16

LABORATORIO

¿Lógica o absurda?

You will hear ten pairs of statements. If the two statements are logically related, circle **L** *(lógica).*
If they do not go together, circle **A** *(absurda).*

1 L	2 L	3 L	4 L	5 L	6 L	7 L	8 L	9 L	10 L
A	A	A	A	A	A	A	A	A	A

Notas culturales

You will hear the **notas,** *and then a series of statements. If a statement is true according to the*
nota, *circle* **V** *(verdadero). If it is false, circle* **F** *(falso).*

1 V	2 V	3 V	4 V	5 V	6 V	7 V	8 V
F	F	F	F	F	F	F	F

Lectura

You will hear the **lectura,** *and then a series of statements. If a statement is true in terms of the*
lectura, *circle* **V** *(verdadero). If it is false, circle* **F** *(falso).*

1 V	2 V	3 V	4 V	5 V	6 V
F	F	F	F	F	F

PROCESAMIENTO DE PALABRAS

A El presente de subjuntivo en cláusulas adjetivas

a) *Write the subjunctive or indicative form of the verb, as the context requires.*

1 (tener) Busco un disco que __tenga__ melodías latinas.

2 (saber) ¿Hay alguien que _____ cantar esta canción?

3 (ser) Tengo muchos discos que _____ de México.

4 (ser) No conozco a nadie que _____ tan guapa como mi novia.

5 (hablar) Aquí no hay nadie que _____ italiano.

6 (tocar) Elena busca una persona que _____ la guitarra.

7 (esquiar) José conoce a dos muchachos que _____ muy bien.

8 (querer) Conozco a alguien que te _____ mucho.

9 (acompañar) ¿Conoces a alguien que nos _____ al concierto?

10 (parecer) Encontramos un apartamento que nos _____ bueno.

b) *Give the Spanish equivalent.*

1 I'm looking for someone who can help me.

_____

2 My roommate says he prefers someone who doesn't snore.

_____

_____

3 Inés wants to meet a guy who appreciates classical music.

_____

_____

4 Do you (**tú**-form) have a friend who is always asking you for money?

_____

B El presente de subjuntivo en cláusulas sustantivas—repaso

Complete each sentence using the information given in the preceding statement.

1 Roberto dice que va al concierto con nosotros.
Dudo que **Roberto vaya al concierto con nosotros.**

2 Juana nunca escucha la música de los mariachis.

Quiero que _____.

3 Dicen que no quieren venderme ese carro.

Espero que _____.

4 Mi novio está muy enfermo.

Siento que _____.

5 Él no quiere darme los discos.

Necesito que _____.

C El uso del subjuntivo con expresiones impersonales

Choose the appropriate verb, then complete the sentence with the correct indicative or subjunctive form.

1 (estar, ser) Es posible que el carro **sea** de ella.

2 (poder, pedir) Es cierto que él _____ explicarlo todo.

3 (haber, ser) Es evidente que nosotros no _____ ricos.

4 (saber, ver) Es mejor que ellos no nos _____ ahora.

5 (gustar, tener) Es que yo no _____ ganas de escuchar esa música.

6 (decidir, llover) Es importante que ustedes _____ pronto.

7 (poner, querer) ¿Es posible que nadie _____ probarse este vestido?

8 (haber, hacer) Es verdad que _____ clase mañana.

9 (perder, ser) Es una lástima que nosotros _____ en todos los deportes.

10 (ser, venir) No es necesario que ustedes _____ también.

D El presente de subjuntivo en mandatos indirectos

Write the Spanish equivalent using the present subjunctive.

1 Let Pepe do it.
   <u>Que Pepe lo haga.</u>

2 Have Pedro close the windows.

_____

3 Let José and Inés bring the records.

_____

4 Have Juan tell us.

_____

5 Have Raúl come.

_____

6 Let them buy the tickets.

_____

7 Let the mariachis play.

_____

8 Let your (**tú**-form) roommate prepare dinner.

_____

9 Have them visit us.

_____

10 Let María decide.

_____

E El imperativo de primera persona plural

Respond with a "let's" command.

1 ¿Comemos ahora?

Sí, __comamos.__

2 ¿Dónde nos sentamos?

_____ahí.

3 ¿Vamos ahora?

Sí, _____.

4 ¿Jugamos con ellos?

No, _____.

5 ¿Nos quedamos aquí?

No, _____.

6 ¿Cuándo lo abrimos?

_____ ahora.

7 ¿A qué hora lo hacemos?

_____ a las siete.

8 ¿Nos vestimos en trajes de gala?

Sí, _____.

F Pedir o preguntar

Fill in the blanks with the correct form of **pedir** *or* **preguntar**. *When using a command form, use the* **usted-command**.

1 (*I*) Ayer les __pedí__ un favor.

2 Quiero _____ -le algo acerca de la gramática.

3 (*Ask them*) _____ que vengan mañana.

4 (*Ask him*) _____ si está bien.

5 (*She asked*) Le _____ algo muy difícil.

6 (*asked for*) Ellos no me _____ dinero.

7 (*we will ask [request]*) Mañana les _____ que traigan la comida.

8 (*Ask them*) _____ si nos conocen.

9 Ella me _____ que pase por su casa.

G Resumen

Write the correct response in the blank.

1 Let's go now! _____
    a) ¡Que vaya ahora!   b) ¡Vámonos ahora!   c) ¡Vayamos ahora!

2 Busco una persona que no _____.
    a) ronque   b) come mucho.   c) madruga

3 ¿Quién le _____ si yo estaba enferma?
    a) preguntó   b) pidió   c) hizo la pregunta

4 Prefiero que ustedes no _____ eso.
    a) olvidan   b) destrozan   c) publiquen

5 Es importante que _____ un poco temprano.
    a) lleguemos   b) terminamos   c) salimos

6 ¿Quién es esa señorita que _____ tan bien?
    a) toca la guitarra   b) toque el piano   c) baile el flamenco

7 Quiero que me presentes a alguien que no _____ tan amoroso.
    a) ser   b) sea   c) es

8 ¿Quiere sentarse usted? No. Que _____ esa señora.
    a) se siente   b) se sienta   c) siéntese

9 —No te gustó lo que se escribió, ¿verdad?

—Es cierto. No _____ más de ese artículo.
    a) hablar   b) hablamos   c) hablemos

10 No conozco a nadie que _____ en que hagamos eso.
    a) insiste   b) insista   c) insistes

EXPRESIÓN INDIVIDUAL

H   Complete las frases

1 Busco un amigo que _____.

2 Tengo un tocadiscos que _____.

3 Prefiero un compañero(a) que _____.

4 ¿Conoce usted a alguien que _____?

5 ¿Quiere usted que _____?

I   Forme preguntas

1 No, no me gusta la música clásica.

_____

2 No, no creo que ella venga.

_____

3 Sí, tenemos un disco que es de música clásica.

_____

4 Sí, conozco a un joven que puede hacerlo.

_____

5 No, no hay nadie aquí que esquíe bien.

_____

J   Preguntas personales

Answer each question with a complete sentence.

1 ¿Qué clase de música le gusta más?

_____

2 ¿Tiene usted muchos discos de esta música?

_____

3 ¿Toca usted la guitarra?

_____

4 ¿Conoce a alguien que la toque?

_____

5 ¿Se puede pedirle un favor?

_____

6 ¿Conoce usted a alguien que prefiera a los mariachis?

_____

7 ¿Nos sentamos aquí?

_____

8 ¿Es necesario prepararse bien para el futuro?

_____

9 ¿Qué quiere usted que hagamos en la clase?

_____

10 ¿Conoce usted un profesor que permita eso?

_____

K Composición

Write five sentences about the kinds of work you are looking for.

_____

_____

_____

_____

_____

VOCABULARIO

Find the words from Lesson 16 that fit the definitions and write them in the blanks. Then try your skill at finding the words in one of the three **SOPA DE LETRAS** *grids. In Grid A the words are arranged horizontally or vertically only. In Grid B the words are listed horizontally, vertically, or diagonally. Grid C presents the words horizontally, vertically, or diagonally in either normal or inverted letter-order.*

1 Donde viven el rey y la reina. _____

2 Uno que pinta, toca o canta. _____

3 Característica o aspecto de una canción. _____

4 Uno que tiene mucha energía es muy _____.

5 Lo contrario de **egoísta**. _____

6 Conjunto de cantantes y músicos mexicanos. _____

7 Lo que canta uno. _____

8 Lo contrario de **activo**. _____

9 No decir la verdad. _____

10 Sinónimo de **claro** o **cierto**. _____

11 Bonito, lindo. _____

12 Lo contrario de **insensibilidad**. _____

13 Sirve para hablar. _____

14 Trabaja con las leyes. _____

15 Preparar una comida al fuego. _____

Sopas de letras

(A)

```
J G E N E R O S O G P O F L W
J C O M P A S I O N C N H B V
C U Y E V I D E N T E U M B C
C A N C I O N Q M E L O D I A
L M C O C I N A R E M G F I Q
J E N V Y S Q L E N G U A B X
S N Q T I N W M U E P Z F E B
N T N C K P X A Z R K C N L X
M I J N E K Q R U G C L V L A
A R T I S T A I R I R P A O B
D S C B B O T A M C T Q S E O
U K S F N Z M C L O S G Q U G
Q T Y M T Z O H T A X Q D F A
H D I A P A S I V O J Q C I D
A B V S K D K S P A L A C I O
```

(B)

```
X G A D Y Q K U A H U A M B K W J W C T
E Z S D C O H Q K P K O R Z G Z G L O P
J C H F Z K R B C P C M E T O D G E M E
A B O G A D O C I I Y Q A D I Q Q S P R
O V A C X H O H G H L R X R U S Q Y A M
B S K M O P C R Q T V V F A I W T A S C
L E A X Z C E W Y G J U C B D A U A I R
B E L L O N I D P B O I T A F G C A O P
C Z Z S E T C N P A S I V O N W C H N J
A C S N Z M X H A H J Y U E I G E F I L
N Q R A P H A A C R R S L A N E V F E S
C S J M E N T I R T V D E M C N I W L T
I F O H D E C E V M U X I S Q E D E B R
O C J W U J M E L U J E R N C R E H X Q
N X K K M I E K V O P G F G U O N O N A
K W X I N H L K G L R R T E O S T M W L
K C T D V L O C A D F L J P D O E M U E
G A T V V J D H D Q B P Z S D S Q S X S
P P A L A C I O M U B Y J P B O Y J P F
W M D N S C A V B N U H A H N P R F K X
```

(C)

```
D O T C N W F O Y O U B O N M J I R O N X T L C P
X P C O Z O I F D G X F M W I Z N J G B Y V R A A
N R A C N U J M W V M O Q Y O H V Q I M D O L I P
J Z F I E T N E D I V E S K F U F J S O U A J G S
R G P G X Q R I E Z W C G M T M Z Q E P C U B Z B
L C G R J J K I K A G R K Z N N U X A I S X W G G
W J K E Q F L N E V I L J I W J L S O K M U T E O
C E G N R X B K H A N S A R J B I M S L E A N I U
G M F E A F Y K K B J M O A D V P I C T N E M G H
T M O G M L X R Z A S Q N N O N T L M W R F S L N
G A C O P E E X T Z C Z K I S W O Y K O N Q C T N
T J J L G Z N N Y K L E V C J I U I S Z B F E D D
Z I A L Y D C T G W Y Y G O X R H O C V P O G X O
F A V E I K O C I U H A P C T M S C Y N A G V U W
X D Q B B O M J N R A O K S H L P Y A J A G W S F
O K X D Q I P L O P V W E S I G N A D I T C M S Y
Z H V R T S A T M D Q Q K W X T R S U W R R B X K
H H A R T I S T A E A I G F Z Q C V M O B A Q D G
N U T P K Q I A I T L G H X Q R E D F L X P M B X
E R L H H N O P A Y Q O O H F K U Z B T T L C J Y
O K L M P N N S M X V G D B Z M Y H X G T J Y R P
L A I I I S B X Q O S L Y I A M P W H L O Z R C A
Y Q U O H H Z S W V S R V P A I Z Y Z S Y W G H B
W K K D P R J D F U Z B B B D U O S F E B P O F F R
P A Z L I T N M V P M G U M S O S O D O P K C C H
```

Listening Comprehension Exam

LECCIONES 12-16

¿ Verdadero o falso?

*You will hear five sentences on the tape that are either true or false. If a sentence is true, circle **V** (**verdadero**). If it is false, circle **F** (**falso**).*

1 V   2 V   3 V   4 V   5 V

   F   F   F   F   F

¿ Lógica o absurda?

*You will hear five pairs of statements. If the two statements are logically related, circle **L** (**lógica**). If they do not go together, circle **A** (**absurda**).*

1 L   2 L   3 L   4 L   5 L

   A   A   A   A   A

Selección multiple

*You will hear 35 question with three answer choices for each, only one of which is correct. Circle the letter (**A**, **B**, or **C**) of the correct choice.*

1 A	2 A	3 A	4 A	5 A	6 A	7 A	8 A	9 A	10 A
B	B	B	B	B	B	B	B	B	B
C	C	C	C	C	C	C	C	C	C

11 A	12 A	13 A	14 A	15 A	16 A	17 A	18 A	19 A	20 A
B	B	B	B	B	B	B	B	B	B
C	C	C	C	C	C	C	C	C	C

21 A	22 A	23 A	24 A	25 A	26 A	27 A	28 A	29 A	30 A
B	B	B	B	B	B	B	B	B	B
C	C	C	C	C	C	C	C	C	C

31 A	32 A	33 A	34 A	35 A
B	B	B	B	B
C	C	C	C	C

Preguntas

You will hear five questions. Write an appropriate response to each one.

1 _____

_____

2 _____

_____

3 _____

_____

4 _____

_____

5 _____

_____

Lección 17

LABORATORIO

¿Lógica o absurda?

You will hear ten pairs of statements. If the two statements are logically related, circle L (lógica).
If they do not go together, circle A (absurda).

1 L   2 L   3 L   4 L   5 L   6 L   7 L   8 L   9 L   10 L

   A   A   A   A   A   A   A   A   A   A

Notas culturales

You will hear the notas, and then a series of statements. If a statement is true according to the
nota, circle V (verdadero). If it is false, circle F (falso).

La amistad y la confianza?
Los padrinos y las madrinas

1 V   2 V   3 V   4 V
   F   F   F   F

Santiago de Compostela

1 V   2 V   3 V   4 V   5 V
   F   F   F   F   F

Lectura

You will hear the lectura, and then a series of statements. If a statement is true in terms of the
lectura, circle V (verdadero). If it is false, circle F (falso).

1 V   2 V   3 V   4 V   5 V   6 V   7 V   8 V   9 V   10 V
   F   F   F   F   F   F   F   F   F   F

PROCESAMIENTO DE PALABRAS

A   El presente de subjuntivo en la cláusula adverbial

a) *Supply the correct form of the verb given in the cue.*

1 (ir, yo)   Ella va a España antes que <u>vaya yo</u> .

2 (escribir, tú)   Te mando mi dirección para que me _____ una carta.

3 (tener, tú)   Aunque _____ sueño, escríbeme una carta.

4 (saber)   ¿Cómo hará todo eso sin que lo _____ los aduaneros?

5 (haber)   A menos que _____ más interés no haremos el viaje.

6 (tener, nosotras)   Con tal que no _____ problemas, llegaremos a las cuatro.

7 (haber)   Llevamos agua en caso de que no _____ agua buena allí.

b) *Write the Spanish equivalent of the following adverbial conjunctions.*

1 before	<u>antes que</u>	7 when	_____
2 provided that	_____	8 until	_____
3 unless	_____	9 even though	_____
4 in case	_____	10 while	_____
5 in order that	_____	11 as soon as	_____
6 without	_____	12 after	_____

c) *Supply the correct form of the verb given in the cue.*

1 (salir, nosotros) Cuando __salimos__ del país, nos despedimos de todos.

2 (estar) Mientras ellos _____ enfermos se quedarán en cama.

3 (venir) Cuando ustedes _____ a visitarme, tendremos otra fiesta.

4 (terminar) Después que _____ la despedida, iremos a casa.

5 (saber, yo) Tan pronto como _____ tu dirección, te mandaré la carta.

6 (tener) Cuando ellos _____ una despedida, siempre dan regalos.

7 (costar) Aunque me _____ mucho, lo haré.

8 (llegar) Esperemos aquí hasta que _____ ella.

9 (poder) Vengan ustedes tan pronto como _____.

10 (comer) Después que _____ siempre bailamos hasta las dos o tres de la mañana.

11 (hacer) Cuando _____ mal tiempo, no hacemos las fiestas afuera.

d) *Give the Spanish equivalent of the following. Use **tú**-forms to translate "you."*

1 I'll bring the food provided you bring the gift.

_____

2 I have to talk to her when she arrives.

_____

3 How will you buy the gift without her knowing it?

_____

4 When she's tired, she doesn't like to go to parties.

_____

5 We are having this farewell party so that you will remember us.

_____

_____

6 While you are in Spain, you will have to try the Galician cheese.

_____

7 Before we give you this gift, you have to speak.

_____

8 After we get home, what will you do?

_____

9 Write us as soon as you get home.

_____

10 I usually write as soon as I can after a trip.

_____

_____

B Usos del infinitivo

a) _Complete the sentences using the infinitives suggested by the English cues._

1 (_finishing_) Después de __terminar__ , corrió a casa.

2 (_leaving_) Antes de _____, nos despedimos de todos.

3 (_waiting_) Fuimos al baile sin _____ a José y a Raúl.

b) _Complete the sentences by supplying the appropriate infinitive plus_ **al,** _as suggested by the cues._

1 (_Upon entering_) __Al entrar__ en la casa, todos gritaron.

2 (_Upon taking_) _____ la foto, ella comenzó a llorar.

3 (_Upon finishing_) _____ la cena, salimos a bailar.

c) _Translate using an infinitive as a verb complement._

1 I hope to be able to visit Santiago de Compostela.
   Espero poder visitar Santiago de Compostela.

2 I like to go to parties.

_____

3 I want to learn the customs before I go.

_____

4 I prefer to eat later.

_____

d) *Rewrite the sentences, inserting the second subjects given in the cues and supplying the appropriate subjunctive forms they require.*

1 No podremos divertirnos sin bailar y cantar. (sin que todos)
   No podremos divertirnos sin que todos bailen y canten.

2 Él no quiere salir hasta saludar a todos. (hasta que yo)

_____

3 Iremos a la fiesta para despedirnos de ti. (para que tú–de nosotros)

_____

4 Quieren comer antes de salir. (antes que él)

_____

5 Espero poder ir. (que usted)

_____

C   Resumen

Write the correct response in the blank.

1 Siempre nos saludamos cuando nos _____.
   a) ver   b) vemos   c) veamos

2 Traje este vino para _____ por nuestro amigo.
   a) brindar   b) brinda   c) brinde

3 A menos que tú la _____, no vendrá.
   a) choca   b) invites   c) paga

4 Queremos que vosotros _____ de nosotros.
   a) se acuerden   b) os acordáis   c) os acordéis

5 Voy a salir tan pronto como _____ de ustedes.
   a) me despida   b) me despido   c) despedirme

6 Después de _____ en la mañana, siempre me baño.
   a) corro   b) corra   c) correr

7 Quiero llevarte en mi carro para que no _____.
   a) te olvidas   b) te canses   c) te acuerdas

8 Al _____ el viaje, pasaremos por Santiago de Compostela.
   a) regresar   b) continuar   c) comienza

9 Espero _____ muy pronto.
    a) verlos   b) que yo los vea   c) los veo

10 Te acompaño con tal que tú _____.
    a) te despides   b) me esperas   c) pagues todo

EXPRESIÓN INDIVIDUAL

D Complete las frases

1 Te veremos cuando _____.

2 Al _____ no quisieron comer.

3 Aunque _____.

4 _____ hasta que lleguen todos.

E Forme preguntas

1 Sí, siempre me dice todo tan pronto como regresa.

_____

2 Raúl dice que les daremos los regalos cuando terminen de comer.

_____

3 Sí, puedo traerlo sin que lo sepa ella.

_____

4 No, no vamos a comer antes de que él llegue.

_____

5 Sí, vamos a celebrar hasta comerlo todo.

_____

F Preguntas personales

Answer each question with a complete sentence.

1 ¿Por qué está usted estudiando español?

_____

2 ¿Piensa usted ir a España durante las vacaciones?

_____

3 Al tener un problema en España, ¿a quién va usted para que le ayude?

_____

4 ¿Conoce usted Madrid?

_____

5 ¿Cuándo va usted a visitar a su familia?

_____

6 ¿Se cansa usted cuando se divierte toda la noche?

_____

7 ¿Quiere usted que sus padres lo (la) acompañen a España?

_____

8 ¿Va usted a salir aunque haga mal tiempo?

_____

9 ¿Qué es importante aprender antes de salir para España?

_____

10 ¿Qué cosas espera usted ver en España?

_____

G Composición

Write a letter of at least six sentences to a friend telling her or him about some of your up-coming activities.
(Try to use as many adverbial clauses as you can. Make something up if you prefer.)

_____

_____

_____

_____

VOCABULARIO

a) *List a synonym or closely related word for each word or phrase given. Use vocabulary from Lesson 17.*
(You may wish to consult the **Vocabulario** *at the end of the textbook for some of the words listed below.)*

1 precisamente _____

2 decir adiós _____

3 estupendo _____

4 absolutamente _____

5 tan pronto como _____

6 privilegio _____

7 hotel _____

8 probablemente _____

b) *List an antonym or a word nearly opposite in meaning for each word or words listed.*

1 olvidarse _____

2 tristeza _____

3 descansar _____

4 evitar _____

5 cerca _____

6 poco _____

7 después (de) que _____

8 acabar _____

Lección 18

LABORATORIO

¿Lógica o absurda?

You will hear ten pairs of statements. If the two statements are logically related, circle **L** *(lógica).*
If they do not go together, circle **A** *(absurda).*

1 L   2 L   3 L   4 L   5 L   6 L   7 L   8 L   9 L   10 L

   A   A   A   A   A   A   A   A   A   A

Notas culturales

You will hear the **notas,** *and then a series of statements. If a statement is true according to the*
nota, *circle* **V** *(verdadero). If it is false, circle* **F** *(falso).*

El machismo

1 V   2 V   3 V   4 V   5 V   6 V   7 V

   F   F   F   F   F   F   F

La mujer hispana

1 V   2 V   3 V   4 V

   F   F   F   F

Lectura

You will hear the **lectura,** *and then a series of statements. If a statement is true in terms of the* **lectura,** *circle* **V** **(verdadero)**. *If it is false, circle* **F** **(falso)**.

1 V 2 V 3 V 4 V 5 V 6 V 7 V 8 V 9 V 10 V

  F   F   F   F   F   F   F   F   F   F

Narración

You will hear the **narración,** *and then a series of statements. If a statement is true in terms of the* **narración,** *circle* **V** **(verdadero)**. *If it is false, circle* **F** **(falso)**.

1 V 2 V 3 V 4 V 5 V 6 V 7 V 8 V 9 V 10 V

  F   F   F   F   F   F   F   F   F   F

PROCESAMIENTO DE PALABRAS

A   La formación del imperfecto de subjuntivo

a) *Write the appropriate imperfect-subjunctive form.*

1 hablar, ellos   **hablaran**

2 decidir, yo

3 vender, tú

4 pensar, tú

5 vivir, nosotros

6 cerrar, Mario

7 escribir, ella

8 ser, nosotros

9 estar, nosotros

10 dar, yo

11 tener, nosotros

12 ir, Marcos y Luisa

13 venir, tú

14 saber, ella

15 decir, vosotros

b) *Give the corresponding imperfect-subjunctive form for each present-subjunctive form given below.*

1 busquemos **buscáramos** _____

2 comas _____

3 vuelva _____

4 compre _____

5 traigas _____

6 hagamos _____

7 toquen _____

8 recordemos _____

9 seas _____

10 vayan _____

11 se canse _____

12 puedan _____

B El imperfecto de subjuntivo en cláusulas sustantivas

a) *Choose the appropriate verb, then supply the correct imperfect-subjunctive form.*

1 (casarse, cansarse) Romero le pidió a Julieta que **se casara** con él.

2 (acompañar, mirar) Yo quería que Teresa me _____ al cine.

3 (apurar, venir) El jefe mandó que nosotros _____ a tiempo.

4 (estar, ir) Era importante que yo _____ a visitarlo.

5 (poder, poner) Yo temía que él no _____ regresar antes de las siete.

b) *Rewrite each sentence changing the verbs to the past.*

1 Quiero que te pruebes este vestido.
   Quería que te probaras este vestido.

2 Dudo que usted pueda entender esto.

_____

3 Le pido que se levante más temprano.

_____

4 No quieren que salgamos después de las once.

_____

5 Quiero que conozcas a mi tía.

_____

6 Es imposible que uno se duerma aquí.

_____

7 Romero quiere que Julieta le conteste en seguida.

_____

_____

c) *Choose the past-indicative or past-subjunctive form of the verb as the context requires.*

1 (tener) Estábamos buscando una persona que __**tuviera**__ veinte años de edad.

2 (ser) Quería ver el libro que _____ escrito por mi tío.

3 (saber) Era evidente que los estudiantes no _____ la lección.

4 (poder) Ellos no creían que nosotras _____ hacerlo.

5 (estar) Dudábamos que María y Diana _____ en casa.

d) *Answer the questions using the cues in parentheses.*

1 ¿Qué quería usted que hiciera su compañero(a)? (acostarse)
  __**Quería que él (ella) se acostara.**__

2 ¿Qué quería su compañero(a) que usted hiciera? (no preocuparse)

_____

3 ¿Qué quería usted que hicieran sus amigos? (invitarme a la fiesta)

_____

4 ¿Qué quería su profesora que hicieran ustedes en la clase? (hablar español)

_____

5 ¿Qué quería Julieta que hiciera su tía? (darle consejos)

_____

e) *Give the Spanish equivalent.*

1 I doubted that she would marry Romero.

_____

2 We were glad that they talked frankly.

_____

3 Her aunt suggested that she not leave her career.

_____

4 Julieta told him to wait.

_____

5 I told you (**tú**-form) that she wouldn't marry him.

_____

6 It was evident that he didn't like her answer.

_____

C El subjuntivo con *ojalá*

a) *Using* **ojalá**, *write that you hope the following things will happen.*

1 I hope Romero calls me tonight.
  Ojalá que Romero me llame esta noche.

2 I hope you (**tú**-form) will be able to come to our party.

_____

3 I hope everyone will have a good time.

_____

4 I hope it doesn't rain tonight.

_____

5 I hope there will be a lot of people there.

_____

b) *Using* **ojalá**, *express that you wish the following things would happen (but you really don't think they will).*

1 Sonia no viene a la fiesta.
  Ojalá que viniera Sonia a la fiesta.

2 No hay tiempo para invitar a Timoteo y a Roberta.

_____

_____

3 No puedo llevar el vestido de mi compañera.

_____

4 Alfredo y Luis no saben de la fiesta.

_____

5 No tengo tiempo.

_____

D El imperfecto de subjuntivo en cláusulas adjetivas

a) *Supply the correct form of the verb given in the cue.*

1 (ser) Buscábamos uno que __fuera__ muy enérgico.

2 (querer) No había nadie que _____ ayudarnos.

3 (llamarse) Yo no conocía ninguna familia que _____ Pérez Campo.

4 (saber) ¿Había alguien ahí que _____ hablar ruso?

5 (poder) Teníamos que hablar con un abogado que _____ aconsejarnos.

b) *Choose between the imperfect indicative and imperfect subjunctive.*

1 (saber) Conocía a la señora que __sabía__ cocinar bien.

2 (ser) Buscábamos a alguien que _____ de España.

3 (conocer) ¿No había nadie en la fiesta que me _____ ?

4 (traducir) Tenía un amigo que _____ la canción.

5 (hacer) ¿Quién fue la persona que _____ la fiesta anoche?

E El imperfecto de subjuntivo en cláusulas adverbiales

a) *Supply the appropriate form of the verb given in the cue.*

1 (acompañar) Ellas no querían ir al cine sin que yo las __acompañara.__

2 (poder) No íbamos al parque a menos que todos _____ ir.

3 (tener) Él no iba a recibir el dinero hasta que _____ dieciocho años.

4 (gustar) Ellos invitaron a los mariachis para que nos _____ la fiesta.

5 (comprar) Le di el dinero a ella para que _____ los boletos.

b) *Choose the indicative or the imperfect subjunctive as the context requires.*

1 (llegar) Salió tan pronto como ellos <u>llegaron.</u>

2 (abrir) No compraron las frutas hasta que el dependiente _____ la frutería.

3 (llamar) No pude dormir antes que él _____.

4 (traer) Fuimos a la fiesta tan pronto como ellos nos _____ la ropa.

5 (venir) Le dije que lo esperaría hasta que _____.

6 (despedirse) Después que ellos _____, fuimos a la estación de trenes.

7 (vestirse) Les prometimos que iríamos después que ellos _____.

8 (levantarse) Siempre me bañaba tan pronto como _____.

F   Resumen

a) *Complete the charts by filling in the spaces with the correct conjugations of the verbs indicated.*

| Verb | Present indicative | | Imperfect | |
	usted	nosotros	usted	nosotros
hablar				hablábamos
recibir		recibimos		
decir			decía	
entender	entiende			
aprender				aprendíamos
pedir		pedimos		
ir	va		iba	
hacer			hacía	
dormir		dormimos		
poder				

Verb	Preterit		
	usted	nosotros	ustedes
hablar			
recibir			recibieron
decir			
entender			
aprender			
pedir	pidió		
ir			
hacer		hicimos	
dormir			
poder	pudo		

Verb	Present subjunctive		Imperfect subjunctive	
	usted	nosotros	usted	nosotros
hablar			hablara	
recibir	reciba			
decir		digamos		
entender	entienda			
aprender				aprendiéramos
pedir				
ir				
hacer				
dormir			durmiera	
poder	pueda			

b) *Give the Spanish equivalent.*

1 I wish you (**tú**-form) would come with us.

_____

2 We left before he arrived.

_____

3 He was looking for someone to help him.

_____

_____

4 I told him I wouldn't help him unless he studied at night also.

_____

_____

5 He told me to go to the library at seven o'clock.

_____

EXPRESIÓN INDIVIDUAL

G   Complete las frases

1 ¿No encontraste a nadie _____?

2 Tú dudabas que _____.

3 No había una persona que _____.

4 Él tenía un amigo que _____.

5 Antes de que _____.

H   Forme preguntas

1 Sí, allí había alguien que hablaba ruso.

_____

2 Sí, le dije que tuviera cuidado.

_____

3 Sí, lo hizo sin que yo le dijera.

_____

4 No, no tenía que volver.

_____

5 Sí, siento que Anabel no viniera a la fiesta.

_____

I Preguntas personales

Answer each question with a complete sentence.

1 ¿Quería usted casarse antes de tener veinte años?

_____

_____

2 ¿Le mandó alguien dinero a usted para que comprara un auto nuevo?

_____

_____

3 ¿Le dijo su novio(a) que no la (lo) acompañaría al teatro?

_____

_____

4 ¿Buscaba usted otro estudiante que le ayudara con esta lección?

_____

_____

5 ¿Nunca hizo usted nada sin que tuviera permiso?

_____

_____

6 ¿Dijo usted que estudiaría esta tarde en cuanto llegara a casa?

_____

_____

7 ¿Esperaba usted vivir en la Argentina?

_____

_____

8 ¿Era posible que usted durmiera bien anoche?

_____

_____

9 ¿Qué clase de libros le gustaba leer a usted?

_____

_____

10 ¿Qué esperaba usted que su compañero(a) hiciera anoche?

_____

_____

11 ¿Quisiera usted abrirnos la puerta?

_____

_____

12 ¿Oyó usted que había fiesta anoche?

_____

_____

13 ¿Quisiera usted enseñarnos sus fotos de las vacaciones?

_____

_____

14 ¿Insistieron sus padres en que viniera a esta universidad?

_____

_____

J Composición

Write six sentences about things you wanted your parents or friends to do when you were home last time. Make something up if you prefer.

_____

_____

_____

VOCABULARIO

Fill in the blank with the appropriate word (or form of the word) from the vocabulary list of Lesson 18.

1 Los _____ que él me leyó eran muy _____.

2 Ella no quiso contarnos el _____.

3 Hace mucho calor. ¿Quiere usted tomar un _____?

4 Romero quiere casarse, pero Julieta no quiere hablar más del _____.

5 Julieta _____ vivir con un esposo macho.

6 No quiero hacerlo todo a la vez. Vamos a hacerlo por _____.

7 Cuando visitaba a mi abuela, siempre la ayudaba a _____ los _____.

8 Si no le respondiste anoche, ¿cuándo vas a darle la _____?

9 ¿Ha servido usted en el _____?

10 Con los estudios y el trabajo, ella está muy _____.

Lección 19

LABORATORIO

¿ Lógica o absurda?

You will hear ten pairs of statements. If the two statements are logically related, circle **L** *(**lógica**). If they do not go together, circle* **A** *(**absurda**).*

1 L 2 L 3 L 4 L 5 L 6 L 7 L 8 L 9 L 10 L

A   A   A   A   A   A   A   A   A   A

Notas culturales

You will hear the **notas**, *and then a series of statements. If a statement is true according to the* **nota**, *circle* **V** *(**verdadero**). If it is false, circle* **F** *(**falso**).*

1 V 2 V 3 V 4 V 5 V 6 V 7 V

F   F   F   F   F   F   F

Lectura

You will hear the **lectura**, *and then a series of statements. If a statement is true in terms of the* **lectura**, *circle* **V** *(**verdadero**). If it is false, circle* **F** *(**falso**).*

1 V 2 V 3 V 4 V 5 V 6 V 7 V 8 V

F   F   F   F   F   F   F   F

Narración

You will hear the **narración,** *and then a series of statements. If a statement is true in terms of the* **narración,** *circle* **V** *(***verdadero***). If it is false, circle* **F** *(***falso***).*

1 V	2 V	3 V	4 V	5 V	6 V	7 V	8 V	9 V	10 V
F	F	F	F	F	F	F	F	F	F

PROCESAMIENTO DE PALABRAS

A   El imperfecto de subjuntivo en cláusulas con *si*

a) *Change the following sentences by converting neutral if-clauses to conditional if-clauses.*

1 Si tengo dinero, iré.
   Si tuviera dinero, iría.

2 Si hace viento, no me pongo el sombrero.

_____

3 Si estudiamos, podemos sacar buenas notas.

_____

4 Si te acuestas temprano, no tienes sueño.

_____

5 Llegarás tarde si no te apuras.

_____

6 Si duermo, me siento mejor.

_____

7 Sufro de alergia si no voy al médico.

_____

8 Tenemos que participar en el programa si nos quedamos.

_____

_____

b) *Change the following sentences by converting conditional if-clauses to neutral if-clauses.*

1 Si no estuviera cansado, estudiaría más.
   Si no estoy cansado, estudio más.

2 Si yo estuviera en casa, él me llamaría.

_____

3 Yo recibiría permiso si lo pidiera.

_____

4 Si el cura viniera, sería mejor.

_____

5 Si viviéramos en Chichicastenango, podríamos aprender quiché.

_____

_____

c) *Give the Spanish equivalent.*

1 If I were cold, I'd put on my coat.
   Si tuviera frío, me pondría el abrigo.

2 We would learn more if we read more books.

_____

3 I would go if I could.

_____

4 If I had time, I would finish the work tonight.

_____

5 If it were possible, he would do it, too.

_____

6 My friends would work if we paid them more.

_____

7 If you (**tú**-form) went to Chichicastenango, what would you like to see?

_____

8 I would stay home if I knew that you (**tú**-form) were coming.

_____

_____

B El imperfecto de subjuntivo después de *como si*

Give the Spanish equivalent.

1 He talks as if he were the boss.
   Habla como si fuera el jefe.

2 They shout as if I couldn't hear.

_____

3 She runs as if she were tired.

_____

4 My brother talks as if he liked his work.

_____

5 They work as if they were sick.

_____

6 It's as if she wanted to leave.

_____

7 It's as if he did not know me.

_____

C El imperfecto de subjuntivo y el condicional en peticiones y expresiones corteses.

Soften the request or statement, using first the conditional, then the imperfect subjunctive.

1 ¿Puede usted ayudarme?
   ¿Podría usted ayudarme?

   ¿Pudiera usted ayudarme?

2 ¿Pueden ustedes venderlo?

_____

_____

3 Usted debe trabajar.

_____

_____

4 Ellos deben vender el carro.

_____

_____

5 ¿Quiere usted pagarme?

_____

_____

6 ¿Quieren ustedes ir a Chichicastenango?

_____

_____

D El subjuntivo en cláusulas sustantivas—repaso

a) *Express that Tomás prefers that the following persons do the actions indicated.*

1 Sus compañeros preparan la comida.
    Tomás prefiere que sus compañeros preparen la comida.

2 Usted viene temprano.

_____

3 Nosotros hacemos los deberes.

_____

4 Alicia le trae un regalo.

_____

5 Todos le dicen la verdad.

_____

b) *Express that Carmen was glad that the following things happened.*

1 Rafael vino a visitarla.

   Carmen se alegraba de que Rafael viniera a visitarla.

2 Había personas que tocaban la marimba.

_____

_____

3 Eduardo y Francisca se despidieron de ella.

_____

_____

4 Todos pudieron venir a la fiesta.

_____

_____

5 Sus mejores amigos se casaron.

_____

_____

E   El subjuntivo en cláusulas adjetivas—repaso

Choose the appropriate verb, then fill in the blank with the correct form.

1 (vivir, saber)   ¿Conocen ustedes a alguien que __viva__ en Chichicastenango?

2 (venir, ocurrir)   ¿Sabía usted que nadie _____ anoche?

3 (pedir, poder)   No vi a nadie que _____ ayudarme.

4 (recibir, dar)   Los fieles buscaban un sacerdote que les _____ misa.

5 (entender, saber)   Había un cura que _____ hablar quiché.

6 (conocer, saber)   ¿Hay alguien en la clase que _____ Guatemala?

F El subjuntivo en cláusulas adverbiales—repaso

Write complete sentences using the information given. You may add information if necessary.

1 yo—ir—antes que—compañero—regresar
   Voy antes que mi compañero regrese.

2 ellos—venir—con tal que—ustedes—venir

_____

3 anoche—ella—salir—sin que—nadie—verla

_____

4 mañana—levantarme—tan pronto como—usted—llamarme

_____

_____

5 yo—despedirme de ellos—esta tarde—después de—terminar—trabajo

_____

_____

6 él—no bailar—a menos que—tú—tocar—**guitarra**

_____

_____

G Resumen

*Give appropriate Spanish translations. Use **tú**-forms to translate "you."*

1 If you go, will you bring me a gift?

_____

2 She dresses as if she had lots of money.

_____

3 Would you like to go to the theater with me?

_____

4 I knew they didn't have time to finish.

_____

5 We were afraid that they wouldn't get married.

_____

6 I wish she would give me a book that I can read.

_____

7 Did you meet the priest **(sacerdote)** who married them?

_____

8 She told us that she would call us as soon as she returned.

_____

_____

9 I used to bathe as soon as I got up.

_____

10 If you weren't a student now, where would you like to be?

_____

_____

11 He treats me as if I were a child.

_____

12 You should speak to a doctor about that.

_____

EXPRESIÓN INDIVIDUAL

H Complete las frases

1 Voy a casarme cuando _____ .

2 Yo iría si _____ .

3 Si tenía hambre _____ .

4 ¿Quisiera _____ ?

5 _____ compraría un avión.

I Forme preguntas

1 Si tuviera dinero iría a Guatemala.

_____

2 Yo les daría dinero a los pobres.

_____

3 Yo viviría en Acapulco.

_____

4 Sí, le puedo prestar cinco dólares.

_____

5 Si tengo sueño me acuesto.

_____

J Preguntas personales

Answer each question with a complete sentence.

1 ¿Qué haría usted si fuera rico(a)?

_____

2 ¿Me prestaría usted su carro?

_____

3 Si hace frío, ¿se pone usted el abrigo?

_____

4 ¿Le gustaría ir a casa si pudiera?

_____

5 ¿Habla el profesor como si estuviera cansado?

_____

6 ¿Quisiera ir al teatro con su novio(a)?

_____

7 ¿Dijo usted algo sin que nadie lo oyera?

_____

8 Es evidente que su compañero(a) no durmió anoche, ¿verdad?

_____

9 Si usted pudiera, ¿iría a Chichicastenango?

_____

10 Si fuera usted católico(a), ¿le gustaría visitar Roma?

_____

11 ¿Prefiere usted que sus amigos vayan a la iglesia?

_____

12 ¿Cuándo desea usted que su novio(a) le dé un regalo?

_____

13 ¿Es necesario aprender el idioma antes que vaya uno al país?

_____

14 ¿Podría usted llevarnos a la catedral?

_____

15 ¿Le gustaría viajar si tuviera tiempo y dinero?

_____

16 ¿Qué quiere usted que se haga en la clase?

_____

17 ¿Es urgente que usted termine sus estudios?

_____

K Composición

Write six sentences beginning with **Si** _(If)._

_____

_____

_____

_____

_____

_____

VOCABULARIO

Find the words from Lesson 19 that fit the definitions and write them in the blanks. Then try your skill at finding the words in one of the three **SOPA DE LETRAS** *grids. In Grid A the words are arranged horizontally or vertically only. In Grid B the words are listed horizontally, vertically, or diagonally. Grid C presents the words horizontally, vertically, or diagonally in either normal or inverted letter-order.*

1 El jefe de una compañía es el _____ de los trabajadores.

2 Hombre ordenando para celebrar misa. _____

3 Sinónimo de **permitido**. _____

4 Donde van los fieles los domingos. _____

5 Sinónimo de **opuesto**. _____

6 Muy bonito. _____

7 Edificio religioso. _____

8 Un hombre de Guatemala. _____

9 Una transgresión. _____

10 Otra palabra que significa **indio**. _____

11 Si uno tiene bastante, tiene _____

12 Lo que se hace a los niños en la Iglesia Católica. _____

13 Estado de uno que no tiene dinero. _____

14 Sinónimo de **viejo**. _____

15 Cierto espacio de tiempo. _____

Sopas de letras

(A)

```
I P F Y B B E L L I S I M O I
V O A S I Q F O U Y C Z D W X
I B N A U T O R I Z A D O H S
D R S N H B Z C C T K R U N A
C E S R H U I Q J D C S N Z C
O Z U U U A R S O C E O N U E
N A F Y X K K C K J T A S E R
T P I I L Z N Q U Q Z N T N D
R E C G U A T E M A L T E C O
A C I I N D I G E N A I M A T
R A E I G L E S I A G G P R E
I D N P E R I O D O X U L G H
O O T B A U T I Z A R O O A D
W J E E T N V S Q S F G E D B
I Q L U E T Y N F S T T M O J
```

(B)

```
F A O K X Q B T L K X B P I I B N D S Q
D X P D B Z C Z S G B O A M Y U L P Q Y
G Y O I H Z R M H U D E E U E H R O C G
H Z N R S V S Y D A B D L X T N Y N C H
B T N N C T P T G T A D L L K I J R X F
U N B L F U E R H E D L Q U I T Z Y R Z
E K W Y U U A O E M H B D O B S H A H X
R Q G T W C L C X A A N D W D H I X R C
D T H N N I V Q J L S A R Y V A E M X M
F M E E U W N Z W T C P Z Q O T M L O U
O R H Q E O C I Z E V L X D O U H G P F
F N R G E X C Y P C B L A D G L V V E Z
P F E F H T V C Y O D Z R R A P B J R D
Z H H T I S U F I C I E N T E U O Q I A
I N D I G E N A C R C O N T R A R I O N
O V T B L N A Z O A R U Q J U B F W D T
I Z K X E D E T S D Y M U C Z T T Z O I
H V V K S E U P O B R E Z A U H A Z R G
Q H P P I A T E M P L O S O L Q D S F U
S E F M A K E I W B V V G M Q V D W W O
```

(C)

```
M C K O G H T W U H A K N I E A U D Z S R N W R K
B N J R G T B M N R C A O T E R Z P C I T C D F D
A J F N U I G A K O N G O X R O J E V T H D U H U
N G R Y A U E W U Z Z D R P C T J S R A T T O Q L
A O Q R X G M U O T R K Z M A P O Y L B I C F E V
N J W Y S V A P U E I C G N V T Y T B E O D Z F B
T D G T X R J Z C U W Z R F W S U D J F D P O E E
I W Z R N Q O A I M Z B A T O F A B O X E G S R B
G S R S Z B S M L F T J Z R X L Q N W X U R N O W
U P B Q B F F N D K H O Z T G U D O E J W K G P S
O U D B W R R R S D J X B N Y P D V G G T U F D Y
A R K C Z N A T F Z G D S K G A N D V L I Y C O I
T E U E R A J X D P R V I U G J M M J Z M D N J U
C D Z W R G U V V W Q G G R F V C S D E C U N D J
Z Z V K S U S T P X L C A J U I C O N T R A R I O
X H S N G A O M O E C C S S M X C P E C A D O N T
H V G E Z T H C S R N U W W I X E I K S O U A G Y
E V N A U E T I A E I O P V R M I D E A J M D O D
B X J C S M A E G Y W Z O A M L Q M W N X E S Q J
R W T S Z A U T Z P U D A Z B W O M C F T W Q B U
R F B E L L I S I M O T P D O L P M E T K E W B J
B F J K Y T H B U I T Q V E O K W Q Q F O Q V V Y
N L H T L E A J R K N W L H N Y J E R Y G D Z Y L
P Q R L T C M E B T L F M W J V R T N Q L I D J B
X C G U A O P R O G O L N L C W D E W S C C Y X K
```

Lección 20

LABORATORIO

¿Lógica o absurda?

*You will hear ten pairs of statements. If the two statements are logically related, circle **L** (**lógica**). If they do not go together, circle **A** (**absurda**).*

1 L	2 L	3 L	4 L	5 L	6 L	7 L	8 L	9 L	10 L
A	A	A	A	A	A	A	A	A	A

Notas culturales

*You will hear the **notas**, and then a series of statements. If a statement is true according to the **nota**, circle **V** (**verdadero**). If it is false, circle **F** (**falso**).*

1 V	2 V	3 V	4 V	5 V	6 V
F	F	F	F	F	F

Lectura

*You will hear the **lectura**, and then a series of statements. If a statement is true in terms of the **lectura**, circle **V** (**verdadero**). If it is false, circle **F** (**falso**).*

1 V	2 V	3 V	4 V	5 V	6 V	7 V	8 V	9 V	10 V
F	F	F	F	F	F	F	F	F	F

You will hear the **narración**, *and then a series of statements. If a statement is true in terms of the* **narración**, *circle* **V** *(***verdadero***). If it is false, circle* **F** *(***falso***).*

1 V   2 V   3 V   4 V   5 V   6 V   7 V   8 V   9 V   10 V

F   F   F   F   F   F   F   F   F   F

PROCESAMIENTO DE PALABRAS

A Formación del pretérito perfecto de subjuntivo

Give the appropriate present-perfect subjunctive forms.

1 (regresar) Ojalá que ellos <u>hayan regresado.</u>

2 (gustar) Espero que te _____ la canción.

3 (confesar) El cura siente que nosotros no _____
los pecados.

4 (venir) Me alegro que ustedes _____ a esta reunión política.

5 (salir) Es posible que otros cubanos _____ de la isla.

6 (aprender) Es una lástima que yo no _____ otro idioma.

7 (defender) Nos gusta que vosotros _____
lo vuestro.

B Uso del presente perfecto y del pretérito perfecto de subjuntivo

Give the Spanish equivalent.

1 Please tell us (**usted**-form) as soon as you have finished.

_____

2 I'm glad that you (**tú**-form) agree.

_____

3 Is it possible that we will be able to return to the island?

_____

4 Is it possible that they have returned?

_____

5 I hope you (**usted**-form) have enjoyed (liked) his speech.

_____

6 I hope you (**usted**-form) will enjoy (like) his speech.

_____

C Formación del pluscuamperfecto de subjuntivo

Combine and rewrite the sentences, using the imperfect subjunctive of **haber** *with the past participle of the verb in the original first sentence.*

1 No me habían creído. Era increíble. . .
   Era increíble que no me hubieran creído.

2 Habían salido sin problema. Yo esperaba . . .

_____

3 Él le había hablado al señor Sánchez. Yo dudaba que . . .

_____

_____

4 No habíamos tenido derechos. Ellos no creían que . . .

_____

_____

5 No había trabajado. Era una lástima que . . .

_____

6 Marcela había salido sin hablar conmigo. Me sorprendió . . .

_____

_____

7 A Juan Carlos le había gustado el discurso. Yo no habría creído que . . .

_____

_____

D Uso del imperfecto y del pluscuamperfecto de subjuntivo

Give the Spanish equivalent.

1 If we had arrived earlier, we would have heard the entire speech.

_____

_____

2 You talked as if you hadn't seen him before.

_____

3 We were sorry that you hadn't come before we left.

_____

4 If you had invited us, we would have been there.

_____

5 I wish we had left earlier.

_____

E Exclamaciones con *qué*

Rewrite the sentences using **qué** *to express an exclamation.*

1 Marcela tiene pelo rojo.
   ¡Qué pelo más (tan) rojo!

2 Hemos escuchado discursos fantásticos.

_____

3 El candidato es muy popular.

_____

4 La isla es muy bonita.

_____

5 Juan Carlos tiene ilusiones increíbles.

_____

F   El subjuntivo o el indicativo después de una exclamación

Respond to the statements, first expressing strong feelings about the situation and then without any particularly strong personal feeling.

1 Ellos no vinieron.

   ¡Qué lástima que no __**vinieran**__ !

   ¡Qué lástima que no __**vinieron**__ !

2 No había muchas personas en la reunión.

   ¡Qué lástima que _____ !

   ¡Qué lástima que _____ !

3 Mis amigos han regresado a la isla.

   ¡Qué suerte que _____ !

   ¡Qué suerte que _____ !

4 Ellos no habían llegado a tiempo.

   ¡Qué malo que _____ !

   ¡Qué malo que _____ !

5 Juan Carlos y Marcela se casan.

   ¡Qué bueno que _____ !

   ¡Qué bueno que _____ !

G   El artículo neutro *lo*

Translate using the neuter article **lo**. *Use* **tú**-*forms.*

1 The important thing is to have patience.

   _____

2 Tell me what she said.

   _____

3 What is mine is yours.

   _____

4 The sad part is that now he doesn't like his work.

   _____

5 What you heard is true.

_____

6 The most urgent thing is to learn the language.

_____

H   Resumen

Write the correct response in the blank.

1 ¿Te dijo ella _____ había ocurrido?
   a) que   b) lo que   c) quien

2 Me alegro que tú _____ a visitarme.
   a) hayas venido   b) ha venido   c) vino

3 ¡Qué bueno que _____ verlo! (strong feeling)
   a) pudiste   b) hayas podido   c) has podido

4 Esperamos que ustedes _____ venir mañana.
   a) pueden   b) podrán   c) puedan

5 Ojalá tú _____ con nosotros.
   a) estuvieras   b) estás   c) estuviste

6 Si Juan Carlos y Marcela _____ , habrían ido a la isla.
   a) se han casado   b) se casaron   c) se hubieran casado

7 No nos dijo _____ quería que hiciéramos.
   a) lo que   b) que   c) lo suyo

8 Era una lástima que él no _____ mejor su discurso.
   a) prepare   b) ha preparado   c) hubiera preparado

9 Él siempre cree que _____ es más importante que _____ .
   a) el suyo . . . lo mío   b) lo suyo . . . lo mío   c) lo suyo . . . el mío.

EXPRESIÓN INDIVIDUAL

I Complete las frases

1 Ojalá _____ .

2 ¡Qué lástima que _____ !

3 Yo habría venido si _____ .

4 El profesor insistió en que _____ .

5 Mi novio(a) no quería que _____ .

J Forme preguntas

1 Sí, yo habría estudiado con él.

_____

2 No, no me gustó que hubiera pocas personas.

_____

3 Sí, yo creía que ella había llegado.

_____

4 Sí, dudaba que me lo hubiera comprado.

_____

5 Sí, me alegro que hayamos escuchado el discurso.

_____

K Preguntas personales

Answer each question with a complete sentence.

1 Si fuera a Cuba, ¿le hablaría a Castro?

_____

_____

2 ¿Hablan los puertorriqueños como si fueran españoles?

_____

_____

3 ¿Qué le gusta más de la cultura norteamericana?

_____

_____

4 ¿Hay mucha diferencia entre la cultura norteamericana y la de Puerto Rico?

_____

_____

5 Si hace mal tiempo, ¿sale usted de la casa?

_____

6 Si usted no hubiera venido a esta universidad, ¿adónde habría ido?

_____

7 En su opinión, ¿qué es lo más importante de la vida?

_____

_____

8 ¿Se alegra usted de que se termine pronto el semestre?

_____

9 Si usted tuviera la oportunidad, ¿iría a Cuba?

_____

10 ¿Qué país le gustaría visitar y por qué?

_____

11 ¿Le sorprende que haya aprendido tanto este semestre?

_____

_____

L Composición

Write at least eight sentences about what you would do if you lived in a Spanish-speaking country.

_____

_____

_____

_____

_____

_____

_____

_____

_____

_____

_____

_____

_____

_____

VOCABULARIO

Crucigrama

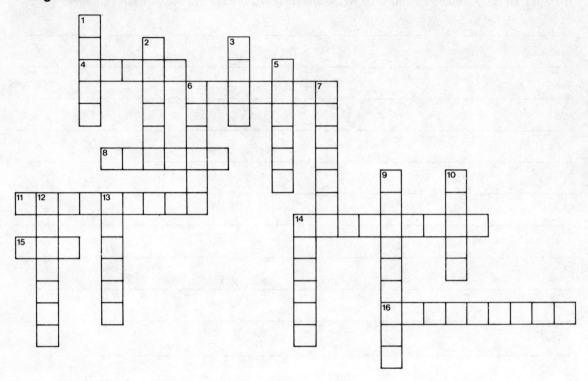

Fill in the cross-word puzzle using the clues given below. You may wish to consult the **Vocabulario** at the
end of the textbook for some of the words in the clues.

HORIZONTALES

4 Se hace durante el sueño.
6 El antónimo de **detrás** es ＿＿＿ .
8 Término que significa dinero.
11 Persona de un país.
14 Persona que quiere un puesto político.
15 Dirección opuesta de norte.
16 Difícil de creer.

VERTICALES

1 El sol se pone en el ＿＿＿ .
2 Por donde se sale.
3 Tierra rodeada de agua.
5 Lo opuesto de **debajo**.
6 Algo que se duda es ＿＿＿ .
7 Por donde se entra.
9 Sinónimo de **situación**.
10 Sinónimo de **lugar**.
12 Un sinónimo es **imaginación** o **sueño**.
13 Dar noticia de una cosa.
14 Lo que hay entre dos novios o dos amigos.

Listening Comprehension Exam

LECCIONES 17-20

¿ Verdadero o falso?

You will hear five sentences on the tape that are either true or false. If a sentence is true, circle **V** *(***verdadero***). If it is false, circle* **F** *(***falso***).*

1 V   2 V   3 V   4 V   5 V

   F   F   F   F   F

¿ Lógica o absurda?

You will hear five pairs of statements. If the two statements are logically related, circle **L** *(***lógica***). If they do not go together, circle* **A** *(***absurda***).*

1 L	2 L	3 L	4 L	5 L	6 L	7 L	8 L	9 L	10 L
A	A	A	A	A	A	A	A	A	A

11 L	12 L	13 L	14 L	15 L	16 L	17 L	18 L	19 L	20 L
A	A	A	A	A	A	A	A	A	A

21 L	22 L	23 L	24 L	25 L	26 L	27 L	28 L	29 L	30 L
A	A	A	A	A	A	A	A	A	A

31 L	32 L	33 L	34 L	35 L
A	A	A	A	A

Preguntas

You will hear five questions. Write an appropriate response to each one.

1 _____

_____

2 _____

_____

3 _____

_____

4 _____

_____

5 _____

_____

Answer Key

Lección 1

A a) 1. co-mo   2. bue-no   3. ma-ña-na

b) 1. per/mi/so   2. Mar/ta   3. mu/cho
4. bue/nas   5. es/tu/dian/te

B a) 1. c   2. c   3. c   4. c   5. qu   6. qu
7. qu   8. c   9. qu   10. c   11. c   12. qu
13. k   14. c   15. qu   16. c

b) 1. kw   2. k   3. k   4. kw   5. kw   6. k

c) 1. g   2. gu   3. g   4. g   5. gu   6. g   7. g
8. g   9. gu   10. g   11. g   12. g

d) 1. gw   2. g   3. gw   4. gw   5. g   6. g
7. gw   8. gw

e)
banquete–k	cuadro–kw
guapa–gw	jamón–h
joven–h	gozo–g
quito–k	cultura–k
golpe–g	gesto–h

C a) 1. tardes   2. hablan   3. mañana
4. aprendes   5. vive

b) 1. universidad   2. usted   3. preguntar
4. nivel   5. pared

c) 1. lección   2. está   3. adiós   4. cortés
5. pájaro

d) 1. the   2. he   3. if   4. yes

e) 1. bue/nos dí/as   2. lla/ma   3. se/ño/ra
4. can/sa/do   5. en/can/ta/da   6. es/tán

D 1. tú   2. nosotros, nosotras   3. yo
4. ustedes, ellos, ellas   5. usted, él, ella
6. no pronoun needed   7. usted *or* él *or* ella
8. no pronoun needed   9. no pronoun needed

E 1. ¿Cómo estás?   2. ¿Cómo estás?
3. ¿Cómo está?   4. ¿Cómo está?   5. ¿Cómo
estás?

F a) 1. ¿Cómo se llama usted?   2. ¿Cómo
te llamas?   3. ¿Cómo se llama?   4. ¿Cómo te
llamas?   5. ¿Cómo te llamas?   6. ¿Cómo se llama?

b) 1. Me llamo _____.   2. Se llama Lisa.
3. ¿Cómo te llamas?   4. Se llama Miguel.

G a) 1. **Buenos días.**   2. ¡Hola!   3. Buenos días.
4. Buenos días.   5. ¡Hola! ¿Qué tal?

b) 1. **Muy bien, gracias.**   2. Así así.   3. Bien.
4. Buenas tardes.   5. ¡Hola!

H 1. **está**   2. Están   3. están   4. está
5. estamos   6. estás   7. están   8. estáis

I 1. el   2. el   3. las   4. las   5. las   6. los
7. las   8. la   9. los   10. el   11. el   12. las

J 1. **los chicos**   2. las jóvenes   3. los estudiantes
4. los profesores   5. las clases

K 1. **Juan no está cansado.**   2. No me llamo Felipe.
3. Ellos no están bien.   4. El profesor no se llama Juan.
5. Fidel no está en la clase.

L 1. ¿Está aquí Pepe?   2. ¿Está Carlos en la clase?
3. ¿Se llama usted Jones?   4. ¿Está cansada Ana
María?

M 1. **él**   2. está   3. verdad   4. estás   5. las
6. estamos

N *Individual responses.*

239

Lección 1—*Crucigrama*

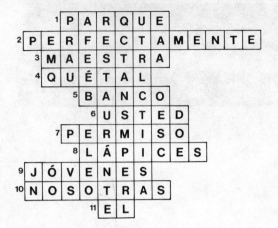

1. PARQUE
2. PERFECTAMENTE
3. MAESTRA
4. QUÉTAL
5. BANCO
6. USTED
7. PERMISO
8. LÁPICES
9. JÓVENES
10. NOSOTRAS
11. EL

Lección 2

A 1. s 2. s 3. z 4. s 5. s 6. s 7. s 8. s

B 1. y 2. y 3. i 4. y 5. y 6. i

C a) 1. El profesor habla español. 2. (Yo) hablo español. 3. Antonio y Ana María hablan español. 4. Juan y yo hablamos español. 5. (Tú) hablas español.

b) 6. (Yo) aprendo alemán. 7. Los estudiantes aprenden alemán. 8. (Tú) aprendes alemán. 9. Joaquín y yo aprendemos alemán. 10. Ana aprende alemán.

c) 11. Tú y yo vivimos aquí. 12. (Usted) vive aquí. 13. Juan y María viven aquí. 14. (Yo) vivo aquí. 15. Nosotros vivimos aquí.

d) 16. Miguel estudia medicina. 17. Dolores y Lisa estudian medicina. 18. (Tú) estudias medicina. 19. Memo y yo estudiamos medicina. 20. Vosotros estudiáis medicina.

e) 21. Isabel lee francés. 22. Nosotros leemos francés. 23. Él lee francés. 24. Ellos leen francés. 25. Tú y yo leemos francés.

f) 26. Joaquín escribe bien. 27. Yo escribo bien. 28. Nosotras escribimos bien. 29. Miguel y Alicia escriben bien. 30. Vosotros escribís bien.

g) 1. ¿Aprende (usted) español? 2. Luis y Juan viven en California. 3. ¿Habla Elena francés también? 4. ¿Qué estudias? 5. ¿Leen mucho ellos en casa?

D 1. soy 2. son 3. soy 4. somos 5. es 6. es 7. somos

E a) 1. es alta. 2. son ricas. 3. es inglesa. 4. somos franceses. 5. son guapos. 6. son ricos.

b) 1. hombre rico. 2. chicas inteligentes. 3. chico agradable. 4. edificio alto.

c) 1. es español. 2. es portuguesa. 3. son francesas. 4. soy inglesa. 5. somos alemanes.

d) 1. El rico se llama Rafael. 2. La rubia se llama María. 3. Los inteligentes se llaman Alberto y Juana. 4. El alto se llama José. 5. Las españolas se llaman Carmen y Susana.

e) 1. esta lección. 2. esa casa. 3. esos chicos? 4. Este hombre 5. Esa morena

F 1. no articles required 2. el 3. no article required 4. no article required 5. los, el

G a) 1. una 2. unos 3. unas 4. un 5. un

b) 1. no article required 2. un 3. unas 4. no article required 5. unos

c) 1. La profesora mexicana enseña español.
2. Un profesor mexicano enseña español.
3. Una profesora mexicana enseña español.
4. La profesora mexicana habla bien el español.
5. Los muchachos mexicanos hablan bien el español.
6. Los muchachos mexicanos estudian español.
7. La muchacha mexicana estudia español.
8. Esa muchacha mexicana estudia español.
9. Esos hombres mexicanos estudian español.

H 1. está 2. es 3. somos 4. es, está 5. es 6. son 7. está 8. estoy 9. es 10. es

I a) 1. estudian 2. soy 3. Estos 4. una . . . buena 5. está

b) 1. Anabel habla alemán. 2. Yo no leo francés. 3. Estas chicas son amigas. 4. Nosotros vivimos en el centro. 5. Jorge estudia mucho.

J, K, L *Individual responses.*

VOCABULARIO 1. bajo 2. bien 3. rubia 4. simpática 5. difícil 6. pobre 7. tonto 8. bonita, guapa 9. flaco 10. poco

Lección 3

A a) 1. piensa 2. piensan 3. piensan 4. pensamos 5. Pienso

b) 6. Quieren   7. Queremos   8. Quiere

c) 9. Entendemos   10. Entiendes   11. entendéis

d) 12. comienza   13. comienzo   14. Comienzan

e) 1. Sí, pienso estudiar esta noche.   2. Sí, entiendo al profesor.   3. Sí, quieren vivir en Montevideo. 4. Sí, queremos aprender francés.   5. Sí, las clases comienzan esta noche.

B a) 1. **tiene**   2. tiene   3. tienen   4. tengo 5. Tenemos   6. Tenéis

b) 1. vienen   2. viene   3. Vienen   4. Vienes 5. Venís

c) 1. No, no tengo hermanos.   2. No, no vienen a la clase.   3. No, no vengo a la clase esta tarde.   4. No, no tenemos clases difíciles.

C 1. **Tengo que comprar un regalo.**   2. Él tiene que trabajar mañana.   3. Tenemos que estudiar ahora. 4. Ellos tienen que aprender español.   5. Ella tiene que venir mañana.

D 1. a   2. not required   3. a   4. not required 5. a   6. not required   7. a

E 1. Va   2. va   3. vamos   4. Van   5. Vas 6. van

F 1. Sí, voy a trabajar esta noche.   2. Sí, las clases van a comenzar mañana.   3. Sí, voy a estar en casa esta tarde.   4. Sí, vamos a comprar regalos para el Día de la Madre.

G a) 1. **a la**   2. a la   3. al   4. al   5. al 6. a la   7. al   8. al   9. al, a la

b) 1. del   2. del   3. de la   4. del   5. de las

H 1. **cuatro**   2. doce   3. trece   4. treinta y seis 5. cien   6. cincuenta y dos   7. ochenta y cuatro 8. dieciséis (*or* diez y seis)   9. setenta y cuatro 10. cuarenta y dos   11. cincuenta y cuatro 12. sesenta y cinco

I 1. **Hay treinta y un estudiantes en la clase.** 2. Hay cinco casados en la clase.   3. Hay dos cines aquí.   4. Hay trece jóvenes guapos en la clase.   5. Hay veinticuatro (veinte y cuatro) horas en el día.   6. Hay seis libros en la mesa.   7. Hay dieciocho (diez y ocho) chicas en la clase.

J 1. ¿Hay un doctor aquí?   2. Ella tiene un hermano y una hermana.   3. Hay veintiún (veinte y un) estudiantes en la clase.   4. Voy a comprar un regalo para el Día de las Madres.   5. Ella es una maestra

buena. *or* Es una buena maestra.

K a) 1. **sus**   2. nuestro   3. su   4. sus   5. su 6. su

b) 1. **Mis amigos están en casa.** 2. **Nuestro** amigo está en casa. 3. **Mi** amigo está en **el centro.** 4. Mis **tíos** están en el centro. 5. **Su** tío está en el centro. 6. Sus **hermanas** están **aquí.** 7. **Mis** hermanas están aquí.

L 1. El regalo es de Hortensia.   2. El hospital es de la universidad.   3. Las oficinas son de los profesores. 4. La taberna es de mi hermano.   5. La casa grande es de mis padres.   6. El restaurante es de Ricardo.

M a) 1. mis hermanos.   2. tus amigos. 3. queremos   4. vienen a la   5. del   6. tengo que 7. un

b) 1. **Yo no voy a comprar tres casas.**   2. Ellos vienen de la Universidad de México.   3. Cecilia entiende cuatro idiomas y estudia mucho.   4. Él tiene que trabajar en la universidad.

c) 1. Tienes   2. hay   3. son   4. voy 5. Hablan *or* Aprenden   6. va   7. estoy 8. comienzan   9. tenemos   10. Buscan *or* Ven

N, O, P *Individual responses.*

VOCABULARIO   1. abuelo   2. cafetería 3. cuántos   4. domingo   5. hermana   6. letrero 7. madre   8. nuestra   9. tía   10. hijos   11. ya 12. pregunta   13. hermanita   14. día y noche 15. primo   16. buscar   17. mujeres 18. preocupada(o)

Lección 4

A 1. **sigue**   2. Piden   3. dicen   4. seguimos 5. dices   6. piden   7. digo

B 1. pide   2. Preguntan   3. piden   4. pregunta 5. Pide

C 1. **duermo**   2. dormimos   3. Pueden 4. podemos   5. vuelve   6. vuelves, volvemos 7. Pueden volver

D 1. **sé**   2. conoce   3. sabemos   4. conocemos 5. saben   6. conoce   7. Conoces   8. saben 9. Sabe   10. conoce

E a) 1. **La escuchamos.** 2. Lo necesitamos 3. La conozco. 4. No la sé 5. Las pido difíciles 6. Lo ven. 7. La decís.

b) 1. **Sí, la estudia.** 2. **Sí, voy a aprenderlo.** or **Sí, lo voy a aprender.** 3. **Sí, las escribe.** 4. **Sí, lo voy a traer,** or **Sí, voy a traerlo.** 5. **Sí, lo tengo.** 6. **Sí, lo leen todos los días.** 7. **Sí, siempre lo pido.** 8. **Sí, las escribo ahora.** 9. **Sí, lo van a comprar hoy.** or **Sí, van a comprarlo hoy.** 10. **Sí, los quiero mucho.**

c) 1. Lo necesitamos 2. Te quiero. 3. No la estudian. 4. No la conocemos. 5. No lo puedo hablar. or No puedo hablarlo. 6. No quiere verme. or No me quiere ver.

F 1. Son setecientos veintidós. 2. Hay diez mil cuatrocientas cincuenta y nueve personas en esta ciudad. 3. Hay seis mil ochocientas noventa y una chicas en esta universidad. 4. Este libro tiene doscientas cincuenta y ocho páginas. 5. Un millón doscientos treinta y ocho mil cuatrocientas cinco personas viven aquí. 6. Hay seis mil quinientos cuarenta estudiantes que aprenden español.

G a) 1. a las seis. 2. son las diez. 3. a las cuatro. 4. es la una.

b) 1. Voy a las cinco en punto. 2. ¿Qué hora es? 3. Son las cinco menos diez de la tarde. 4. La clase comienza a las ocho y media de la mañana. 5. Siempre estudio por (en) la noche. 6. ¿A qué hora vas a casa?

H a) 1. miércoles 2. domingo 3. viernes 4. jueves 5. sábado

b) 1. Los martes tengo matemáticas a las nueve de la mañana. 2. Tenemos que estudiar español todos los días. 3. ¿Vienes a vernos el sábado? 4. Hoy es miércoles. 5. Los viernes son buenos. Los lunes son malos.

I a) 1. ¿Cómo está tu hermana? 2. ¿Dónde está la taberna? 3. ¿Quién no viene? 4. ¿De quién(es) son los lápices? 5. ¿De dónde es Felipe? 6. ¿Qué estudian (ellos)? 7. ¿Cuántos dólares tienes? 8. ¿Por qué preguntas? 9. ¿Adónde vas? 10. ¿Cuál es tu camisa?

b) 1. Adónde 2. De quién 3. Cuándo 4. Cuál

J *Other responses are also possible.* 1. conoce 2. lo 3. comienzan 4. muchos 5. los 6. ¿Cuál 7. ¿De quién 8. ¿Sigue 9. sabe 10. las 11. (ver)lo, el 12. Duerme, por (en)

K, L, M *Individual responses.*

VOCABULARIO 1. mecánico 2. ciudad 3. física 4. especialidad 5. tienda 6. biología 7. fácil 8. ¿Cuál? 9. encontrar 10. siempre 11. página 12. foto 13. conocer 14. miércoles 15. costar 16. varios 17. poder 18. química 19. modista 20. viernes 21. ingeniería

Lección 4—*Sopas de letras*

(A)

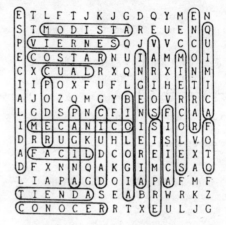

(B)

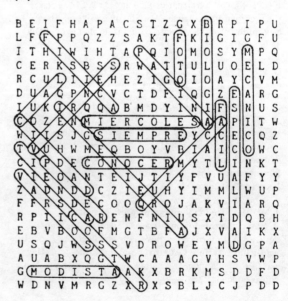

(C)

```
M D E H U H A N W N E F P X R W L W G P M I W T W
S L G H Z K P R X Y X T R J H G Y K X P O T R E C
M P H J V M K H B Q B T S U A Y B Y P A Z N W T U
C H G D M E R N H J C J W Z G Z O Q F T I A M L A
F C V H N T A C I N B S H Z I Q O A C I M I U Q L
F Z C I Y Y T H L O V R E O R T U F I W E B F L Q
K D F N V V S K A J O R Z A B S A A A R A E B A L
B R G G I Y O S P K A M H C V S T O C A N I G A P
V H I E G M C V Z E E H I U Z W O Z T P S H M U
A V B N G S R A R C N E S S N A L A I G O L Q I B
R E C I U D A D A C F R X I R E C O N O C T L I
I T Q E B S L N O M Z P S F S X S K X T O I C D L
O G Q R V A N S I Y M Y E D Q S A N F E W A O I
S D H I A C T U K K M E G X N Y S C C N L D L N C
M Q D A O R Z N Z S C I M P Z R B N D L I V L X A
D O L H A S R Y I Z B S Q A T Y E A V L M T R C F
A E N R D T Q L Y S D A B W T X W I A U G E I W M
Q L B J J Y M M G F J A T V P B W I V U Z A S I A
W E B U N Y M F V J S C N S V L C S T P W Y I O L
M L N I X U N H H Z J N S M I E A P M M G P K K T
Y R H R P C V T F V J M O S P D U J W T J M S M K
F L B P E E L O W V S I J S W X O T U D M P H O J
V Z E X U D Q N H M A Q E D X U E M E X E D R V P
G D X S Q Z O C T Y X R L Z H H L E X O T Y R Z I
H U T A L Y S P R T W X O S T S L Q T O Z U E V U
```

Lección 5

A a)   1. **me**   2. Jason   3. her   4. us   5. him

b)   1. le   2. me   3. les   4. nos   5. le   6. les

c)   1. <u>mi amigo</u>–Le presto el abrigo.   2. <u>Elena</u>– ¿Le escribes cartas?   3. <u>Roberta</u>–Le hablamos todos los días.   4. <u>mi tía</u>–No le quiero escribir.   5. <u>nosotros</u>–Cuando no tenemos pluma, ella nos presta una.

d)   1. Sí, le quiero hablar. *or* Sí, quiero hablarle.
2. Marta me presta un lápiz.   3. No, no nos escribe mucho.   4. Le escribo los domingos.   5. Me escribe los miércoles.

e)   1. Ella me quiere hablar (a mí). *or* Ella quiere hablarme.   2. ¿Le escribes todos los domingos?
3. Cuando no tiene abrigo, le presto uno.   4. No nos compra regalos.

B   1. **ella**   2. él   3. ellas   4. nosotros   5. usted
6. (con)migo

C a)   1. **A ella** le gusta el clima de aquí.
2. A ella le gustan **estos libros.**
3. **A nosotros** nos gustan estos libros.
4. A nosotros nos gusta **el frío.**
5. **A ti** te gusta el frío.
6. **A Gloria y a Anabel no** les gusta el frío.

b)   1. ¿Te falta dinero?   2. ¿Les gusta esquiar a tus hermanas?   3. ¿Te parece que va a nevar?   4. ¿Te parece buena la clase?   5. ¿Les falta tiempo? *or* ¿Nos falta tiempo?

c)   1. **A mí me gusta este clima.**   2. A mí me gusta también.   3. Nos faltan libros.   4. El clima le parece frío a ella.   5. No nos gusta comprar regalos.   6. Le faltan amigos, no dinero.

D   1. **Tengo sueño.**   2. Tengo miedo.   3. Tengo prisa.   4. Tengo celos.   5. Tengo razón.   6. Tengo sed.   7. Tengo veinticinco años.

E a)   1. Hace mal tiempo hoy.   2. ¿Te gusta esquiar en invierno?   3. No me gusta cuando hace viento.   4. ¿Qué tiempo hace en la primavera?
5. Siempre hace frío en enero.   6. ¿Está fresco hoy?
7. ¿Nieva mucho en Colorado en invierno?

b) 1. Llueve mucho en junio y julio. 2. Me gusta el calor. 3. Hay nieve en los Andes. 4. Me gusta más el mes de diciembre. 5. No me gusta el clima de aquí.

F a) 1. ¿Qué tiempo hace en septiembre? 2. ¿Está nublado hoy? 3. Está muy fresco hoy. 4. ¿En qué estación (del año) hace calor? 5. ¿Hace mucho calor en abril?

b) 1. Hace viento hoy. 2. Sí, me gusta cuando hace mucho calor. 3. Sí, hace mucho frío en mi estado en invierno. 4. Hace mucho sol en agosto.

G 1. ¿Es el veinte de mayo? 2. ¿Cuál es la fecha de hoy? 3. ¿Qué día es hoy? or ¿A cómo estamos hoy? 4. ¿A qué temperatura hierve el agua? 5. ¿Cuál es la temperatura normal del cuerpo humano? 6. La temperatura en Denver es de diez grados centígrados.

H 1. me 2. Está fresco. 3. Me gusta mucho. 4. mí 5. Tiene 6. Les

I, J, K *Individual responses.*

VOCABULARIO 1. cara, cuerpo 2. clima, calor, agua, fresco, congelar, esquiar 3. carta 4. azafata, aeropuerto, piloto, aerolíneas, pasajero 5. temperatura, calor, clima, frío 6. cordillera 7. hervir, congelar, llover, lluvia, lluvioso, sed 8. cierto 9. tener sueño 10. nublado 11. tener hambre 12. mes, verano, calor, sol 13. nieve, invierno, frío 14. Estados Unidos, Perú 15. flor, lluvia, fresco, mariposa, estación, marzo, abril, mayo

Lección 6

A a) 1. hace 2. sale 3. están *or* pones 4. Salimos 5. pongo 6. hacemos

b)

yo	**hago**	pongo	salgo
él	hace	pone	sale
tú	haces	**pones**	sales
nosotros	hacemos	ponemos	salimos
ellas	hacen	ponen	**salen**
usted	hace	pone	sale
vosotros	hacéis	ponéis	salís

c) 1. Los pongo en la mesa. 2. Yo salgo primero. 3. Estudiamos por la tarde. 4. Sí, salen a comer. 5. No, no salgo con ellos. 6. Duermo después de esta clase.

B a) 1. me 2. nos 3. se 4. te 5. se 6. se 7. te 8. nos 9. me 10. te

b) 1. **se levanta** 2. Me lavo 3. Nos acostamos 4. Se afeitan 5. Te sientas 6. me visto 7. se despierta 8. se quedan

c) 1. Me acuesto a las once. 2. Me visto rápidamente (rápido). 3. Siempre nos sentamos aquí. 4. Él se lava las manos. 5. Él se afeita temprano.

C a) 1. Sí, se van ahora. 2. No, no me duermo en seguida cuando me acuesto. 3. Su amigo se llevó sus libros. 4. Me pongo un abrigo cuando hace frío. 5. Sí, me lo como todo.

D 1. No me siento bien. 2. ¿Lo sientes? 3. Jorge se siente enfermo. 4. Todos lo sentimos mucho. 5. Mi compañero(a) de cuarto no se siente bien.

E 1. **hablando** 2. aprendiendo 3. leyendo 4. cantando 5. poniendo 6. estudiando 7. escribiendo 8. trabajando 9. durmiendo 10. comiendo

F a) 1. **Estoy hablándole a Elena.** *or* Le estoy hablando a Elena. 2. Estoy afeitándome ahora. *or* Me estoy afeitando ahora. 3. Está vistiéndose ahora. *or* Se está vistiendo ahora. 4. Estoy estudiándola ahora. *or* La estoy estudiando ahora. 5. Estoy bañándome ahora. *or* Me estoy bañando ahora. 6. Estoy lavándome las manos. *or* Me estoy lavando las manos. 7. Estoy escribiéndoles una carta. *or* Les estoy escribiendo una carta.

b) 1. **Nosotros estamos hablándolo muy bien ahora.** *or* Lo estamos hablando muy bien ahora. 2. Elena está escribiéndola. *or* La está escribiendo. 3. Él está lavándose las manos. *or* Se está lavando las manos. 4. El estudiante está comiéndolos. *or* Los está comiendo. 5. Ramón está poniéndose el abrigo. *or* Se está poniendo el abrigo. 6. Los padres están quedándose en casa hoy. *or* Se están quedando en casa hoy.

G 1. Hay que levantarse temprano. 2. Tengo que acostarme a las nueve. 3. ¿Tienes que trabajar mañana? 4. Hay que trabajar mucho. 5. Hay que llegar a clase temprano. 6. Tengo que descansar un momento (minuto).

H a) 1. **Martín me lo presta.** 2. Te los traigo. 3. Mi novio me las escribe. 4. ¿Quién se lo compra? 5. Ellos nos la prestan. 6. Se lo traigo mañana. 7. El banco no me lo presta. 8. Tienes que traérsela antes de las ocho. 9. ¿Quieres prestármelos? 10. Él siempre se los compra.

b) 1. **Sí, te lo vendo hoy.** 2. Sí, se lo traigo. 3. Sí, se las compramos ahora. 4. Alberto te lo presta. 5. Sí, te las compro. 6. Sí, se lo queremos prestar. or

Sí, queremos prestárselo.   7. Sí, te los lavo.   8. Sí, se los prestamos.   9. Sí, se la puedo traer. *or* Sí, se la traigo.   10. Sí, lo tiene.

4. Lo tengo.   5. La estoy escribiendo. *or* Estoy escribiéndola.   6. Lo estamos aprendiendo. *or* Estamos aprendiéndolo.

I a)   1. doy   2. da   3. da   4. dan   5. das

b)   1. Sí, se lo doy.   2. Me dan un reloj.   3. Se lo damos en diciembre.   4. Me da un anillo para mi cumpleaños.

b)   1. **Le**   2. Nos   3. Me   4. Les   5. le
6. les

K   1. lo   2. le   3. te la   4. Nos levantamos
5. Lo siento

J a)   1. Lo leo.   2. Lo compro.   3. La veo.

L, M, N *Individual responses.*

Lección 6—*Crucigrama*

Lección 7

A   1. viva   2. trabaje   3. escriban   4. comamos
5. cuente   6. aprendas   7. compren   8. permitan
9. escuche   10. entréis

B a)   1. **Quiero que compren comida para la fiesta.**
2. Su mamá no quiere que lleve sandalias.   3. Sus
amigos dudan que viva en mi casa.   4. Les pido que
entren en seguida.   5. Sentimos que no cante con
nosotros.   6. Prefiero que no se preocupe mucho.
7. Siento que escuche la radio toda la noche.
8. Insisten en que se bañe por la mañana.

b)   1. **Quiero que Manuel se levante más temprano.**
2. Quiero que Cristina estudie la lección.   3. Quiero
que ellos llamen a la policía.   4. Quiero que Ricardo
hable español en la clase.   5. Quiero que Memo lea ese
libro.   6. Quiero que Alicia me compre un regalo.
7. Quiero que mi novia lleve jeans.

c)   1. Quiero que vendas mi coche.   2. Quiere que
hablemos español.   3. ¿Quieres que te escriba?
4. No quiere que trabaje esta noche.   5. ¿No quiere
que escuchemos la radio?

C a)   1. **vengan**   2. diga   3. venga   4. haga
5. pongas   6. traigan

b)   1. Quiero que me digan la verdad. (I want them to
tell me the truth.)   2. ¿Espera usted que salgamos
temprano de clase? (Are you hoping we will leave class
early?)   3. ¿Qué quieren ustedes que hagamos ahora?
(What do you want us to do now?)   4. Dudo que ella
me acompañe a la fiesta. (I doubt that she will go with
me (accompany me) to the party.)   5. Mi novia siente
que yo no tenga más dinero. (My girlfriend is sorry that
I don't have more money.)   6. Los profesores insisten
en que estudiemos día y noche. (The professors insist that
we study all the time (day and night).)

D a)   1. **Sí, compre esos jeans.**   2. Sí, diga la verdad.
3. Sí, salga ahora.   4. Sí, venga mañana.   5. Sí, vuelva
en seguida.   6. Sí, vaya con ellos.

b)   1. **Escriba la carta hoy.**   2. Hablen en español,
por favor.   3. Estudien la lección esta noche.
4. Traiga su libro a clase.   5. No se duerma en clase.
6. No ponga esas sandalias en la mesa.

E a)   1. **Sí, déselo. No, no se lo dé.**   2. Sí, déselos.
No, no se los dé.   3. Sí, présteselas. No, no se las
preste.   4. Sí, tráigamelas. No, no me las traiga.
5. Sí, escríbasela. No, no se la escriba.   6. Sí, háblele
pronto. No, no le hable pronto.

b)   1. **No me escriba una carta.**   2. No le dé el
zapato.   3. No le preste el cinturón.   4. No nos lea el
periódico.   5. No me traiga las camisas.

c)   1. **Sí, láveselas.** *or* **No, no se las lave.**   2. Sí,
tráigamelo *or* No, no me lo traiga.   3. Sí, démela. *or*
No, no me la dé.   4. Sí, póngaselo. *or* No, no se lo
ponga.   5. Sí, acuéstese temprano. *or* No, no se
acueste temprano.   6. Sí, duérmase en clase. *or* No, no
se duerma en clase.

d)   1. **Sí, déselos.** *or* **No, no se los dé.**   2. Sí,
préstesela. *or* No, no se la preste.   3. Sí, déselo. *or* No,
no se lo dé.   4. Sí, présteselas. *or* No, no se las preste.
5. Sí, tráigaselos. *or* No, no se los traiga.

F a)   1. hables   2. vaya   3. estudie
4. Tráigamela   5. nos levantemos   6. vengan
7. hagas   8. Vuelve   9. comprenda   10. se los doy

b)   1. vayan   2. saben   3. quieran   4. hacer *or*
comer   5. traigamos *or* preparemos   6. preparemos
or traigamos   7. Sabes   8. tenemos   9. se pongan
10. termine

G, H, I *Individual responses.*

VOCABULARIO   1. moda   2. residencia
3. seguida   4. probarse   5. adelante   6. baile
7. Navidad   8. par   9. sandalias   10. salud
11. insistir   12. provecho   13. raza   14. último
15. mono

Lección 7—*Sopas de letras*

(A)

```
I G E Z S Y S S U G L U C L Q
P H C I A K M T C U L T I M O
B H V N N Q O D J P U J O T F
E C T S D Q J I X R S X D O Z
P E O I A M I Y P O E A V T G
X Z I S L O K I Q B G D L H P
W Y J T I N K M U A U E N A P
S G W I A O R E T R I L A O R
I T W R S A R U A S D A V D E
I P R O V E C H O E A N I I A
I C C B A B B A I L E T D K Z
U J K W H C S A L U D E A V A
N U S C C O A U Y Y Q W D P A
H L O K R E S I D E N C I A G
S K I O Y C O K B I L J X V Y
```

(B)

```
G B D R X L J P S O M O D A M A G S C O
R Z A P C P O P P T H U X H Z D S Q E R
B P H R S V I C V S R M L A I E U K A E
T F G O R E U P I S A D R T R J C C R S
D E V B A R A D E L A N T E I W T W B I
G V V A G A W O G D B J D Q Y M S N U D
J O Z R Q K H W I G A O Y A T T O Y J E
A E X S W C K V M Q I R N A L D B R R N
V B K E E F A J V H L X S F V I E C E C
M C R V P N B L Y A E X E T X Z A L V I
A O O Z U G S S H H X S G G Z G E S G A
T R N K Y W X A U H L F U O Y P C X P F
P C Q O Y K Y R L T Q M I R B Q X L V A
L N H Y M O F D L U Y X D J G J L X M L
A P W W G B H K G Y D D A L K B S U R M
S I L G P I Y H O U O F O W V I D K Y S
D Z Z H F W N J F M I X P D U S T A R C
I N S I S T I R O T I K X A Y T Y Y F R
P J I T Y Q Z O I T L G N X R A J O D I
P X V T J L J O W N L W H B V G X T K D
```

(C)

```
E Z I P N M V E U D C I K Q Y F O U L O R C B X J
D M Z Y Z M I X U E E E H H I S M Z T W V J U H B
R E S I D E N C I A M N T C U L P W P Z E J M W J
J I N S I S T I R H W Q S O L S C F G W Y S M O D
K G R G U Y W O J X F V F E T R E W A V M E B N K
M E F M L X M S K I W P S P I A K K O A I T O R F
A D I U G E S H H K Y R S P M P I K B T Y N K N X
G P Z Q V T O U T O A S E R O D H A K E O A M R A
M M R J J K C S L B A N N E P N A Z F L L G O A
R U B E H I J O O L L N O V W I E F V U J E P Y M
I M P J F B B R U K H H R T D O M I G M Y D O K N
O S N D S Y P D A P C E M B R O Q E W L P A Z O O
K R N W Z E P V B E M Y N J N I E P X W D V Q A O
P L R Y V L C Y V B O G H O L W K T V B H D S Y D
K Z I I X C L O A X D G J X H Q G A K Z T A E V G
O O H N U E R F T D A K Q V Q L B K Y Y N G M V F
I A U J L P I Y F R W D W X Z L S N L D A H Z Y D
A T O S T G D D V V N P S X Y R S T A B I G N Z W
T S N I P E V A K L S H N I T Y A L W O O N V P R
K V L A W Q J D C K B A E W I L I Z O J X M O W C
E N O B N X A I Z X J J O J X A P H A W C S W D J
L Y N D K Y I V J E L I A B S U D Q Y P B P D P Y
D V X Z Y J S A E P S L U N C I F K G G E Q I U T
P D O O S K F N J W Y Q F K X B H M N U F P U D M
P A Q R Q J A L K A A R P H F R A I P Q A K Q A O
```

Lección 8

A a) 1. **Viviste en Chicago.** 2. Hablaron inglés.
3. Aprendimos la lección. 4. Escribí las cartas.
5. Cantó en la fiesta. 6. Compramos ropa en esa
tienda. 7. Hablaste con el embajador. 8. Él
respondió rápido. 9. Comieron a las cinco. 10. Me
levanté tarde. 11. Ella estuvo en Nueva York.
12. Tuve que ir al baile de gala. 13. Supimos que
usted es amigo de Eduardo. 14. ¿Te pusiste el
sombrero antes de salir? 15. No pudieron cenar con
nosotros. 16. Elena no quiso verme. 17. Hicimos el
trabajo en casa. 18. ¿Viniste a la fiesta? 19. Estuve
con mis amigos de California. 20. Supo que Miguel es
norteamericano.

b) 1. **Ayer no pude salir de la casa.** 2. Ayer mi
novia vino a mi casa. 3. Mi padre hizo el trabajo
anoche. 4. Los niños no quisieron ponerse los
zapatos. 5. Nosotros estuvimos enfermos ayer.
6. Luis tuvo que estudiar ayer. 7. Mis amigos no
vinieron a mi casa anoche.

c) 1. **No, fui ayer.** 2. La estudiamos anoche.
3. No, terminaron ayer. 4. No, ya se levantó.
5. No, me escribieron la semana pasada. 6. Salió el
lunes pasado. 7. Vinieron ayer. 8. Ya comí.
9. Los hicimos anoche. 10. No, vino ayer.

B 1. **Juan no pudo salir temprano.** 2. Lo supimos
anoche. 3. No quise comerlo. 4. Teresa no supo la
verdad. 5. ¿No quiso ponerse la camisa? 6. No
pudo dormirse. 7. Quisimos venir a la fiesta.

C 1. went 2. was 3. were 4. Did they go
5. We were 6. We went

D a) 1. **Sí, comí algo. No, no comí nada.** 2. Sí,
estudiamos algo. No, no estudiamos nada. 3. Sí, vi a
alguien. No, no vi a nadie. 4. Sí, vendimos mucho.
No, no vendimos nada. 5. Sí, hicimos algunos viajes
a España. No, no hicimos ningún viaje a España.

b) 1. no fue tampoco. 2. vinimos tarde también.
3. se lavó las manos también. 4. no te afeitaste
tampoco. 5. se levantó temprano también.
6. no recibió dinero tampoco.

E a) 1. **No quiero que ella baile con todos en la
fiesta.** 2. No quiero que Susana salga a las cinco.
3. No quiero que Eduardo hable de sus otras amigas.
4. No quiero que Mónica y Cecilia estudien en la biblioteca. 5. No quiero que Raúl vaya al cine todos los
sábados. 6. No quiero que Esteban y Benito sean
perezosos.

b) 1. **Quiero que ella vaya de paseo.** 2. No
quieren que yo me levante temprano. 3. Quiero que

tú descanses. 4. Julio prefiere que ustedes vayan
más tarde. 5. Esperamos que Julio haga el trabajo
hoy. 6. Sentimos que vosotros no tengáis tiempo
para responder.

F 1. fuimos 2. preguntó 3. comí 4. respondí
5. salió 6. bañé 7. acosté 8. dormí

G, H, I *Individual responses.*

VOCABULARIO A 1. contento 2. mundo
3. refrán 4. único 5. principio 6. revista
7. reunión 8. viaje 9. desastre 10. humor

B 1. responder 2. algo 3. ninguno, único
4. principio 5. alguien 6. recibir 7. llorar
8. nunca 9. tragedia 10. vender

Lección 9

A a) 1. **¿A qué hora volviste?** 2. Ellos pidieron
churrascos. 3. Servimos la cena a las nueve.
4. Alejandro nunca pidió postre. 5. Luz me sirvió
churrasco. 6. ¿Se acostaron temprano ustedes?
7. Paco se divirtió en el restaurante. 8. Mis amigos
prefirieron ir a La Cabaña. 9. Jorge durmió mucho.
10. Muchos murieron en la guerra.

b) 1. No, no dormí bien anoche. 2. Nos acostamos
a las once y media anoche. 3. Murió en el año de
1975. 4. Sí, nos lo sirvieron con el churrasco.
5. Sí, lo pedí. 6. No, no volvimos antes de medianoche. 7. Me pidió un regalo. 8. Sí, me divertí.
9. Durmió nueve horas. 10. Preferí comer churrasco.

B a) 1. Les dijimos la verdad. 2. ¿Te traje las
tortillas? 3. ¿Me dio el menú? 4. Cuando
recibieron cartas las leyeron en seguida. 5. Tomás no
me creyó. 6. No oí la música bien. 7. ¿Quiénes
construyeron esas casas? 8. ¿Trajo usted comida?
9. Le di cinco dólares por ese libro. 10. ¿Qué le
dijiste a María?

b) 1. El mozo se lo trajo. 2. Sí, lo dijimos.
3. Sí, se la dimos. 4. Leí de la guerra en el periódico.
5. No, no oí nada. 6. Sí, la leyeron. 7. Sí, lo creí.
8. No, no la construí.

C a) 1. **No toqué el piano.** 2. Le entregué la
revista. 3. Comencé temprano. 4. Llegué a las
once. 5. Busqué el restaurante La Cabaña pero no lo
encontré. 6. Empecé después de la reunión.

b) 1. Yo llegué primero. 2. Empezó a las nueve de
la mañana. 3. Sí, busqué un libro de historia.
4. Sí, lo toqué en la fiesta el sábado pasado. 5. Sí,
comencé a esquiar el invierno pasado.

D a) 1. Escribe la carta. 2. Come las tortillas. 3. Habla con Martín. 4. Lee esa carta. 5. Compra unas naranjas. 6. Pide jugo de naranja. 7. Bebe esa leche. 8. Di la verdad. 9. Sal por esa puerta. 10. Pon tus libros en la mesa.

b) 1. No, no vayas con ellos. 2. No, no pidas postre. 3. No, no compres una hamburguesa. 4. No, no pongas los libros aquí. 5. No, no vengas temprano. 6. No, no comiences ahora. 7. No, no respondas a la pregunta. 8. No, no comas ahora. 9. No, no digas las razones. 10. No, no tomes nada.

c) 1. Sea simpático. 2. Sé simpático. 3. No vengas tarde. 4. Ten cuidado. 5. Diga la verdad. 6. No duerma mucho. 7. Coma todo. 8. No leas esos periódicos. 9. No vaya al cine todos los días. 10. No traiga muchos regalos.

E a) 1. Sí, dánoslo. No, no nos lo des. 2. Sí, póntelos. No, no te los pongas. 3. Sí, cómpramela. No, no me la compres. 4. Sí, dímela. No, no me la digas. 5. Sí, despiértame a las seis. No, no me despiertes a las seis. 6. Sí, cómelas. No, no las comas. 7. Sí, léemelo. No, no me lo leas.

b) 1. Aféitate antes de desayunar, Carlos. 2. Lávate las manos, Amanda. 3. No te levantes temprano. 4. No te sientes allí, por favor. 5. Dale la propina. 6. No les prestes el dinero. 7. Ponte el sombrero, Rodolfo. 8. Pruébate este vestido, Carmen. 9. No les escribas una carta esta semana. 10. Acuéstate antes de la medianoche.

F 1. pase 2. recuerde 3. presenten 4. comencemos 5. puedan 6. vengan 7. se sienten

G a) 1. No, no le di cinco dólares. 2. Sí, nos divertimos mucho anoche. 3. No vayas a la fiesta esta noche. 4. No dormí nada anoche. 5. Llegué a las ocho en punto a la clase. 6. Me desperté a las seis y media. 7. Apúrate. 8. Sí, nos acostamos muy tarde anoche.

b) 1. ¿Dónde durmió usted anoche? 2. Busqué mis libros esta mañana, pero no los encontré (no pude encontrarlos). 3. Llámala mañana. 4. No se preocupe usted, por favor. 5. No traje lápiz. Préstame uno, por favor. 6. ¿Pidió usted permiso?

H, I, J, K *Individual responses.*

VOCABULARIO 1. propina, dieta 2. chorizo, reina, sabrosa 3. jugarlo, tocarlo, tratarlo 4. ensalada, dieta 5. la tarde 6. particular 7. guerra, vez 8. medianoches, tardes 9. regañar 10. la reina

Lección 10

A a) 1. encontrábamos 2. Hablaba 3. Decían 4. Vivía 5. aprendían 6. Pasabas 7. Comprendía 8. Vivíamos 9. aprendían 10. venía 11. Aprendíamos 12. vivían 13. Hablaban 14. Comprendías 15. estaban

b) 1. me bañaba 2. vendían 3. conocíamos 4. Tomabas 5. lavaba 6. sentía 7. tocaba 8. preguntaban 9. esperaba 10. Se divertía

c) 1. Silvia vivía con su tía. 2. ¿Dónde descansaba usted cuando estaba cansado? 3. Cantábamos en la televisión. 4. ¿Qué hacías? 5. Siempre hablábamos español en casa.

B a) 1. Era 2. Íbamos 3. veía 4. Ibas 5. Eran 6. Veían 7. Veía 8. Eran 9. era, íbamos 10. veía

b) 1. Iba a los partidos de fútbol con mi papá. 2. ¿De qué color era tu casa? 3. ¿Adónde ibas? 4. Él era muy listo cuando era más joven. 5. ¿Veías un partido todos los fines de semana?

C 1. fácilmente 2. frecuentemente 3. felizmente 4. públicamente 5. solamente 6. usualmente

D 1. Eugenio no comió tanta ensalada como José. 2. Raúl sabía tanto de España como Pepe. 3. Él era tan alto como Claudia. 4. Rosa siempre estudiaba tanto como Juan. 5. Nadie dormía tanto como Jorge. 6. Tengo tanto dinero como Ricardo.

E 1. El señor Rodríguez es más feliz que su esposa. 2. Manolo tiene menos dinero que Miguel. 3. Silvia aprende más que Juana. 4. Tienen más de mil dólares. 5. Carlos parece más inteligente que Tomás. 6. Él tiene más de treinta y dos años. 7. Marcos es más rico que yo. 8. Creo que Anita es más bonita que Carmen. 9. Alicia va al cine más frecuentemente que su hermana. 10. Tus clases son más fáciles que mis clases.

F 1. El carro de Miguel es mejor que el de Manolo. 2. Estos zapatos son mejores que esos zapatos. 3. Este libro es mejor que el otro. 4. La fiesta de anoche fue mejor que esta fiesta. 5. Yo soy mayor que mi hermano. 6. Soy más pequeño que él. *or* Yo soy más bajo que él. 7. Sara es menor que su hermana.

G 1. es menos rica. es la menos rica. 2. es más fácil. es el más fácil. 3. es más alta. es la más alta. 4. es menor. es la menor. 5. Ése es peor. Aquél es el peor. 6. es mejor. es la mejor. 7. es más grande. es el más grande. 8. es más vieja. es la más vieja.

H 1. **Luisa canta mejor que yo.** 2. Pedro estudia mejor que Francisco. 3. Yo hablo español mejor que mi compañero(a). 4. Carlos juega peor que Eduardo. 5. Yo toco peor que mi primo.

I 1. **El español es importantísimo.** 2. El español es facilísimo. 3. Ella es bellísima. 4. La carne está riquísima. 5. El discurso fue interesantísimo. 6. Las camisas son blanquísimas.

J 1. **Quiero que mi novio me llame pronto.** 2. Ellos dudan que yo pueda construir la casa. 3. A él le gusta que Rosa venga. 4. Nosotros preferimos que la clase termine temprano. 5. Ella espera que nosotros volvamos pronto.

K a) 1. mayor 2. jugábamos 3. Eran 4. importantísima 5. tanto . . . como 6. más 7. el más alto 8. tan . . . como

b) 1. ¡Esa clase era muy fácil! 2. ¿Visitabas a tus abuelos cada verano? 3. No tengo tanto tiempo como tú. 4. Si tienes más de veinticinco dólares, préstame cinco. 5. Siempre hablábamos más español que inglés. 6. ¿Quién es tu mejor amigo? 7. Tengo menos de diez dólares. 8. Esta película es peor que la película de anoche.

L, M, N, O *Individual responses.*

Lección 10—*Crucigrama*

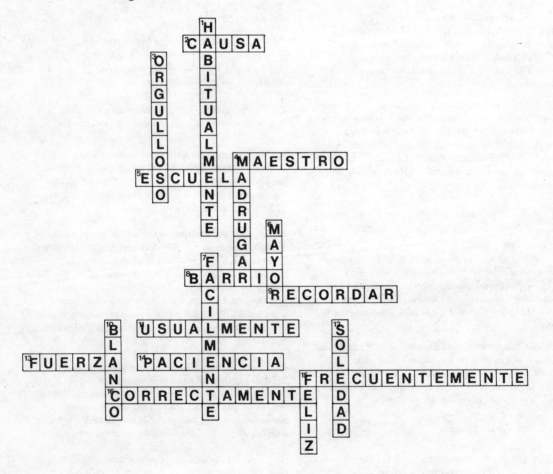

Lección 11

A a) 1. **gustó** 2. visitabas 3. vivieron
4. comías 5. ayudaba 6. hablaba 7. era
8. daban

b) 1. gustaba 2. era 3. dijo 4. iba 5. contó
6. sabía 7. jugaba 8. era

c) 1. **Ella iba a la escuela.** 2. Hablé en la reunión.
3. Íbamos al parque. 4. Dormía bien. 5. Salimos
temprano. 6. Se acostaba a las diez. 7. ¿Llovió?

B 1. ¿Qué estaba haciendo usted cuando él entró?
2. ¿Quién estaba hablando cuando ellos pasaron?
3. ¿Qué estabas leyendo cuando te llamé? 4. ¿Qué
estaban escribiendo ellas? 5. Estaba lloviendo cuando
me desperté. 6. Federico estaba bailando con Debbie
cuando Alicia lo vio.

C 1. Íbamos a la fiesta cuando comenzó a llover.
2. Venían a vernos cuando ocurrió el accidente.
3. Mario dijo que iba a venir (*or* venía) a nuestra reunión.
4. Iba a la biblioteca cuando lo vi.

D 1. Lo conocí 2. Él sabía 3. Pudimos
4. Conocías a Benito 5. Cuándo supiste 6. Quería
abrir la ventana 7. Sabías

E 1. Conociste 2. sé 3. conoció 4. Conociste
5. supimos 6. Saben

F 1. ¿Dónde se puede comprar pan? 2. ¿Por qué se
estudia en la biblioteca? 3. ¿Dónde se habla alemán?
4. ¿Se baila aquí todos los sábados? 5. ¿Cuándo se
puede jugar? 6. Dónde se prepara esa comida?
7. ¿Por dónde se sale? 8. ¿Cómo se sabe si eso es la
verdad?

G 1. **Se me rompió el lápiz.** 2. ¿Se te olvidó el
libro otra vez? 3. Sí, se me quedó en casa otra vez.
4. ¿Dónde se le cayó el dinero? 5. A mi hermano
siempre se le perdían los zapatos. 6. ¿Cómo se te
ocurrió esa idea? 7. ¿Qué se les olvidó esta mañana?

H 1. **Prefiero que Alicia vaya a la fiesta.** 2. Prefiero
que Federico baile con todas las chicas. 3. Prefiero que
los deportistas no ganen mucho dinero. 4. Prefiero que
mi compañera de cuarto me preste su abrigo.
5. Prefiero que ellos vengan a mi casa. 6. Prefiero que
mi novio me compre regalos. 7. Prefiero que ella
descanse. 8. Prefiero que mi compañero se levante
temprano. 9. Prefiero que tú perdones a todos.
10. Prefiero que vosotros respondáis a mis cartas.

I 1. bailaba . . . esperaba 2. sabía . . . murió
3. fueron 4. iba 5. se aprende 6. me levantaba

7. trajo 8. jugaba 9. olvidaron 10. estaba
hablando

J, K, L, M *Individual responses.*

VOCABULARIO 1. deportista 2. luego
3. diversión 4. ajedrez 5. abrir 6. esquí
7. campeonato 8. equipo 9. teléfono 10. olvidar
11. vaso 12. favorito 13. llamada 14. salsa
15. acabar

Lección 11—*Sopas de letras*

(A)

(B)

(C)

```
D H D G L B I Z K H N Z T V K R F X P W N L N O E
T Z B O L J Q Z P A O G X J B C T T L M W G Y O E
P O E C T D F N C H S T W Z D K R Q I V T T L H R
J R F K U G B A X V P G A B Y E I J U H A V R Z B
I Q N C U W B T Y D A E A N H K R Q S S I B U K B
B V S Z B A C M N Y D H T X O U B W X D J R Z O P
J N Q I R O T P A Y X Q S O F E Q A T R E N Z T
F V Q D C P T V L W I Y I O X V P R V S X Y P N J
E N E A N K J G J J V B T Q W R C M F B T S J T X
D R W V P E B X U O X V R G U Z J A X J J Q M J
A J E D R E Z K U E K V O K A O Q U O C Q J W B A
S D O W K M P P I Q A D P J B V K C O G Q G J F Q
V A S O Z U J E C U S U E C F A V O R I T O S Q M
C M K D E F Q T T I Y H D N A W Z X K X B A L W E
V N N R Q H T O N P B O J H Z W F R O V L R J D
M P V M V Z K E F O W B Y H B O F F D S S L E F B
L U E G O H Z E A B Z Q H Q L S N H A C E A S K D
I M H L P N H C F I G K M W X D L O H Z W M Q J Z
M N T E O I X U Y P C O Y K V W X S F B C A U P U
X Y T E O Z B L H U U N X F H N U P H E Z D I Z B
L D P S X G E D D A O E Y X F G F Q V E L A U M H
S R J P P N I U V J I R Q L S G W J U F O E E C F
U Q B M Z G T X V T E D U N O I S R E V I D T C E
D D L H E G G E H V J I A O U C S Z W L M Y C G Z
Q Q R P O E Q N Q D L D I G Q S Y G F T W B B F J
```

Lección 12

A   1. **cantará**   2. se probará   3. irás   4. responderán   5. Pedirán   6. enseñará   7. volverán   8. traerá   9. sugerirán   10. Me afeitaré

B   1. **Vendrá el profesor**   2. Sabrá   3. Podremos   4. Saldrá   5. Tendrá   6. Pondrá   7. haré   8. tendrás   9. valdrá   10. habrá

C   1. **¿Tendrá sed Mario?**   2. ¿Será él la persona que vimos?   3. ¿Dónde estará mi compañero(a) de cuarto?   4. ¿Qué estará haciendo Elena esta noche? *or* ¿Qué hará Elena esta noche?   5. ¿Qué estarán comiendo?

D   1. **Le escribo mañana.**   2. Viene a mi casa esta noche.   3. Te hablamos después (más tarde).   4. Me da los papeles mañana.   5. Nos dicen la semana próxima.

E   1. **¿Vengo ahora?**   2. ¿Estudiamos esta noche?   3. ¿Bailamos?   4. ¿Nos acompañas?   5. ¿Compro el broche o el collar?

F   1. **Esta**   2. Estas   3. este   4. Estos   5. esta   6. Aquellas   7. Aquel   8. Esos   9. esta

G a)   1. **No, prefiero éstos.**   2. No, prefiero éste.   3. No, prefiero ésta.   4. No, prefiero éstos.   5. No, prefiero éstas.

b)   1. **Aquél me gusta más.**   2. Aquéllos me gustan más.   3. Aquél me gusta más.

c)   1. **Me interesa más ése.**   2. Me interesa más ésa.

d)   1. Éste   2. Aquéllos   3. Eso   4. Aquéllas   5. ése

H 1. ¿Dónde se venden buenas joyas? 2. ¿Dónde se escribieron estos libros? 3. Las puertas se abrieron a las nueve. 4. ¿Cómo se recibió el consejo? 5. No se venden camisas aquí. 6. Mi abrigo se encontró en el parque. 7. Se jugarán dos partidos mañana.

I 1. **sino** 2. sino que 3. pero 4. pero 5. sino que 6. pero 7. sino 8. pero 9. sino 10. pero

J 1. Te hablamos después (más tarde). 2. ¿Qué hora será? 3. ¿Compro este broche? 4. No queremos regresar (volver) mañana, pero regresaremos (volveremos). 5. Esté collar es bonito (*or* lindo) pero ése es más bonito (*or* lindo). 6. ¿Cómo se baila la salsa? 7. Las puertas se cerraron a las siete. 8. No me gustan estos anillos, sino aquéllos.

K, L, M, N *Individual responses.*

VOCABULARIO 1. signo 2. compras 3. carnicería 4. bastante 5. farmacia 6. champú 7. recuerdos 8. joyería 9. barata 10. sastrería 11. ofertas 12. consejos 13. librería 14. rumbo 15. vendedor

Lección 13

A a) 1. **Sería** 2. Compraría 3. visitaría 4. Dormirías 5. Vivirían 6. Comerían 7. Hablaría 8. Conocería 9. Tocaría 10. Traería 11. Entraríamos

b) 1. **Dijo . . . volvería** 2. Dijo . . . estaría 3. Prometiste . . . hablarías 4. Dije . . . ganaríamos 5. dijo . . . cantaría 6. dije . . . llevaría 7. indicó . . . nevaría 8. dijo . . . conocería

c) 1. **Tendría que preguntarle a mi papá.** 2. No tendría su paciencia. 3. No dirías esas cosas otra vez. 4. Estos aretes valdrían más en los Estados Unidos. 5. Dijo que habría una fiesta para mi cumpleaños. 6. Él diría todo.

B 1. **Podría** 2. pasaría 3. prestarías 4. pediría 5. deberían 6. pasarías 7. podrían

C 1. **No sé, serían las doce cuando volvió.** 2. No sé, estaría en España. 3. No sé, moriría en el siglo pasado.

4. No sé, sería el embajador. 5. No sé, serían las siete y media cuando comenzó. 6. No sé, estaría en el autobús 7. No sé, sería el gordo. 8. No sé, vendrían para jugar. 9. No sé, comenzaría a la una. 10. No sé, iría a casa. 11. No sé, compraría un regalo para su novia. 12. No sé, sería estudiante de otra universidad.

D a) 1. Hace varios meses que hablamos español. *or* **Hablamos español desde hace varios meses.** 2. Hace tres años que enseña el profesor. *or* Enseña español desde hace tres años. 3. Hace dos días que no le escribo a mi novio(a). *or* No le escribo desde hace dos días. 4. Hace tres horas que trabajo con estas preguntas. *or* Trabajo con estas preguntas desde hace tres horas. 5. Hace mucho tiempo que no vemos un campeonato de ajedrez. *or* No vemos un campeonato de ajedrez desde hace mucho tiempo. 6. Hace diez minutos que estoy esperando aquí. *or* Estoy esperando aquí desde hace diez minutos.

b) 1. Hace diez semanas que empezó el semestre. *or* **Empezó el semestre hace diez semanas.** 2. Hace una hora y media que comenzó la película. *or* La película comenzó hace una hora y media. 3. Hace dos días o más que salió el artículo en el periódico. *or* El artículo salió en el periódico hace dos días o más. 4. Hace una semana que recibí la carta. *or* Recibí la carta hace una semana. 5. Hace treinta años que se casaron mis padres. *or* Mis padres se casaron hace treinta años.

E a) 1. **para** 2. para 3. por 4. para 5. por 6. por 7. por 8. por 9. Para 10. para 11. por 12. para 13. por 14. por 15. para

b) 1. **Creía que él me llamaría para las ocho.** 2. ¿Cuánto pagaste por esos boletos (*or* billetes). 3. Por lo menos no tenemos que buscar un hotel. 4. Trabaja para la compañía de mi tío. 5. Por ahora, estamos bien. 6. Vine a la universidad para estudiar medicina. 7. Mañana por la tarde saldremos para Mazatlán. 8. ¿Hay una lavandería por aquí?

F 1. Espero que alguien me llame esta noche. 2. Mis compañeros(as) de cuarto quieren que yo prepare la cena. 3. Dudo que me ayuden. 4. Le diré a Miguel que coma con nosotros. 5. Dicen que quieren que lo invite.

G 1. vendría 2. nos vemos 3. debe *or* debería 4. serían 5. conocí 6. vendería 7. Estaría 8. gustaría 9. está 10. escogería

H, I, J, K *Individual responses.*

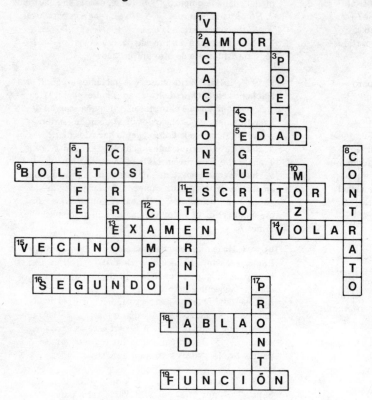

Lección 14

A   1. **salido**   2. eliminado   3. respondido
4. congelado   5. divertido   6. creído   7. hecho
8. escrito   9. dicho   10. muerto

B a)   1. **Sí, han estudiado.**   2. Sí, se lo han dicho.
3. Sí, ha cantado con ese grupo.   4. Sí, ha traído abrigo.
5. Sí, los han visitado.   6. Sí, ha vuelto a casa.   7. Sí,
hemos pagado la cuenta.

b)   1. **No, porque ya me he afeitado.**   2. No, porque
ya nos ha visitado.   3. No, porque ya he ido.   4. No,
porque ya la (lo) he llamado.   5. No, porque ya nos ha
escrito.   6. No, porque ya ha habido fiesta.   7. No,
porque ya la he abierto.

C   1. **Dijo que había tenido un choque.**   2. Dijo que
no había visto a Ramón.   3. Dijeron que habían
destrozado sus carros.   4. Dije que no había oído del

accidente.   5. Dijo que había tomado un montón de
pastillas.   6. Dijeron que le habían traído un regalo a
Ramón.

D   1. **habría ido al tablao.**   2. habríamos ido por
avión.   3. habrían ganado el partido.   4. habría
comprado varios recuerdos.   5. me habría puesto ese
vestido elegante.

E   1. **habré llegado.**   2. habrán vuelto.   3. me
habré levantado.   4. lo habremos gastado todo.
5. le habré dicho todo.

F   1. **La puerta está abierta.**   2. Pareces cansado.
3. Está acostado ahora.   4. Están sentadas en mi oficina
(*or* despacho).   5. ¡Esos zapatos no están lustrados!

G   1. están   2. estuvieron   3. será   4. es

5. está   6. está   7. estás   8. ¿Es   9. ¿Está
10. fue

H a)   1. **Fue publicado por la compañía de mi tío.**
2. Fue descubierta por Cristóbal Colón.   3. Fue
comprado por Susana y sus amigos.   4. Fue escrito por
mi tía.   5. Fueron construídas por el señor Lozano.
6. Fue organizada por Ramón.

b)   1. estoy   2. está   3. fue   4. está   5. fue
6. estaban

I   1. **Sí, es una amiga mía.**   2. Sí, es un amigo suyo.
3. Sí, son amigos nuestros.   4. Sí, es profesora suya.
5. Sí, es compañero suyo.   6. Sí, son profesores
nuestros.   7. Sí, son hermanos suyos.   8. Sí, son
amigas nuestras.

J a)   1. **el tuyo**   2. los míos   3. suya   4. la
nuestra   5. los suyos   6. el mío   7. Los tuyos

b)   1. **los míos, los suyos**   2. las mías, las suyas
3. el mío, el suyo   4. el tuyo, el mío   5. el mío, el
suyo

c)   1. **El del señor Torres**   2. las de ellas   3. Los de
mamá   4. las del joven   5. el de ustedes

K   1. conocido   2. había   3. Habría   4. Es
5. fueron   6. las mías   7. están

L, M, N,O *Individual responses.*

VOCABULARIO   1. consultorio   2. deprimidos
3. cama   4. muela   5. nervioso   6. socorro
7. joven   8. industrioso   9. choque   10. descubrir
11. inyección   12. débil   13. acera   14. cita
15. sano

Lección 15

A a)   1. **traiga**   2. se apuren   3. dé
4. acompañe   5. esperen   6. haga   7. visite
8. vaya   9. pague   10. conozcas

b)   1. **salga**   2. haga   3. traduzca   4. vaya
5. sea   6. conozca   7. dé

B a)   1. **volvamos**   2. cierre   3. puedan
4. entiendan   5. siga

b)   1. **cierren**   2. entendamos   3. duerma
4. perdamos   5. vuelvas   6. sienta   7. sigamos
8. pidan

C a)   1. **Nosotros pedimos que Rafael venga mañana.**
2. Yo quiero que mi novia me compre un regalo para la
Navidad.   3. Julio quiere que vayamos al partido de
fútbol.   4. Todos preferimos que haya fiesta en la clase.
5. Mi compañero espera que limpie mi cuarto.   6. Pido
que alguien me preste una pluma.   7. Ramón necesita
que lo llevemos a la farmacia.   8. Dígales que nos
presten unos libros.   9. Siento que no puedas
acompañarme.   10. Piden que no lo hagamos.   11. A
Pablo le piden que juegue un partido de ajedrez.
12. Yo prefiero que salgamos primero para Sevilla.
13. El médico se alegra de que no sintamos la inyección.

b)   1. **No, Elena quiere que ustedes miren la televisión.**
2. No, Héctor prefiere que los otros vayan al partido.
3. No, el profesor quiere que nosotros sepamos las
instrucciones.   4. No, mamá insiste en que yo tome las
pastillas.   5. No, prefiero que usted prepare la cena.

D   1. **Ojalá que Roberto me preste sus zapatos
marrones.**   2. Ojalá que ellos compren la casa amarilla.
3. Ojalá que él me dé una flor rosada.   4. Ojalá que
ella nos venda el carro dorado.   5. Ojalá que le guste la
camisa azul.

E   1. **Quiero bailar.**   2. Quiero que usted baile.
3. Quiero que usted me compre unos zapatos rojos.
4. Quiero comprarle una camisa blanca.   5. Esperamos
ir con usted al partido de fútbol.   6. Esperamos que
usted vaya al cine con nosotros.   7. Él siente que ella
no pueda salir con él.   8. Ella también siente no poder
salir con él.   9. Queremos cantar en el programa.
10. Quieren que cantemos en el programa.

F a)   1. **puedan**   2. ayude   3. viene   4. van
5. sepan   6. sale   7. tengan   8. doy   9. conteste

b)   1. **toquen**   2. hablar   3. comprendas
4. estudiar   5. estudies   6. lleguemos   7. terminen
8. podamos   9. esté   10. descansemos   11. tener

G   1. **vuelven**   2. son   3. puede   4. permita
5. podamos   6. venga   7. ganemos   8. Hay
9. acompañamos   10. celebran *or* celebren

H   1. pierdan   2. pienso   3. acompañe   4. venga
5. compre   6. cierran   7. haya   8. traten   9. está
10. comer

I, J, K, L *Individual responses.*

VOCABULARIO   1. pez   2. prohibir   3. estricto
4. tal vez   5. regla   6. bocado   7. participar
8. necesario   9. regresar   10. clásico

Lección 16

A a) 1. **tenga**   2. sepa   3. son   4. sea
5. hable   6. toque   7. esquían   8. quiere
9. acompañe   10. parece

b)   1. Busco a alguien que me pueda ayudar.   2. Mi
compañero de cuarto dice que prefiere a alguien que no
ronque.   3. Inés quiere conocer un chico que aprecie la
música clásica.   4. ¿Tienes un amigo que siempre te
pide dinero?

B 1. **Roberto vaya al concierto con nosotros.**
2. Juana escuche la música de los mariachis.   3. me
vendan ese carro.   4. mi novio esté muy enfermo.
5. me dé los discos.

C 1. **sea**   2. puede   3. somos   4. vean
5. tengo   6. decidan   7. quiera   8. hay
9. perdamos   10. vengan

D 1. **Que Pepe lo haga.**   2. Que Pedro cierre las
ventanas.   3. Que José e Inés traigan los discos.
4. Que Juan nos diga.   5. Que venga Raúl.   6. Que
ellos compren los boletos.   7. Que toquen los
mariachis.   8. Que prepare la cena tu compañero(a) de
cuarto.   9. Que nos visiten ellos.   10. Que María
decida.

E 1. **comamos**   2. Sentémonos   3. vamos.
4. no juguemos con ellos.   5. no nos quedemos aquí.
6. Abrámoslo ahora.   7. Hagámoslo a las siete.
8. vistámonos en trajes de gala.

F 1. **pedí**   2. preguntar   3. Pídales   4. Pregúntele
5. preguntó   6. pidieron   7. pediremos
8. Pregúnteles   9. pide

G 1. ¡Vámonos ahora!   2. ronque   3. preguntó
4. publiquen   5. lleguemos   6. toca la guitarra
7. sea   8. se siente   9. hablemos   10. insista

H, I, J, K *Individual responses.*

VOCABULARIO   1. palacio   2. artista   3. melodía
4. enérgico   5. generoso   6. mariachis   7. canción
8. pasivo   9. mentir   10. evidente   11. bello
12. compasión   13. lengua   14. abogado
15. cocinar

Lección 16—*Sopas de letras*

(A)

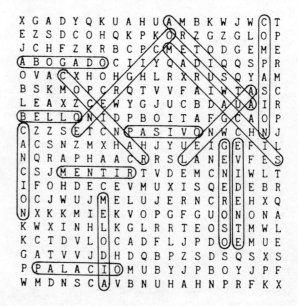

(B)

(C)

```
D O T C N W F O Y O U B O N M J I R O N X T L C P
X P C O Z O I F D G X F M W I Z N J G B Y V R A A
N R A C N U J M W V M O Q Y O H V Q I M D O L I P
J Z F I E T N E D I V E S K F U F J S O U A J G S
R G P G X Q R I E Z W C G M T M Z Q E P C U B Z B
L C G R J J K I K A G R K Z N N U X A I S X W G G
W J K E Q F L N E V I L J I W J L S O K M U T E O
C E G N R X B K H A N S A R J B I M S L E A N I U
G M F E A F Y K K B J M O A D V P I C T N E M G H
T M O G M L X R Z A S Q N N O N T L M W R F S L N
G A C O P E X T Z C Z K I S W O Y K O N Q C T N
T J J L G Z N Y K L E V C J I U I S Z B F E D D
Z I A L Y D C T G W Y Y G O X R H O C V P O G X O
F A V E I K O C I U H A P C T M S C Y N A G V U W
X D Q B B O M J N R A O K S H L P Y A J A G W S F
O K X D Q I P L O P V W E S I G N A D I C M S Y
Z H V R T S A T M D Q Q K W X T R S U W R R B X K
H H A R T I S T A E A I G F Z Q C V M O B A Q D G
N U T P K Q I A I T L G H X Q R K D F L X P M B X
E R L H H N O P A Y Q O O H F K U Z B T T L C J Y
O K L M P N N S M X V G D B Z M Y H X G T J Y R P
L A I I I S B X Q O S L Y I A M P W H L O Z R C A
Y Q U O H H Z S W V S R V P A I Z Y Z S Y W G H B
W K K D P R J D F U Z B B B D U O S F E B P O F F R
P A Z L I T N M V P M G U M S O S O D O P K C C H
```

Lección 17

A a) 1. **vaya yo** 2. escribas 3. tengas 4. sepan
5. haya 6. tengamos 7. haya

b) 1. **antes (de) que** 2. con tal (de) que 3. a
menos que 4. en caso (de) que 5. para que 6. sin
que 7. cuando 8. hasta que 9. aunque
10. mientras (que) 11. tan pronto como *or* en cuanto
12. después (de) que

c) 1. **salimos** 2. estén 3. vengan 4. termine
5. sepa 6. tienen 7. cueste 8. llegue 9. puedan
10. comemos 11. hace

d) 1. Traeré la comida con tal que tú traigas el regalo.
2. Tengo que hablarle cuando llegue. 3. ¿Cómo
comprarás el regalo sin que ella lo sepa? 4. Cuando
está cansada, no le gusta ir a fiestas. 5. Estamos
celebrando (Tenemos) esta despedida para que nos
recuerdes. 6. Mientras estés en España, tendrás que
probar el queso gallego. 7. Antes que te demos este
regalo, tienes que hablar. 8. Después que lleguemos a
casa, ¿qué harás? 9. Escríbenos tan pronto como
llegues a casa. 10. Usualmente escribo tan pronto
como puedo después de un viaje.

B a) 1. **terminar** 2. salir *or* irnos 3. esperar

b) 1. **Al entrar** 2. Al tomar 3. Al terminar (*or*
acabar)

c) 1. **Espero poder visitar Santiago de Compostela.**
2. Me gusta ir a fiestas. 3. Quiero aprender las
costumbres antes de ir. 4. Prefiero comer más tarde.

d) 1. **No podremos divertirnos sin que todos bailen y
canten.** 2. Él no quiere salir hasta que yo salude a
todos. 3. Iremos a la fiesta para que tú te despidas de
nosotros. 4. Quieren comer antes (de) que él salga.
5. Espero que usted pueda ir.

C 1. vemos 2. brindar 3. invites 4. os acordéis
5. me despida 6. correr 7. te canses 8. continuar
9. verlos 10. pagues todo

D, E, F, G *Individual responses.*

VOCABULARIO a) 1. exactamente 2. despedirse
3. magnífico 4. rotundamente 5. en cuanto
6. derecho 7. hostal 8. posiblemente

b) 1. acordarse 2. felicidad 3. cansarse
4. saludar 5. lejos 6. muchísimo 7. antes (de)
que 8. continuar

Lección 18

A a) 1. **hablaran** 2. decidiera 3. vendieras
4. pensaras 5. viviéramos 6. cerrara 7. escribiera
8. fuéramos 9. estuviéramos 10. diera
11. tuviéramos 12. fueran 13. vinieras
14. supiera 15. dijerais

b) 1. **buscáramos** 2. comieras 3. volviera
4. comprara 5. trajeras 6. hiciéramos 7. tocaran
8. recordáramos 9. fueras 10. fueran 11. se
cansara 12. pudieran

B a) 1. **se casara** 2. acompañara 3. viniéramos
4. fuera 5. pudiera

b) 1. **Quería que te probaras este vestido.** 2. Dudaba
que usted pudiera entender esto. 3. Le pedí que se
levantara más temprano. 4. No querían que saliéramos
después de las once. 5. Quería que conocieras a mi tía.
6. Era imposible que uno se durmiera aquí. 7. Romero
quería que Julieta le contestara en seguida.

c) 1. **tuviera** 2. fue 3. sabían 4. pudiéramos
5. estuvieran

d) 1. **Quería que él (ella) se acostara.** 2. Quería que
no me preocupara. 3. Quería que me invitaran a la
fiesta. 4. Quería que habláramos español en la clase.
5. Quería que le diera consejos.

e) 1. Dudaba que se casara con Romero. 2. Nos
alegrábamos de que hablaran francamente (or abiertamente). 3. Su tía le sugirió que no dejara su carrera.
4. Julieta le dijo que esperara. 5. Te dije que no se
casaría con él. 6. Era evidente que no le gustó su
respuesta.

C a) 1. **Ojalá que Romero me llame esta noche.**
2. Ojalá que puedas venir a nuestra fiesta. 3. Ojalá que
todos se diviertan. 4. Ojalá que no llueva esta noche.
5. Ojalá que haya mucha gente allí.

b) 1. **Ojalá que viniera Sonia a la fiesta.** 2. Ojalá que
hubiera tiempo para invitar a Timoteo y a Roberta.
3. Ojalá que pudiera llevar el vestido de mi compañera.
4. Ojalá que Alfredo y Luis supieran de la fiesta.
5. Ojalá tuviera tiempo.

D a) 1. **fuera** 2. quisiera 3. se llamara
4. supiera 5. pudiera

b) 1. **sabía** 2. fuera 3. conociera 4. tradujo
5. hizo

E a) 1. **acompañara.** 2. pudieran 3. tuviera
4. gustara 5. comprara

b) 1. **llegaron** 2. abrió 3. llamara 4. trajeron
5. viniera 6. se despidieron 7. se vistieran
8. me levantaba

F a)

	Present indicative		Imperfect	
	usted	nosotros	usted	nosotros
hablar	habla	hablamos	hablaba	hablábamos
recibir	recibe	recibimos	recibía	recibíamos
decir	dice	decimos	decía	decíamos
entender	entiende	entendemos	entendía	entendíamos
aprender	aprende	aprendemos	aprendía	aprendíamos
pedir	pide	pedimos	pedía	pedíamos
ir	va	vamos	iba	íbamos
hacer	hace	hacemos	hacía	hacíamos
dormir	duerme	dormimos	dormía	dormíamos
poder	puede	podemos	podía	podíamos

	Preterit		
	usted	nosotros	ustedes
hablar	habló	hablamos	hablaron
recibir	recibió	recibimos	recibieron
decir	dijo	dijimos	dijeron
entender	entendió	entendimos	entendieron
aprender	aprendió	aprendimos	aprendieron
pedir	pidió	pedimos	pidieron
ir	fue	fuimos	fueron
hacer	hizo	hicimos	hicieron
dormir	durmió	dormimos	durmieron
poder	pudo	pudimos	pudieron

	Present subjunctive		Imperfect subjunctive	
	usted	nosotros	usted	nosotros
hablar	hable	hablemos	hablara	habláramos
recibir	reciba	recibamos	recibiera	recibiéramos
decir	diga	digamos	dijera	dijéramos
entender	entienda	entendamos	entendiera	entendiéramos
aprender	aprenda	aprendamos	aprendiera	aprendiéramos
pedir	pida	pidamos	pidiera	pidiéramos
ir	vaya	vayamos	fuera	fuéramos
hacer	haga	hagamos	hiciera	hiciéramos
dormir	duerma	durmamos	durmiera	durmiéramos
poder	pueda	podamos	pudiera	pudiéramos

b) 1. Ojalá que vinieras con nosotros. 2. Salimos
antes (de) que (él) llegara. 3. Buscaba a alguien que
lo ayudara. 4. Le dije que no lo ayudaría a menos que
estudiara por (en) la noche también. 5. Me dijo que
fuera a la biblioteca a las siete.

G, H, I, J *Individual responses.*

VOCABULARIO 1. versos . . . románticos
2. secreto 3. refresco 4. casamiento 5. teme

6. etapas   7. fregar . . . pisos (or platos)   8. respuesta
9. ejército   10. ocupada

Lección 19

A a)   1. **Si tuviera dinero, iría.**   2. Si hiciera viento, no me pondría el sombrero.   3. Si estudiáramos, podríamos sacar buenas notas.   4. Si te acostaras temprano, no tendrías sueño.   5. Llegarías tarde si no te apuraras.   6. Si durmiera, me sentiría mejor. 7. Sufriría de alergia si no fuera al médico. 8. Tendríamos que participar en el programa si nos quedáramos.

b)   1. **Si no estoy cansado, estudio más.**   2. Si estoy en casa, me llama.   3. Recibo permiso, si lo pido. 4. Si el cura viene, es mejor.   5. Si vivimos en Chichicastenango, podemos aprender quiché.

c)   1. **Si tuviera frío, me pondría el abrigo.** 2. Aprenderíamos más, si leyéramos más libros.   3. Iría si pudiera.   4. Si tuviera tiempo, terminaría el trabajo esta noche.   5. Si fuera posible, lo haría también. 6. Mis amigos trabajarían si les pagáramos más.   7. Si fueras a Chichicastenango, ¿qué te gustaría ver?   8. Me quedaría en casa si supiera que ibas a venir (or venías).

B   1. **Habla como si fuera el jefe.**   2. Gritan como si no pudiera oír.   3. Corre como si estuviera cansada. 4. Mi hermano habla como si le gustara su trabajo. 5. Trabajan como si estuvieran enfermos.   6. Es como si quisiera irse (or salir).   7. Es como si no me conociera.

C   1. **¿Podría usted ayudarme? ¿Pudiera usted ayudarme?**   2. ¿Podrían ustedes venderlo? ¿Pudieran ustedes venderlo?   3. Usted debería trabajar. Usted debiera trabajar.   4. Ellos deberían vender el carro. Ellos debieran vender el carro.   5. ¿Querría usted pagarme? ¿Quisiera usted pagarme?   6. ¿Querrían ustedes ir a Chichicastenango? ¿Quisieran ustedes ir a Chichicastenango?

D a)   1. **Tomás prefiere que sus compañeros preparen la comida.**   2. Tomás prefiere que usted venga temprano.   3. Tomás prefiere que nosotros hagamos los deberes.   4. Tomás prefiere que Alicia le traiga un regalo.   5. Tomás prefiere que todos le digan la verdad.

b)   1. **Carmen se alegraba de que Rafael viniera a visitarla.**   2. Carmen se alegraba de que hubiera personas que tocaban la marimba.   3. Carmen se alegraba de que Eduardo y Francisca se despidieran de ella.   4. Carmen se alegraba de que todos pudieran venir

a la fiesta.   5. Carmen se alegraba de que sus mejores amigos se casaran.

E   1. **viva**   2. vino   3. pudiera   4. diera 5. sabía   6. conozca

F   1. **Voy antes que mi compañero regrese.**   2. Ellos vendrán con tal que ustedes vengan.   3. Anoche ella salió sin que nadie la viera.   4. Mañana me levantaré (levanto) tan pronto como usted me llame.   5. Yo me despido de ellos esta tarde después de terminar mi trabajo. 6. Él no baila a menos que tú toques la guitarra.

G   1. Si vas, ¿me traes un regalo?   2. Se viste como si tuviera mucho dinero.   3. ¿Te gustaría ir al teatro conmigo?   4. Sabía que no tenían tiempo de terminar. 5. Temíamos que no se casaran.   6. Ojalá que me dé un libro que pueda leer.   7. ¿Conociste al sacerdote que los casó?   8. Nos dijo que nos llamaría tan pronto como regresara.   9. Me bañaba tan pronto como me levantaba.   10. Si no fueras estudiante ahora, ¿dónde te gustaría estar?   11. Me trata como si fuera niña (or niño).   12. Deberías hablar con un médico acerca de eso.

H, I, J, K *Individual responses.*

VOCABULARIO   1. encargado   2. sacerdote 3. autorizado   4. iglesia   5. contrario   6. bellísimo 7. templo   8. guatemalteco   9. pecado 10. indígena   11. suficiente   12. bautizar 13. probreza   14. antiguo   15. período

Lección 19—*Sopas de letras*

(A)

```
I P F Y B B E L L I S I M O I
V O A S I Q F O U Y C Z D W X
I B N A U T O R I Z A D O H S
D R S N H B Z C C T K R U N A
C E Z U U U A R S O C E O N U C
O N A F Y X K K C K J T A S E R
N T P I I L Z N Q U Q Z N T N D
T R E C G U A T E M A L T E C O
R A C I I N D I G E N A I M A T
A R A E I G L E S I A G G P R E
I I D N P E R I O D O X U L G H
O O T B A U T I Z A R O O A D D
W J E E T N V S Q S F G E D B
I Q L U E T Y N F S T T M O J
```

(B)

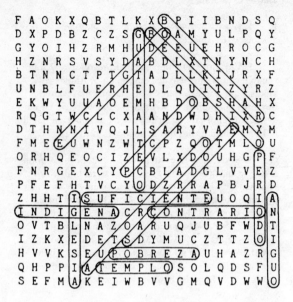

```
F A O K X Q B T L K X B P I I B N D S Q
D X P D B Z C Z S G E O A M Y U L P Q Y
G Y O I H Z R M H U D E E U E H R O C G
H Z N R S V S Y D A B D L X T N Y N C H
B T N N C T P T G T A D L L K I J R X F
U N B L F U E R H E D L Q U I T Z Y R Z
E K W Y U U A O E M H B D O B S H A H X
R Q G T W C L C X A A N D W D H I X R C
D T H N N I V Q J L S A R Y V A E M X M
F M E E U W N Z W T C P Z Q O T M L O U
O R H Q E O C I Z E V L X D O U H G P F
F N R G E X C Y P C B L A D G L V V E Z
P F E F H T V C Y O D Z R R A P B J R D
Z H H T I S U F I C I E N T E U O Q I A
I N D I G E N A C R C O N T R A R I O N
O V T B L N A Z O A R U Q J U B F W D T
I Z K X E D E T S D Y M U C Z T T Z O I
H V V K S E U P O B R E Z A U H A Z R G
Q H P P I A T E M P L O S O L Q D S F U
S E F M A K E I W B V V G M Q V D W H
```

(C)

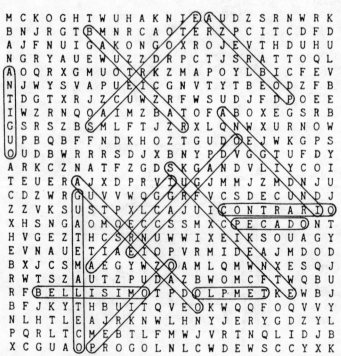

```
M C K O G H T W U H A K N I E A U D Z S R N W R K
B N J R G T B M N R C A O T E R Z P C I T C D F D
A J F N U I G A K O N G O X R O J E V T H D U H U
N G R Y A U E W U Z Z D R P C T J S R A T T O Q L
A O Q R X G M U O T R K Z M A P O Y L B I C F E V
N J W Y S V A P U E I C G N V T Y T B E O D Z F B
T D G T X R J Z C U W Z R F W S U D J F D P O E E
I W Z R N Q O A I M Z B A T O F A B O X E G S R B
G S R S Z B S M L F T J Z R X L O N W X U R N O W
U P B Q B F F N D K H O Z T G U D O E J W K G P S
O U D B W R R R S D J X B N Y P D V G G T U F D Y
A R K C Z N A T F Z G D S K G A N D V L I Y C O I
T E U E R A J X D P R V I U G J M M J Z M D N J U
C D Z W R G U V V W Q G G R F V C S D E C U N D J
Z Z V K S U S T P X L C A J U I C O N T R A R I O
X H S N G A O M O E C C S S M X C P E C A D O N T
H V G E Z T H C S R N U W I X E I K S O U A G Y
E V N A U E T I A E I O P V R M I D E A J M D O D
B X J C S M A E G Y W Z O A M L Q M W N X E S Q J
R W T S Z A U T Z P U D A Z B W O M C F T W Q B U
R F B E L L I S I M O T P D O L P M E T K E W B J
B F J K Y T H B U I T Q V E O K W Q Q F O Q V V Y
N L H T L E A J R K N W L H N Y J E R Y G D Z Y L
P Q R L T C M E B T L F M W J V R T N Q L I D J B
X C G U A O P R O G O L N L C W D E W S C C Y X K
```

Lección 20

A 1. **hayan regresado.** 2. haya gustado
3. hayamos confesado 4. hayan venido 5. hayan
salido 6. haya aprendido 7. hayáis defendido

B 1. Por favor, díganos tan pronto como haya
terminado. 2. Me alegro de que esté de acuerdo.
3. ¿Es posible que podamos regresar (*or* volver) a la
isla? 4. ¿Es posible que hayan regresado? 5. Ojalá
que le haya gustado su discurso. 6. Ojalá que le guste
su discurso

C 1. **Era increíble que no me hubieran creído.** 2. Yo
esperaba que hubieran salido sin problema. 3. Yo
dudaba que le hubiera hablado al señor Sánchez.
4. Ellos no creían que no hubiéramos tenido derechos.
5. Era una lástima que no hubiera trabajado. 6. Me
sorprendió que Marcela hubiera salido sin hablar conmigo.
7. Yo no habría creído que a Juan Carlos le hubiera
gustado el discurso.

D 1. Si hubiéramos llegado más temprano, habríamos
escuchado todo el discurso. 2. Hablaste como si no
lo hubieras visto antes. 3. Sentimos que no hubieras
venido antes de que saliéramos (*or* nos fuéramos).
4. Si nos hubieras invitado, **habríamos** estado ahí.

5. Ojalá que hubiéramos salido (*or* nos hubiéramos ido)
más temprano.

E 1. **¡Qué pelo más (tan) rojo!** 2. ¡Qué discursos
más (tan) fantásticos! 3. ¡Qué candidato más (tan)
popular! 4. ¡Qué isla más (tan) bonita! 5. ¡Qué
ilusiones más (tan) increíbles!

F 1. **vinieran! vinieron!** 2. no hubiera muchas
personas en la reunión! no había muchas personas en la
reunión! 3. hayan regresado a la isla! han regresado
a la isla! 4. no hubieran llegado a tiempo! no
habían llegado a tiempo! 5. se casen! se casan!

G 1. Lo importante es tener paciencia. 2. Dime lo
que dijo. 3. Lo que es mío, es tuyo. 4. Lo triste es
que ahora no le gusta su trabajo. 5. Lo que oíste es
verdad. 6. Lo más urgente es aprender el idioma.

H 1. lo que 2. hayas venido 3. hayas podido
4. puedan 5. estuvieras 6. se hubieran casado
7. lo que 8. hubiera preparado 9. lo suyo . . . lo
mío.

I, J, K, L *Individual responses.*

Lección 20—*Crucigrama*

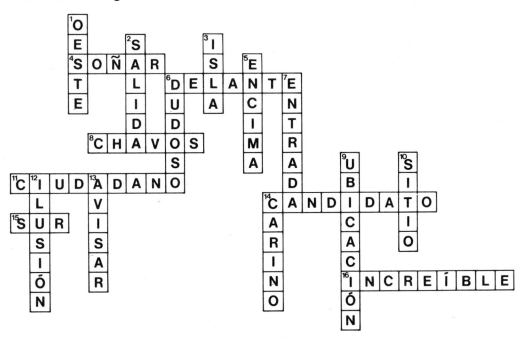

Translations and Instructional Vocabulary

LECCIÓN PRELIMINAR

Instructional vocabulary

Diálogo   *Dialog*
Lección preliminar   *Preliminary lesson*
Perspectiva   *Perspective; preview*

LECCIÓN 1

Dialog: Hi! How are you?

ANITA   Hi! How are you?
SUSANA   Me? (I?) Just fine. (Perfectly.) And at home?
ANITA   Everybody's fine. Where's Miguel?
SUSANA   He's in class.
ANITA   Okay. See you tomorrow. (Until tomorrow.) Regards to your family.
SUSANA   Yes, thanks. Remember, my house is your house.

•

MIGUEL   Memo! How's it going?
MEMO   Fine, thanks. And you?
MIGUEL   So-so. (More or less.) I'm tired.
MEMO   Miguel, this is Alicia. (I present you to Alicia.)
MIGUEL   Glad to meet you. (Much pleasure.)
ALICIA   It's a pleasure. (Charmed.)
MEMO   Well, good-bye. See you tomorrow.

•

LUIS   Good morning, professor. How are you?
PROFESSOR   Very well, young man. What's your name? (How do you call yourself?)
LUIS   My name is Luis.
PROFESSOR   It's a pleasure. (Much pleasure.)
LUIS   Excuse me (With permission), sir.
PROFESSOR   Of course. Go ahead. See you later. (Until later.)

Instructional vocabulary

Actividad en parejas   *Activity in pairs*
Afirmativo   *Affirmative*
¿Cómo se llama?   *What is your name? (How do you call yourself?)*
El tiempo presente del verbo **estar**   *The present tense of the verb* **estar**
Gramática   *Grammar*
La formación de frases negativas   *Forming negative sentences*
La formación de preguntas   *Forming questions*
La pronunciación   *Pronunciation*
Los artículos definidos   *Definite articles*
Los pronombres usados como sujetos   *Subject pronouns*
Negativo   *Negative*
Notas cuturales   *Cultural Notes*
Otras variaciones del diálogo   *Other variations of the dialog*
Pregúntele a . . .   *Ask a question of . . .*
Preguntas personales   *Personalized questions*
Saludos formales   *Formal greetings*
Saludos informales   *Informal greetings*
Te presento a . . .   *(May) I present you to . . .*
Uso de los pronombres   *Use of pronouns*
Variaciones del diálogo   *Variations of the dialog*
Vocabulario útil   *Useful vocabulary*

LECCIÓN 2

Dialog: What are you studying?

JOAQUÍN   Hi, Isabel! You're studying French, right?
ISABEL   Yes, I read and speak a little. Dad is French.
JOAQUÍN   Then you understand two languages.
ISABEL   Yes, more or less.
JOAQUÍN   Where do you live?
ISABEL   Well, now I live here in this dormitory.

| JOAQUÍN | Oh, yeah? How are your roommates? |
| ISABEL | They're very intelligent girls and likeable (nice), too. |

•

DANIEL	Hi! I'm Daniel Martínez, and you?
DOLORES	My name is Dolores.
DANIEL	Glad to meet you. You're not an American, right? Where are you from?
DOLORES	I'm not from the United States. I'm from Chile.
DANIEL	Oh, Chilean, huh? What are you studying? Difficult subjects?
DOLORES	English and German and medicine.
DANIEL	You're studying medicine? Wow, doctor! I congratulate you.
DOLORES	Thanks. You're very kind.
DANIEL	So are you.

Instructional vocabulary

Actividades en grupos de cuatro   *Activities in groups of four*
Breves conversaciones   *Brief conversations*
El artículo indefinido   *The indefinite article*
El tiempo presente de verbos regulares   *The present tense of regular verbs*
Los adjetivos   *Adjectives*
Los adjetivos demostrativos   *Demonstrative adjectives*
Los adjetivos usados como sustantivos   *Adjectives used as nouns*
Los verbos en español—terminología   *Spanish verbs—terminology*
Preguntas sobre el diálogo   *Questions about the dialog*
Usos de **ser** y **estar**   *Uses of* **ser** *and* **estar**

LECCIÓN 3

Dialog: How many brothers and sisters do you have?

José María and Ricardo are downtown. They see a sign that says:
Sunday the 10th—Mother's Day
A house where there is no woman is not a home.

RICARDO	Hey, José! Tomorrow is Mother's Day.
JOSÉ MARÍA	Is it possible? I have to get (look for) a gift for my mother.
RICARDO	Me too. My mom works all the time (day and night).

JOSÉ MARÍA	There are a lot of people in your family, right?
RICARDO	I have one brother and three sisters. In addition, my grandmother, my aunt, and my cousins are at home.
JOSÉ MARÍA	It's a big family.
RICARDO	Man, you'd better believe it! (I believe it!)

Luisa and her friend Hortensia live in Montevideo, the capital of Uruguay. Luisa intends to go downtown. She goes by for (looks for) Hortensia to see if she wants to go downtown, too.

HORTENSIA	Hi, Luisa! Where are you going?
LUISA	I'm going downtown. Do you want to go?
HORTENSIA	When, now? I prefer to go tomorrow.
LUISA	I have to go right now. I'm going to take the twenty-five (bus route).
HORTENSIA	Well, I'll go with you. But what's the matter?
LUISA	I'm very worried about my little brother, Beto.
HORTENSIA	Why? Is your brother still sick?
LUISA	He is a little better. I have to buy some medicine.
HORTENSIA	I understand. Here comes the bus. Let's go.

Cultural notes: Mother, family, and surnames

The mother's role. In Hispanic countries the mother's role is very important. As the proverb says, "A house where there is no woman is not a home."

The father usually works many hours and is not at home during the day. If there are many persons in the family, the mother has to work day and night. She takes care of the children and manages the household (the administration of the house).

Mother's Day among Hispanics is a very special day—a day of intense emotion, celebration, and love.

The Hispanic family. In Spain and in Hispanic America the family is the basis of social life. There are informal meetings and also parties for all the family. Almost every Sunday the married children go to visit and often to eat in their parents' house.

Generally, children show much respect for their parents and grandparents. When they speak with them they use the form **usted**, which is more formal than **tú**.

A GRANDSON: Hello, Grandmother, how are you (formal)?

GRANDMOTHER: Very well, thanks, and you (familiar)?

Parents use **tú** with their children. Children use **usted** with them.

MOM: Do you (familiar) want to go, Luis?

LUIS: Yes, I'm coming (going) with you (formal).

Surnames

Luis	Juana María
Martínez Cornejo	Sarmiento de Martínez
HER DAD	HER MOM

Luisa Martínez Sarmiento

This young woman is named Luisa. Her complete legal name is Luisa Martínez Sarmiento. Martínez is the surname of her dad and Sarmiento is the surname of her mom. She has two surnames.

Instructional vocabulary

Contracción, **a + el** ⟶ **al**   *Contraction, a + el* ⟶ **al**

El uso de **hay**   *Use of* **hay**

Forme frases completas   *Make complete sentences*

La **a** de persona   *Personal* **a**

Los números cardinales   *The cardinal numbers*

Posesión   *Possession*

Tener que más infinitivo   **Tener que** *plus an infinitive*

Verbos que cambian en la raíz (**e-ie**)   *Stem-changing verbs* (**e** *to* **ie**)

LECCIÓN 4

Dialog: What's your major?

Several groups of students are on the campus of the National Autonomous University of Mexico (UNAM). They are talking about the classes they have this semester.

FELIPE   Hi, Ricardo. How are you? Are your classes difficult or easy this semester?

RICARDO   Difficult. Math, history, and chemistry.

FELIPE   Why do you ask for such difficult subjects?

RICARDO   Because I need them for my career.

FELIPE   What careeer are you pursuing?

RICARDO   I want to be an engineer.

FELIPE   That's great.

•

MIGUEL   When are you going to take a French class with me?

ALBERTO   I can't this semester. I'm going to study German.

MIGUEL   Yes, you're going to study it because María is studying it.

ALBERTO   You're jealous, right?

MIGUEL   Could be. I don't know her, but they say she's really smart.

ALBERTO   Smart, too?

•

OLIVIA   Do you know what time your classes start?

DOLORES   I think they begin at eight o'clock every day.

OLIVIA   But if you sleep until nine . . .

DOLORES   I know. What time is it now?

OLIVIA   It's already 10:00 P.M. Where are you going?

DOLORES   I'm going to get a newspaper. I'll be right back (I'll return at once). I want to listen to music and watch a television program.

Instructional vocabulary

Conocer o **saber**   **Conocer** *or* **saber**

Días de la semana   *Days of the week*

Expresiones de la hora   *Time expressions*

La hora   *The time*

Los pronombres usados como complementos directos   *Pronouns used as direct objects*

Resumen de palabras interrogativas   *Review of question words*

PRIMER REPASO

Instructional vocabulary

Adjetivos de nacionalidad   *Adjectives of nationality*

Concordancia de adjetivos y sustantivos *Agreement of adjectives and nouns*
Formando preguntas *Forming questions*
Primer repaso *First review*

LECCIÓN 5

Dialog: Do you like snow?

On the Aerolíneas Peruanas plane which is arriving in New York from Lima, Jim, a passenger, is speaking with Gloria and Anabel, stewardesses.

JIM   What do you think of New York's winter? I like snow.
GLORIA   I personally prefer the climate of Peru.
JIM   Because it's warm and there's a lot of sunshine there, right?
GLORIA   Well, at this moment there are flowers and butterflies in Lima.
JIM   Many people like snow for skiing.
GLORIA   I don't. In Peru there's snow, too, but only in the Andes mountain range.
JIM   In New York it's very cold in December. I suggest a heavy overcoat.
GLORIA   Thanks. As they say in my country, face bad weather with a smile.

Gloria and Anabel are waiting for the bus outside the airport. The bus arrives and Jim leaves.

ANABEL   With this wind I'm terribly cold. I think I've already caught a cold.
GLORIA   As the American says, you need a heavier overcoat.
ANABEL   Yes, that's right, but I don't have another coat.
GLORIA   There's no problem. I'll lend you one.
ANABEL   Thanks. In the United States they think they have everything. Well, they do lack one thing.
GLORIA   Yes, a pleasant climate, right?
ANABEL   No—interesting men! Here, they only want to talk to you about the weather.

Instructional vocabulary

Construcciones de complementos indirectos con **gustar, parecer** y **faltar** *Indirect object constructions with **gustar, parecer,** and **faltar***
Expresiones con **tener** *Expressions with **tener***
La fecha *The date*
La temperatura *The temperature*
Las estaciones del año *Seasons of the year*
Los meses *The months*

LECCIÓN 6

Dialog: How nice it is to rest!

JORGE   Alfredo, are you ready? It's time to leave for the wedding!
ALFREDO   I'm just leaving. I'm getting up immediately.
JORGE   Are you resting? Don't you realize you're getting married in two hours?
ALFREDO   That's exactly why I need a good nap. How beautiful it is to rest!
JORGE   You have to get dressed and shine your shoes.
ALFREDO   I'll do all that quickly. First I'm going to bathe and then put on that elegant suit.
JORGE   And after you get dressed you're going to read the newspaper, right?
ALFREDO   Easy! Easy! There's time for everything.

•

JORGE   By the way, I have (am bringing here) the ring for your bride. Shall I give it to you now?
ALFREDO   No, you can give it to me later. I don't want to lose it.
JORGE   You're right. I'll give it to you in the church. Poor Julia. She doesn't know that her future husband is lazy and forgetful, too.
ALFREDO   You're going to die young, Jorge. You don't have to worry so much.
JORGE   I'm very sorry. After you get married you'll sing another tune.
ALFREDO   No sir, Julia and I agree. One has to enjoy life. How beautiful it is to rest!
JORGE   Well, let's go, young man. If you don't hurry, you're not going to enjoy life nor your wedding either.

Instructional vocabulary

Algunos verbos irregulares con la primera persona en **-go** *Some irregular verbs with the first person ending in **-go***
El presente con el gerundio *The present progressive*
La construcción reflexiva *The reflexive construction*

La formación del gerundio   *Formation of the present participle*

Los complementos directos e indirectos usados en secuencia   *The direct and indirect object pronouns in sequence*

Posición de pronombres reflexivos y complementos con el gerundio   *Position of the reflexive and object pronouns with the present participle.*

Verbos con significado distinto en el reflexivo   *Verbs with a different meaning in the reflexive*

LECCIÓN 7

Dialog: Let's go to the New Year's Dance

The young people are getting ready (prepare) to go to the formal dance in the Ambassador Club. Elena goes to the house of the dressmaker to pick up a new dress made to order.

ELENA   May I (come in)?

TERESA   Of course. Come in and sit down.

ELENA   Excuse me for bothering you (Pardon the bother) at mealtime.

TERESA   Don't worry (about it), I'll bring you the dress.

ELENA   I want to try it on. Is that all right?

TERESA   Yes, of course. Put it on. I hope you like it.

ELENA   How beautiful. And in the latest style. I am going to wear it to the dance tonight.

TERESA   With that dress you'll create a sensation. It fits you very well.

ELENA   It's also for my saint's day. Mom insists that I not wear jeans and sandals that day.

Juan and Samuel are in their dorm dressing in tuxedos.

JUAN   With that tuxedo you are very elegant, Samuel.

SAMUEL   Thanks, but you know what they say about the monkey.

JUAN   No, really, you are very elegant.

SAMUEL   Elegant, perhaps, but without shoes. I doubt they will let me enter the dance this way.

JUAN   No problem. We wear the same size and I have two pairs.

SAMUEL   Can you loan them to me?

JUAN   Of course. I'll give them to you right away.

SAMUEL   You're a great friend. Thank you very much.

JUAN   Don't mention it.

Instructional vocabulary

El modo subjuntivo   *The subjunctive mood*

El presente de subjuntivo de algunos verbos irregulares   *The present subjunctive of some irregular verbs*

El subjuntivo en cláusulas sustantivas   *The subjunctive in noun clauses*

Expresiones de cortesía   *Expressions of courtesy*

Formas imperativas de **usted** y **ustedes**   *Usted and **ustedes** command forms*

Mandatos   *Command forms*

LECCIÓN 8

Dialog: Boom, she dumped me!

Eduardo and Luis are students at the Polytechnic Institute in Monterrey, Mexico.

EDUARDO   Wow! Am I sleepy!

LUIS   What happened last night? Were you partying?

EDUARDO   No. Last night was a disaster and today I had to get up at five.

LUIS   I spoke with Pablo and found out that you finally finished the article for the student magazine.

EDUARDO   Yes, I finally managed (was able) to finish it but I didn't study at all.

LUIS   I didn't study either. By the way, last night we didn't see you at the meeting of the Student Council. What did you do?

•

EDUARDO   I was with Elena. First we went to a show and then I took her for a walk in the park.

LUIS   Man, how interesting!

EDUARDO   At first, yes; afterwards she began talking about my other girlfriends.

LUIS   What did you respond to her?

EDUARDO   That I like all girls...blondes... brunettes...but that she is the only one.

LUIS   And how did she answer you?

EDUARDO   Boom, she dumped me. She never wants to see me again.

LUIS   Go on! How jealous! And did you become upset because of that?

EDUARDO   It wasn't the world's greatest tragedy. As the proverb says: Cry only a little and look for another.

Instructional vocabulary

Algunos verbos irregulares en el pretérito *Some verbs that are irregular in the preterit*
Los negativos **tampoco, nunca, nada** *The negatives **tampoco, nunca, nada***
Más práctica *More practice*
Uso del pretérito *Use of the preterit*

LECCIÓN 9

Dialog: What delicious steaks!

ANITA Hi, Carmen. What's new?
CARMEN Nothing special. Did you have fun last night?
ANITA Sweetie, you can't even imagine! We had dinner in the most famous restaurant in Buenos Aires.
CARMEN Well, tell me everything. You went out with Raúl again, right?
ANITA Yes. His parents took us to dinner at La Cabaña.

•

CARMEN You don't say! You weren't alone, then?
ANITA No, we were with his parents for the first time. They treated me like a queen.
CARMEN I suppose you ate very well. What did you order?
ANITA Boy! What delicious steaks! Did you ever go to La Cabaña?
CARMEN Yes, and I liked it very much. I ate some cannelloni that I really liked (delighted me).
[Cannelloni are an Italian and Argentine delicacy— pasta stuffed with cheese and/or meat and covered with cream or tomato sauce.]

•

ANITA What we liked very much also were the desserts they served. And what a selection of wines, right?
CARMEN Yes. Did you try them?
ANITA Yes, I did. Raúl's father drank a lot and his wife scolded him.
CARMEN So you returned home early?
ANITA Yes, I arrived before midnight and went to bed at once. And today I went on a diet.
CARMEN You on a diet! Impossible!

La Cabaña Menú

Fiambre surtido *Assorted cold cuts*
Salpicón de ave *Chopped chicken appetizer*
Jamón con melón *Ham with melon*
Sopa de verduras *Vegetable soup*
Ensalada mixta *Mixed salad*
Ensalada rusa *Russian salad*
Arroz con atún y mayonesa *Rice with tuna and mayonaise*

Merluza al horno *Baked whitefish (hake)*
Langosta *Lobster*
Langostino *Crayfish*
Fiesta de mariscos *Mixed seafood platter*
Trucha asada *Baked trout*

Bife de lomo *(Roast) loin of beef*
Bife a caballo *Steak with fried eggs*
Chorizos *Sausages*
Filet mignon *Filet mignon*
Chateaubriand *Tenderloin steak*
Chuletas de cordero *Lamb chops*
Churrascos *Barbecued steaks*
Lechón asado *Roast suckling pig*
Parrillada mixta *Mixed barbecue*
Pollo al horno *Baked chicken*
Chivito a la parrilla *Barbecued baby goat*
Canelones *Stuffed pasta*
Lengua a la vinagreta *Tongue with vinegar sauce*

Puré de papas *Mashed potatoes*
Papas fritas *French fries*
Papas rebosadas *Stuffed potatoes*

Flan *Baked custard with caramel*
Fruta de la estación *Fruit of the season*
Queso surtido *Assorted cheeses*
Dulce de membrillo *Quince preserves*
Budín *Pudding*
Manzana asada *Baked apple*
Dulce de batata *Sweet-potato preserves*
Dulce de leche *(Sweet thick milk dessert)*

Café *Coffee*
Té *tea*

Instructional vocabulary

Cambios ortográficos en el pretérito de verbos en **-car, -gar,** y **-zar** *Spelling changes in the preterit of verbs ending in **-car, -gar,** and **-zar***
En una investigación que hizo la policía algunos trataron de defenderse *In a police investigation some of those involved try to cover up their actions*
Formas del imperativo de **tú** ***Tú**-command forms*
La colocación de complementos con el imperativo *Placement of object pronouns with commands*

LECCIÓN 10

Dialog: Long live la Raza!

SILVIA   So it's important that we learn English, right?

JUANA   Very important. It's the only way to survive here in Los Angeles.

SILVIA   Nevertheless there are sections where they speak more Spanish than English.

JUANA   English is as important as Spanish if you want to pursue a career here.

●

SILVIA   When we lived in Mexico I studied (used to study) English. Unfortunately I don't remember anything now.

JUANA   On the border I had to learn it by force. When I began school as a child I didn't know a word (not even one word) of English.

SILVIA   What? The teachers didn't speak Spanish?

JUANA   How ridiculous (What a hope!) We couldn't speak Spanish. They punished us if we spoke Spanish. It was the worst year of my life.

●

SILVIA   I was happy in school. Besides, on weekends there was always a party at the home of my grandparents.

JUANA   There was a lot of discrimination in my school. I used to study as much as the others but I didn't learn much because of the language.

SILVIA   It seems you had more patience than I. How could you endure those conditions?

JUANA   I wanted to learn and decided to take advantage of the opportunity at an early age. The Lord helps those who help themselves.

SILVIA   There is a long way to go (still much is lacking) to eliminate prejudices. But I am proud of being a Mexican.

JUANA   And I am proud of being a Chicana. Long live **la Raza!**

Instructional vocabulary

Comparaciones de desigualdad   *Comparisons of inequality*

Comparaciones de igualdad   *Comparisons of equality*

El pasado imperfecto   *The imperfect* (a past tense)

El superlativo absoluto   *The absolute superlative*

El superlativo de adjetivos   *The superlative of adjectives*

La formación de adverbios en **-mente**   *Formation of adverbs ending in* **-mente**

LECCIÓN 11

Dialog: The king of sports

Debbie is a North American who is studying at the University of Bogotá. She is talking on the telephone with her friend Alicia about Federico, a famous Chilean athlete, who has just arrived in Bogotá.

DEBBIE   Hello.

ALICIA   Hi, Debbie. This is Alicia. How are you?

DEBBIE   Just fine, Alicia. I was waiting for your call. What happened?

ALICIA   I was going to call you, but I forgot. I wanted to tell you that Federico already arrived.

DEBBIE   Isn't he the great athlete you spoke to me about?

ALICIA   Yes, they say (it is said that) he's the best soccer player in Chile. His team won the championship.

DEBBIE   I thought that the Chileans were only fans of skiing and polo.

ALICIA   Well, as you know, in South America soccer is the king of sports.

●

DEBBIE   And Federico. What's he like? Fun?

ALICIA   You'll see him. He's a sharp guy. Last night he was telling us that now he prefers other amusements.

DEBBIE   For example?

ALICIA   Now he likes dancing better. Variety is the spice of life.

●

DEBBIE   By the way, did you have fun last night?

ALICIA   Yes, a lot. We were dancing when Federico came.

DEBBIE   And what did you do?

ALICIA   We danced a salsa and then Federico taught us some wonderful steps.

DEBBIE   Oh, the Latins! How they dance!

ALICIA   Yes, but there's nobody like Federico (that Federico is of those who don't exist).

DEBBIE   It appears so. I want you to introduce him to me.

ALICIA   I'll introduce him to you tonight.

Instructional vocabulary

Diferencias entre el pretérito y el imperfecto *Differences between the preterit and the imperfect.*
El pasado progresivo con el imperfecto de **estar** *The past progressive with the imperfect of* **estar**
Se reflexivo como sujeto impersonal *Reflexive* **se** *as an impersonal subject*
Se reflexivo en acciones inesperadas *Reflexive* **se** *in unexpected occurrences*

LECCIÓN 12

Dialog: It's a bargain!

Mario and Cecilia are from Colombia. They are touring with a group of university students bound for Lima. Before returning to Bogotá they will spend two days in the capital.

MARIO   How long (until when) will you insist on buying souvenirs, Cecilia?
CECILIA   I will go shopping and I don't care about the time (time is not important to me). For those whose sign is Scorpio, tomorrow is a very lucky day.
MARIO   Can it be true what the horoscope says?
CECILIA   You'll see. It always gives me good advice.

The following day in downtown Lima.

CECILIA   They say (It is said) that here in Lima there are some very fine pieces of gold jewelry.
MARIO   They may be very fine but they'll cost you a mint (an eye of your face).
CECILIA   That we shall see. Look, this jewelry store is advertising a big sale. Shall we go in?

•

CLERK   Good morning. What can we do for you (How can I serve you)?
CECILIA   We want you to show us some gold necklaces and brooches.
CLERK   Of course! I will bring you a selection.
CECILIA   Do you like this brooch, Mario?
MARIO   Yes, it's beautiful. And that one! But I like that gold chain more.
CECILIA   How much can this one be, miss?
CLERK   That brooch is always sold for two thousand soles. Today we'll let you have it for fifteen hundred.
MARIO   Cecilia, that doesn't seem expensive to me but rather quite cheap (inexpensive).

CECILIA   I'll take it, miss. It's a bargain!

Instructional vocabulary

El futuro *The future* (tense)
El futuro para expresar probabilidad *The future used to express probability.*
El presente con significado futuro *The present tense with future meaning*
El presente en español con significado de *shall* o *will* *Spanish present tense for* shall *or* will
El reflexivo como equivalente de la voz pasiva *The reflexive as an equivalent of the passive voice*
Las conjunciones **pero** y **sino** *The conjunctions* **pero** *and* **sino**
Los adjetivos demostrativos *Demonstrative adjectives*

LECCIÓN 13

Dialog: Madrid at night!

Fernando and Arturo, young representatives of Petróleos Venezolanos, are from Maracaibo. They are in Madrid with their boss to negotiate a contract. Miguel and Manolo, young Spaniards who work for the government, invited them to the Café Gijón on the Avenida Castellana to have coffee.

MIGUEL   Psssssst! Waiter, three with milk and one black (a short one). What time did you finish working last night?
FERNANDO   I imagine it was eleven o'clock.
ARTURO   This afternoon we made a lot of progress.
FERNANDO   That's right. For such a complicated matter that's not bad.
ARTURO   The minister said that by tomorrow he would sign the contract.
MIGUEL   In that case you would leave soon for Venezuela, wouldn't you?
FERNANDO   Yes, perhaps this week.

•

MANOLO   Please! We have been talking about contracts for six hours. Wouldn't it be good to get acquainted with night life in Madrid (Madrid by night)?
FERNANDO   Man! A good idea! Could you recommend to us (advise us of) a good movie?
ARTURO   I would like to see something more typical of Spain.

MANOLO	Of course! The **Tablao Flamenco** at the Canasteros would be stupendous!
MIGUEL	We could go see a García Lorca play. [Federico García Lorca, 20th-century Spanish dramatist and poet.]

•

FERNANDO	That's it! First, the García Lorca play. Then we'll go by the Canasteros to see the **Tablao**.
MIGUEL	In that way everyone would be satisfied: Spanish culture to please the Venezuelans and the flamenco spectacle for Manolo.
MANOLO	Don't do it just for me. And begging your pardon, flamenco is not a spectacle. It's more of a rite. (Rather, it's a rite.)

Instructional vocabulary

El condicional   *The conditional* (tense)
El condicional en peticiones corteses   *The conditional in softened requests*
El condicional para probabilidad en el pasado   *The conditional for probability in the past*

LECCIÓN 14

Dialog: Help!

Ramón has had a collision with a taxi which has injured him. He is lying on the sidewalk in front of the Banco Comercial de México.

RAMÓN	Help! Help! please call an ambulance, a doctor, the police, or the National Health office.
PEDESTRIAN[1]	Calm yourself, young man. Don't move. In just a few minutes the ambulance will have arrived.
RAMÓN	My knee really hurts! And my arm is bleeding. I wonder where the crazy taxi driver is who ran into me?
PEDESTRIAN	There he comes.

•

TAXI DRIVER	Why don't you learn how to drive? I arrived at the corner first.
RAMÓN	Look at what has become of my

[1] Passer-by; A pedestrian who is passing by.

car. (Notice how my car has remained.)

TAXI DRIVER	Mine is worse. You have destroyed it!

In the hospital. David and Susana have gone to the hospital to visit their friend Ramón.

DAVID	Do you feel better now?
RAMÓN	Just a little weak. They have given me a pile of pills.
DAVID	What did you do to yourself, man?
SUSANA	Yes, what happened to you?
RAMÓN	I had left work. I was going down Paseo de la Reforma and an idiot who didn't see where he was going smashed me against the wall of a building.
DAVID	I would have beat him up.
RAMÓN	Everything will turn out in the end.

Instructional vocabulary

Adjetivos posesivos—formas enfáticas   *Stressed possessive adjectives*
El futuro perfecto   *The future perfect*
El participio pasado   *The past participle*
El pluscuamperfecto   *The pluperfect (past-perfect) tense*
El potencial compuesto   *The conditional perfect*
El pretérito perfecto   *The present-perfect tense*
La voz pasiva   *The passive voice*

LECCIÓN 15

Dialog: I hope you win the gold (medal)!

Julio and Lisa are athletes from Caracas. Jim is from San Francisco. All of them play tennis and are participating in the Pan American Games in Caracas.

JIM	Julio, congratulations on the game today. It was great!
JULIO	Thanks. I believe you won too, didn't you?
JIM	Yes. I was very lucky.
LISA	That's the way we like it. I hope you win the gold!
JIM	I doubt that it will be possible. We'll see.

•

JULIO	And the spectators . . . , how are they treating you?
JIM	Much better this year. At least you don't hear the famous "Yankee go home."
JULIO	I'm glad they are receiving you so well. They finally know that the small fish

doesn't eat the big one.

JIM   What do they want us to do?

LISA   They don't like you to be so rich and powerful.

•

JULIO   Jim, Lisa and I are going to celebrate a little tonight.

LISA   Yes, and we hope that you will accompany us.

JIM   Oh, you are very nice. But our coach has very strict rules.

JULIO   Ours too. He forbids us to smoke and to drink alcohol.

LISA   And he prefers that we not go out on a spree (go on a binge).

JIM   Good enough. It's better that we don't get in late. (It's not suitable that we return late.)

JULIO   Agreed. We are just going to eat a bite and have a couple of Cokes.

Instructional vocabulary

El subjuntivo o el indicativo en la cláusula sustantiva   *The subjunctive or the indicative in noun clauses*

LECCIÓN 16

Dialog: What happy music!

Inés and Juana have three tickets for the concert of the National Symphony of Mexico in the Palace of Fine Arts. They are looking for another person to accompany them to the concert.

JUANA   Don't you have a friend who will go with us to the concert, Inés?

INÉS   But it has to be someone who appreciates classical music.

JUANA   How about if we invite Pedro?

INÉS   I don't know if he would like a concert that is not rock 'n' roll.

JUANA   Let him decide. Let's invite him.

At the concert.

INÉS   How beautiful! I love the music of Carlos Chávez.

JUANA   Me, too. Do you like it Pedro?

PEDRO   Frankly, I prefer music that has more rhythm and melody.

INÉS   Like what, for example?

PEDRO   After the concert I will take you to hear another kind of music.

JUANA   In a question of tastes, to each his own (every madman with his theme).

In Tenampa [a square in Mexico City].

PEDRO   Well, what are you going to order, ladies?

JUANA   Have them bring us some little chicken tacos, nothing else.

INÉS   Is it possible for them to serve us a little wine, too?

PEDRO   Yes, why not? Oh, that's a rhythm that makes one want to dance.

JUANA   What happy music! It makes me want to shout. Uyy! Ahhh!

INÉS   Have them play more. There's nothing that compares with the mariachis.

Instructional vocabulary

El presente de subjuntivo con el imperativo de primera persona plural   *Present subjunctive for the* let's-*command*

El presente de subjuntivo en mandatos indirectos   *The present subjunctive in indirect commands*

El uso del subjuntivo con expresiones impersonales   *The use of the subjunctive with impersonal expressions*

LECCIÓN 17

Dialog: Santiago and at 'em!

Christine Robson has been the United States consul in Santiago de Compostela for two years. Tonight her friends have organized a farewell party for her in the Hostal de los Reyes Católicos. [The Catholic Kings. Ferdinand of Aragón and Isabel of Castilla married in 1469. They were able to unite Spain, drive out the Moors, and establish Catholicism as the state religion of Spain.]

CHRISTINE   How nice it is to be with good friends in this magnificent place!

FRANCISCO   Even though you may be (Though you be) far away, you will always remember Galicia and Spain. After some more arrive we will begin the dinner.

RAÚL   I am going to take pictures so you will have some souvenirs. Is that all right?

CHRISTINE   Yes, agreed, provided I don't come out alone in the picture. Perhaps afterward, when everyone is in place, will be better.

•

EVELINA   Don't forget. As soon as you arrive in Washington you are going to write us.
CHRISTINE   As soon as I know the new address I will send it to you. And I want all of you to visit me without my sending you a written invitation.

•

FRANCISCO   I toast the guest of honor. And so that you don't forget us we have brought you these bottles of happiness.
CHRISTINE   Thank you very much. The wine from Santiago will make me remember my (the) good friends of Galicia.
RAÚL   How about these Galician cheeses? How are you going to get them through customs without the customs officials knowing it?
CHRISTINE   I will take them with me even though I may have to pay the customs duties.
FRANCISCO   And don't forget the patron saint of Galicia.
CHRISTINE   Yes. Santiago and at 'em!

Instructional vocabulary

El subjuntivo en la cláusula adverbial   *The subjunctive in adverbial clauses*

LECCIÓN 18

Dialog: Romero proposes . . .and?

JULIETA   It was urgent that I come to speak with you this morning, Aunt Celestia. Last night Romero proposed.
AUNT CELESTIA   I'm pleased that you've come. Sit down and tell me about it.
JULIETA   Well, Romero asked me to marry him and I believe it's serious.
AUNT CELESTIA   I suspected something like that. I hope you have more luck than I.

JULIETA   Well, I didn't believe Romero loved me like that. You should have seen how he recited romantic verses to me!
AUNT CELESTIA   I never doubted that he was completely in love with you. Well, how did you respond?
JULIETA   I told him to give me a few days to think about it. I am very young and I am afraid of a domineering husband who thinks he is superior in everything.

•

AUNT CELESTIA   Equality is a great thing. In my house I always demanded that the boys, like the girls, wash dishes and scrub floors.
JULIETA   Oh, another thing, Aunt. Last night Romero suggested that I give up my career and just be his wife and the mother of his children. I couldn't believe it.
AUNT CELESTIA   That pleases some women. There's my friend , Felipa, who happily lived her whole life with her husband and an army of children.
JULIETA   This is complicated. I have to have a long chat with Romero. Thanks, Aunt Celestia.

Instructional vocabulary

El imperfecto de subjuntivo   *The imperfect subjunctive*

LECCIÓN 19

Dialog: A trip to Chichicastenango

Mark is spending the summer at the University of San Carlos in Guatemala. This weekend he is with a Guatemalan friend in Chichicastenango. They are eating lunch in the Mayan Inn. Marimba music is playing.

MARK   This really is living. They treat us as though we were millionaires.
TOMÁS   Yes, on the other hand the Indians here live in misery.
MARK   If my parents didn't send me a check every month, I would live in poverty too.

TOMÁS	Quit joking. There is no comparison.
MARK	I know. Did you notice that among themselves the Indians only speak Quiché?
TOMÁS	Yes, here it's as if the Spaniards didn't exist.
MARK	Don't forget those beautiful Catholic cathedrals of the colonial period that we saw.

In the plaza Mark and Tomás talk with a Catholic priest.

TOMÁS	How is the work of the Church going here among the Indians?
PRIEST	Well, if there were more priests we could do more. There's a lot to do.
MARK	It looks like there is very little Spanish influence here.
PRIEST	On the contrary. Spain has left her religion, her language, and her architecture.
MARK	But in the ceremonies of the Church it's as though the Indians had accepted Catholicism without leaving their former religious customs.
PRIEST	In that aspect there is progress, too. More and more, the Indians are being baptized and married in the Church.

LECCIÓN 20

Dialog: Wake up, Puerto Rican, and defend what's yours!

Luis and Juan Carlos are in a political meeting in Harlem [a section of New York City]. They are listening to a speech with a group of young Puerto Ricans. The candidate Jorge Sánchez is speaking.

JORGE	. . . and I'm glad that all of you have been here tonight. I only ask that you not forget our slogan, "Wake up, Puerto Rican, and defend what is yours!"
JUAN CARLOS	What a fantastic speech!
LUIS	Agreed (I agree). The good thing is that, as citizens of the United States, we Puerto Ricans have the right to our culture and our language.
JUAN CARLOS	That's fine, but what good do rights do me if there is no work?
LUIS	Right. It's a shame that you haven't gotten a job yet.
JUAN CARLOS	Tomorrow is another day. Right now I have a date with my fiancée.
LUIS	You're going to defend what's yours, right?
JUAN CARLOS	No, go look for mine (my girlfriend).

Later at Marcela's home.

JUAN CARLOS	Hi, my love! How are you?
MARCELA	Fine, honey. How happy I am to see you!
JUAN CARLOS	Me too. I dreamed about you last night.
MARCELA	Oh, really? What happened?
JUAN CARLOS	Well, we had gotten some money together, we got married, and we went to live in Cuba, the island of your dreams.
MARCELA	That really was a dream.
JUAN CARLOS	When I woke up, I was sorry that it had been a dream and not real life.

Instructional vocabulary

El artículo neutro **lo**   *The neuter article* **lo**
Exclamaciones con **qué**   *Exclamations with* **qué**
Formación del pluscuamperfecto de subjuntivo   *Formation of the past-perfect subjunctive*
Formación del pretérito perfecto de subjuntivo   *Formation of the present-perfect subjunctive*

QUINTO REPASO

Instructional vocabulary

El subjuntivo o el indicativo en cláusulas subordinadas   *The subjunctive or the indicative in subordinate clauses* (i.e., noun, adjective, or adverbial clauses)

English-Spanish Vocabulary

This vocabulary includes equivalents for the vocabulary of the textbook. The following abbreviations are used in the definitions:

adj	adjective	*fpl*	feminine plural	*obj of prep*	object of preposition
adv	adverb	*ind obj*	indirect object	*pl*	plural
astr	astrology	*inf*	infinitive	*prep*	preposition
conj	conjunction	*m*	masculine	*pron*	pronoun
dir obj	direct object	*m,f*	both genders	*subj*	subject
f	feminine	*mpl*	masculine plural		

A

a un, una
abide by atenerse a
ability habilidad *f*
able: to be able poder
about alrededor de, acerca de
above arriba
absolute absoluto
absolutely absolutamente, rotundamente
absurd absurdo
academy colegio
accelerated acelerado
accent acento
accept aceptar
acceptance aceptación *f*
accessible accesible
accident accidente *m*
accidental inesperado
accompaniment acompañamiento
accompany acompañar
accomplish lograr
accord acuerdo
according to según
account: on account of a causa de
accountant contador, -dora
accounting contabilidad *f*

accustomed: to be accustomed acostumbrar; **to be accustomed to (do something)** soler *(+ inf)*
ache dolor *m*
acquaintance conocido,a
act actuar
action acción *f*
activity actividad *f*
adapt adaptar
add añadir
address dirección *f*
adjective adjetivo
adjust arreglar
administration adminstración *f*
admire admirar
adopt adoptar
adore adorar
advancement adelanto
advantage provecho, ventaja; **take advantage of** aprovechar
adverb adverbio
adverse adverso
advertise anunciar
advice consejo
advise aconsejar, avisar
affection afecto, cariño
affectionate cariñoso
affirmative afirmativo
affirmatively afirmativamente

afford costearse
afraid: to be afraid temer; tener miedo
African africano,a
after *prep* después de; *adv* después; *conj* después (de) que
afternoon tarde *f*; **good afternoon** buenas tardes; **yesterday afternoon** ayer por la tarde
afterwards después
again otra vez
against contra
age edad *f*
aged anciano
agent agente *m,f*
agitated agitado
agree convenir; **I agree.** De acuerdo.; Estoy de acuerdo.
agreeable agradable, placentero
agreement acuerdo
agriculturalist agricultor, -tora
ahead adelante; **go ahead!** ¡adelante!
aid socorro
aim *noun* propósito; *verb* encarar
air aire *m*
airlines aerolíneas *fpl*
airplane avión *m*

airport aeropuerto
alas! ¡ay!
alert despierto
alive vivo
all todo; **I'm all right.** Estoy
    bien.
allure atraer
almanac almanaque *m*
almost casi
alone solo
along por
already ya
also también
although aunque
altitude altura
always siempre
A.M. de la mañana
amateur aficionado
Amazon *(river)* Amazonas *m*
ambassador embajador, -dora
ambitious ambicioso
ambulance ambulancia
America América
American americano,a; *(Mexico)*
    gringo,a
Americanization america-
    nización *f*
among entre
amuse divertir; **amuse oneself,**
    have a good time divertirse
amusement diversión *f*
an un, una
ancient antiguo, viejo
and y, e *(used before a word*
    beginning with the vowel
    sound i*); **and so** entonces
Andalusia Andalucía
Andalusian andaluz, -luza
Anglian anglo,a
Angloamerican angloamericano,a
Anglo-Saxon anglosajón, -jona
angry: **to get angry** enojarse
animated animado
animation animación *f*
announce anunciar
announcer locutor, -tora
annually anualmente
answer *noun* respuesta; *verb* con-
    testar, responder
anti-Castroite antifidelista
antiyankee antiyanqui
antonym antónimo
anxiety ansiedad *f*
any alguno,a
anyhow pues
anyone cualquiera

anything algo
apart separado
apartment apartamento, departa-
    mento
apostle apóstol *m*
apparently aparentemente
appear aparecer, parecer
appearance apariencia
appeared aparecido
appetite apetito; **good appetite**
    buen provecho
applaud aplaudir
apple manzana
appointment cita, compromiso
appreciate apreciar, estimar
approach acercarse
appropriate apropiado
appropriately apropiadamente
April abril *m*
Aquarius *(astr)* Acuario
archbishop arzobispo
archeology arqueología
architecture arquitectura
ardent ardiente
arduous penoso
argue discutir
arid árido
arm brazo
armband brazal *m*
armor coraza
army ejército
around alrededor, a eso de;
    (location) por
arrange arreglar, componer
arrest llevar preso
arrive llegar
arrogant arrogante
art arte *m,f;* **fine arts** bellas
    artes *f,l*
article artículo
artist artista *m,f,*
artistic artístico
as como, tan, tanto; **as if** como
    si; **as much as** cuanto, tan
    (tanto) como; **as soon as** en
    cuanto, tan pronto como
ascended subido
ask **(a question)** preguntar; **ask**
    for pedir
asleep: **to fall asleep** dormirse
aspect aspecto
aspirin aspirina
assemble reunir
assist ayudar
assistance ayuda
assume imponerse

asylum asilo
at en; **at night** por la noche;
    at once en seguida; **at times**
    a veces; **at your service** a la
    orden, para servirle
athlete deportista *m,f,* atleta *m,f*
athletics atletismo
atmosphere ambiente *m*
attack atacar
attain alcanzar
attend asistir
attendance asistencia
attendant asistente *m*
attitude actitud *f*
attract atraer
August agosto
aunt tía
authentic auténtico
authentically auténticamente
author autor, -tora
authoritarian autoritario, macho
authorized autorizado
auto carro, auto
autonomous autónomo
autumn otoño
available disponible
avenue avenida
avoid evitar, huir
awake despierto
awaken **(someone)** despertar;
    awaken (oneself) despertarse
aware: **be aware of** darse cuenta
    de
awful: **how awful** qué barbari-
    dad
Aztec azteca

B

baby bebé *m*
bachelor soltero
bachelor's degree bachillerato
back down rajarse
backing **(support)** apoyo
bad *adv* mal; *adj* malo
bakery panadería
balcony balcón *m*
ball bola, pelota
ballad singer cantador, -dora
ballerina bailarina
ballgame partido
band **(strip)** tira
bandage venda
bang! ¡zas!
banish extrañar

bank banco
baptism bautismo
baptize bautizar; **to get baptized** bautizarse
barbarism barbaridad *f*
barber shop peluquería
bargain *noun* ganga; *verb* regatear
baseball béisbol *m*
basic básico
basilica basílica
basis base *f*
basket canasta
basketball básquetbol *m*
Basque vasco; **Basque provinces** vascongadas *fpl*
bathe (someone) bañar; **bathe oneself, take a bath** bañarse
bathroom baño, servicio
battle batalla
be estar; ser
beach playa
bean frijol *m*
beat *verb* golpear, *(win)* ganar a; *noun (music)* compás
beautiful bello; **very beautiful** bellísimo
beautify embellecer
beauty belleza
because porque; **because of** a causa de
bed cama; **go to bed** acostarse
beef bife *m*
beefsteak biftec *m*
beer cerveza
before *adv* antes; *conj* antes (de) que
begin comenzar, empezar
beginning comienzo, principio
behind detrás de
believe creer
bellboy botones *m*
beloved amado
below *adv* debajo; *prep* debajo de
belt cinturón *m*
bench banco
bend inclinar
benefit beneficio, provecho
besides además
best mejor
bet *verb* apostar
better mejor
between entre
bicycle bicicleta
big grande

bilingual bilingüe
bill cuenta
billfold cartera
bind ligar
biology biología
bird pájaro
birth *adj* natal; *noun* nacimiento; **to give birth** dar a luz
birthdate fecha de nacimiento
birthday cumpleaños *m*
bishop obispo
bishopric obispado
bite bocado
black negro
bless bendecir; **bless you!** ¡salud!
blessed bendito
blind ciego
block bloque *m*
blond rubio
blood sangre *f*
blouse blusa
blue azul; **dark blue** azul oscuro
board tabla
boat lancha
body cuerpo
boil hervir
bonbon bombón *m*
bone hueso
bongo (drum) bongó
book libro
bookstore librería
boom! ¡zas!
boot bota
border frontera
born nacido; **to be born** nacer
boss jefe, -fa
botany botánica
bother *noun* molestia; *verb* molestar
bottle botella
bought comprado
bound comprometido, obligado; **bound for** rumbo a
bovine vacuno
bow inclinar
box caja; cajón *m*
box office taquilla
boy chico, muchacho
boyfriend novio
brake *noun* freno; *verb* frenar
brandish blandir
bravery bravura
bravo olé
Brazil Brasil *m*
Brazilian brasileño

bread pan *m*
break destrozar, romper
breakfast desayuno; **eat breakfast** desayunarse
breast pecho
brevity brevedad *f*
bride novia
bridge puente *m,f*
brief breve
bright listo, vivo
bring traer; **bring down** bajar; **bring near** acercar
brooch broche *m*
brother hermano; fray *m*; **little brother** hermanito
brotherhood hermandad *f*
brown café, marrón, moreno, pardo
brunette moreno,a
brutality brutalidad *f*
building edificio
bull toro; **bull fighter** torero, matador; **bullfight** corrida de toros
buried enterrado
bury enterrar
bus ómnibus *m*, autobús *m*
business comercio; los negocios; **business deal** negocio; **business man** hombre de negocios
busy ocupado
but pero, **but rather** sino
butcher shop carnicería
butter mantequilla
butterfly mariposa
button botón *m*
buttonhole ojal *m*
buy comprar
buyer comprador, -dora
by por; **by the way** a propósito

C

cabbage col *f*
cabin cabaña
café café *m*
cafeteria cafetería
cake pastel *m*
calculation cuenta, calculación *f*
calendar almanaque *m*, calendario
calf ternero,a
call *noun* llamada; *verb* llamar; **call oneself, be named** llamarse
calm *noun* calma, tranquilo; *verb* calmar

campaign campaña
Cancer (astr) Cáncer m
campus ciudad universitaria f
can poder; (speculative, use future:) Can she be here? ¿Estará aquí?
candid cándido
candidate candidato
candy dulce m
candy store dulcería
cannelloni canelones mpl
cannon cañón m
canoe canoa
capable capaz
Capricorn (astr) Capricornio
captain capitán m
car auto, coche m, carro
cardboard cartón m
care cuidado; to take care of cuidar
career carrera
careful cuidadoso; careful! ¡ojo!
Caribbean caribe
carry llevar; carry away llevarse; carry on sostener; carry out, complete llevar a cabo
case caso; in case en caso de que
cashier cajero,a
castanet castañuela
caste casta
castle castillo
cat gato
catastrophe catástrofe f
categorically rotundamente
category categoría
cathedral catedral f
catholic católico,a
catholicism catolicismo
cattle ganado
caught enganchado
cause noun causa; verb causar
celebrate celebrar, festejar
celebration celebración f
censure censura
center centro
centigrade centígrado
centimeter centímetro
Central America Centroamérica
century siglo
ceremony ceremonia
certain cierto, seguro
chain cadena
chair silla
chamber cámara
chamber music música de cámara

champion campeón m
championship campeonato
change noun cambio; verb cambiar
chaperon chaperón m, dueña f
chapter capítulo
character carácter m
characteristic característica, rasgo
charge: in charge encargado
charm encantar, atraer; charmed encantada
chase cazar
chastise castigar
chat charlar
chauffeur chófer m
cheap barato
check cheque m
cheese queso
chemist químico
chemistry química
chess ajedrez m
chest pecho
chicken pollo
child hijo,a
childlike de niño
children hijos, muchachos, niños
Chilean chileno,a
chill enfriar
choke estrangular
choose escoger
chops chuletas
choral coral
chore quehacer m
chorus coro
Christ Cristo
Christmas Navidad f
church iglesia
circumstance circunstancia
citizen ciudadano,a
city ciudad f
civilization civilización f
civilized civilizado
clamor verb clamar
clap golpear las manos, aplaudir
clarity claridad f
clasp broche m
class clase f
classic clásico
classify clasificar
classy chévere
clause cláusula
clean verb limpiar; noun limpio
clear claro
clearness claridad f
clerk dependiente m,f

client cliente m,f
climate clima m
climatic climático
clinic clínica, consultorio
clock reloj m
close adv de cerca; verb cerrar
cloth tela
clothe vestir; clothe oneself, get dressed vestirse
clothing ropa
cloud nube f
cloudy nublado
coaching entrenamiento
coast costa
coat abrigo, saco
cocktail coctel m; (food) salpicón m
coffee café m
coiffure peinado
cold adj frío; noun resfriado
coldcuts fiambres mpl
collaborate colaborar
collect recoger
collection colección f
college colegio, facultad f
collide with chocar
collision choque m
colonize colonizar
colonizer colonizador, -dora
colony colonia
color noun color m; verb teñir
colossus coloso
Columbia Colombia
Columbus Colón
column columna
combination combinación f
combine combinar
come venir; come in adelante
comedy comedia
comfort confort m
comfortable: to feel comfortable estar a gusto
comma coma
commemorate conmemorar
commentary comentario
commentator locutor, -tora
commerce comercio
commercial comercial
commit comprometer (se)
commitment compromiso
common común
commonly comúnmente
communion comunión f; to receive communion comulgar
communism comunismo
communist comunista m,f

community comunidad *f*
compact apretado
companion compañero,a
company compañía
comparative comparativo
compare comparar
comparison comparación *f*
compassion compasión *f*
competence competencia
competition competencia
complaint queja
complement complemento
complete *adj* completo; *verb* completar
completely completamente, cien por ciento
complex complejo
complexion tez *f*
complicated complicado
compliment *(amorous flattery)* piropo
compose componer
composer compositor, -tora
compound *adj* compuesto; *verb* componer
comprehend comprender
concede conceder
concentrated concentrado
concentration concentración *f*
conception concepción *f*
concern *noun* cuidado; *verb* importar
concert concierto
condition condición *f*
conditional condicional
conduct conducir
confectionery dulcería, confitería
confess confesar
confide confiar
confidence confianza
confirm confirmar
confused confundido
confusion confusión *f*
congenial agradable; to be congenial (with) simpatizar
congested congestionado
congratulate felicitar
congratulations felicitaciones *fpl*
congress congreso
conjunction conjunción *f*
conquer conquistar
conqueror conquistador, -dora
conquest conquista
conservative conservador
consider considerar, contar

consideration respeto
consist consistir
constant constante
construct construir
construction construcción *f*
consul cónsul *m*
consulate consulado
contain contener
contemporaneous contemporáneo
contemporary contemporáneo
content *adj* contento; *noun* contenido
continent continente *m*
continuation continuación *f*
continue continuar, durar
contract contrato
contraction contracción *f*
contrary contrario; on the contrary al contrario
contrast contraste *m*
contribute contribuir
controversy controversia
convene convenir
convent convento
conversation conversación *f*
converse conversar
convert convertir
convict preso
convince convencer
cook cocinar
cool *adj* fresco; *verb* resfriar
copy copia
corn field milpa
corner esquina
correct *adj* correcto; *verb* corregir
correctly correctamente
correspond corresponder
corruption corrupción *f*
cosmetic cosmético
cost *noun* costo; *verb* costar
cotton algodón *m*
cough tos *f*
council congreso
counsel aconsejar
count *noun* cuenta; *verb* contar
counteract contrarrestar
country campo, país *m*; native country patria
countryside campo
courage valor *m*, ánimo, esfuerzo, corazón *m*
course curso, asignatura
courteous cortés
courtesy cortesía

courtship cortejo
court *(athletic)* cancha
cousin primo,a
cowboy *(Argentina)* gaucho
covered cubierto
crazy loco
creative creativo
creativity creatividad *f*
Creole criollo
criticism crítica
crop cultivo
cross cruz *f*
crossword puzzle crucigrama
crowded apretado
cry llorar; cry out gritar; cry out for clamar
cub cachorro,a
Cuban cubano
cultivate cultivar
culture cultura
cultured culto
cup copa, taza
curious curioso
cursive cursiva
custard flan *m*
custom costumbre *f*
customarily de costumbre
customer cliente *m,f*
customs aduana; customs officer aduanero,a
cut cortar
cutlass sable *m*
cutlets chuletas *fpt*
czar zar *m*

D

daily diario; daily paper el diario
damage lastimar
dance *noun* baile *m*, danza; *verb* bailar
dancer bailador, -dora; bailarín, -rina
dangerous peligroso
dark moreno
date cita, fecha
dating cortejo
daughter hija
dawn *noun* madrugada, aurora; *verb* amanecer
day día *m*
dead muerte
dear amado, cariño, querido
death muerte *f*
decade década
deceased difunto, fallecido

deceitful engañoso
December diciembre *m*
deceptive engañoso
decide decidir
declaration declaración *f*
declare (oneself) declarar(se)
dedicate dedicar
deduce deducir
deduct deducir
defeat derrotar
defend defender
defined definido
definite definido
degree grado
delay postergar
delicate delicado
delicatessen tienda de ultra-
marinos
delicious delicioso, sabroso;
very delicious riquísimo
delight encantar; delighted
encantado
deliver entregar
delivery (birth) parto
demonstration manifestación *f*
demonstrative demostrativo
denticulate dentellado
dentist dentista *m,f*
depart partir
department departamento,
sección *f*; department store
almacén *m*
dependent dependiente *m, f*
depend depender; depend on
depender de; depending on
según
deposit depósito
depot depósito
depressed deprimido
deprived desprovisto
derive derivar
descendant descendiente *m,f*
desert desierto
deserving digno
design diseño
designer estilista *m,f*
desire *noun* deseo, gana; *verb* desear, querer
despair despecho
despised despreciado
dessert postre *m*
destitute desprovisto
destroy destrozar
develop desarrollar
development desorrollo
devoid of desprovisto de

devote dedicar; devote oneself
dedicarse
devotion lealtad *f*
devour comerse
dialog diálogo
diary diario
dictator dictador *m*
die fallecer, morir
diet dieta
difference diferencia
different distinto, diferente
difficult difícil, penoso, duro
dignified digno
dignity dignidad *f*
dilemma dilema *m*
dinner cena; eat dinner cenar
diocese diócesis *f*
diplomat diplomático,a
diplomatic diplómatico
direct derecho, directo
direction dirección *f*
disadvantage desventaja
disagreeable antipático
disaster desastre *m*
discotheque discoteca
discourse discurso
discourteous descortés
discover descubrir
discrimination discrminación *f*
discuss discutir, tratar
discussion discusión *f*
dish plato
disillusioned desilusionado
disposable disponible
disposition genio
dispossessed desposeído
dispute disputa
dissatisfaction insatisfacción *f*
distance distancia
distinct distinto
distinguish distinguir
distinguished distinguido
district distrito
disturbance alboroto
diversion diversión *f*; recreo
divide compartir, dividir
do hacer; *(often not separately
expressed in Spanish:)* do you
go? ¿va usted?
dock muelle *m*
doctor médico,a; doctor, -tora
document *noun* documento;
verb documentar
doer hacedor, -dora
dog perro
doll muñeca

dollar dólar *m*
dominant dominante
domination dominación *f*
domineering dominante
dominion imperio
domino dominó
door puerta
doorman portero
dormitory dormitorio
dot punto
doubt *noun* duda; *verb* dudar;
no doubt sin duda
doubtful dudoso
downtown centro
dramatist dramaturgo
draw near to acercarse a
dread miedo
dream *noun* sueño, ilusión *f*;
verb soñar
dress *noun* vestido; *verb* vestir;
to get dressed vestirse
dressmaker modista *m,f*
drink *noun* bebida; *verb* beber;
drink a toast brindar por
drive conducir, manejar; (a nail)
clavar
driver chófer *m*
drop: I dropped it Se me cayó
drug droga
drug store farmacia, botica
drummer tamborista *m,f*
dry árido, seco; dry cleaner tin-
torería, lavandería en seco
dubious dudoso
due to debido a
dumb tonto
duration duración *f*
during durante
duty derecho, deber *m*
dye teñir
dynamic dinámico

E

each cada
ear oreja, oído
early temprano; early morning
madrugada
earnest sincero; in earnest de
veras
earring arete *m*
earth tierra
easily fácilmente
east este
easy fácil; take it easy! ¡tranquilo!

eat comer; **eat breakfast** desayunarse; **eat up** comerse
economic económico
edifice edificio
editor redactor, -tora
education educación *f*
educational educativo
effort esfuerzo
egoistic egoísta
eight ocho
eight hundred ochocientos
eighteen dieciocho, diez y ocho
eighty ochenta
elbow codo
electric eléctrico
electrical eléctrico
elegant elegante
elevated elevado
eleven once
eliminate eliminar
eloquently elocuentemente
embassy embajada
embrace abrazo
emigrant emigrante *m,f*
emigration emigración *f*
emotion emoción *f*
emphasis énfasis *m,f*
emphatic enfático
empire imperio
employ emplear
employee empleado,a
enchanted encantado
encounter *noun* encuentro;
   verb encontrar
encourage animar
end *noun* cabo, punta; *verb*
   terminar
endure aguantar
energetic enérgico
energy energía
engaged comprometido; **to
   become engaged** comprometerse
engagement cita, compromiso
engineer ingeniero,a
engineering ingeniería
England Inglaterra
English *adj* inglés; **English female**
   inglesa; **English language** inglés
   m; **English male** inglés;
   English people ingleses *mpl*
enjoy disfrutar, gozar de; *(if
   enjoy = like, use gustar-construction)*
enliven animar
enough *interjection* basta; *adv,*

adj bastante, suficiente
ensemble conjunto
enter entrar
enthusiasm animación *f*, entusiasmo
enthusiastic entusiasta
entire entero
entrance entrada
environment ambiente *m*
envy envidia
epic épico
equal igual
equality igualdad *f*
equally igualmente
equator ecuador *m*
equivalent equivalente *m*
escape escaparse
especially especialmente
establish establecer
establishment establecimiento
esteem estimar
estimate *noun* cálculo; *verb*
   estimar
eternity eternidad *f*
etiquette etiqueta
Europe Europa
evaluate evaluar
even aun; **even though** aunque
evening tarde *f*; **good evening**
   buenas noches
ever alguna vez
every cada; **every day** todos los
   días
everyone todo el mundo
evidence evidencia
evident evidente
evolve evolucionar
exact exacto
exactly exactamente, precisamente, en punto
examination examen *m*
example ejemplo
exceedingly sumamente
excellent excelente, fino
exception excepción *f*
exclaim clamar, exclamar
exclamation exclamación *f*
excuse disculpar; **excuse me**
   con permiso
executive ejecutivo,a
exercise ejercicio
exist existir
exit salida
expect aguardar
expedition expedición *f*
expensive caro

experience experiencia
explain explicar
explosion explosión *f*
ex-president expresidente
express expresar
expression expresión *f*
extend extender
extraordinary extraordinario
extreme extremo
exuberant exuberante
eye ojo

F

fabric tela
face *noun* cara; *verb* encarar;
   smiling face buena cara
facing contra
faculty facultad *f*
fair *adv* así así; más o menos; *adj*
   bello, rubio
fairly bastante
faithful *adj* fiel; *noun* los fieles
   mpl
fall *noun* otoño; *verb* caer
fame fama
family familia, pariente *m,f*,
   family member familiar *m*
famous famoso
fan aficionado, hincha *m,f*
fanaticism fanatismo
fantastic fantástico
fantasy fantasía
far lejos
farewell despedida; **farewell
   party** despedida
farmer agricultor, -tora
fascinating fascinante
fashion moda
fashionable de moda
fasten asegurar
fat gordo
father padre *m*
fatten engordar
fault falta
favor bondad *f*
favorite favorito
fear *noun* miedo; *verb* temer
feather pluma
February febrero
fee propina
feel sentir; **feel healthy** sentirse
   bien; **feel ill** sentirse mal; **feel
   like (doing something)** tener
   ganas de; **feel well** sentirse bien

fellow tipo
feminine femenino
feminism feminismo
festival festivo
fete festejar
fever fiebre *f*
few poco
fewer menos
fiancé novio
fiancée novia
field terreno, tierra
fifteen quince
fifty cincuenta
fight luchar
figure figura; **figure out** adivinar
film película
finally al fin
financial financiero,a
financier financiero
find encontrar; **find out** *(go and ask)* averiguar; *(unexpectedly discover: use preterit of* saber, *e.g.:)* he found out lo supo
fine *adj* fino, lindo; **fine arts** bellas artes *fpl*; *noun* multa
finish terminar, acabar
fire fuego
firmness firmeza
first primer, primero
fish *noun* pescado, pez *m*; *verb* pescar
fishing pesca
five cinco
five hundred quinientos
fix fijar; componer
fixed fijo
flatten aplastar
flattery adulación *f*
flee huir, escaparse
flight: **put to flight** derrotar
flirtatious remark piropo
floor piso; suelo
flower flor *f*
fly volar
folkloric folklórico
follow seguir
following siguiente
fond of aficionado a
fondness afecto
food comida
food store almacén *m*
foodstuff comestible *m*
foolish necio, tonto
foot pie *m*; **on foot** a pie
football *(= soccer)* fútbol *m*;
football game partido de fútbol

for para, por; desde hace
force fuerza, potencia; **by force** a la fuerza
foreigner extranjero,a
forest bosque *m*
forget olvidar
forgetful olvidadizo
forgive perdonar
fork tenedor *m*
form formar
formal formal; *(full dress)* de gala; **formal dance** baile de gala
formalized formalizado
formally formalmente
formation formación *f*
former antiguo, anterior
fortress alcázar *m*
fortunately afortunadamente
fortune buenaventura, fortuna, suerte *f*; **fortune teller** adivino,a
forty cuarenta
forward adelante
foster auspiciar
foundation base *f*
four cuatro
four hundred cuatrocientos
fourteen catorce
fowl ave *f*
fragment fragmento
frame armazón *f*
framework armazón *f*
France Francia
Franciscan franciscano
frank franco
frankly abiertamente, francamente
free libre
freeze congelar
French *adj* francés; **French female** francesa; **French language** francés *m*; **French male** francés *m*; **French people** franceses *mpl*
frequency frecuencia
frequent frecuente
frequently frecuentemente, con frecuencia
fresh fresco
friar fray *m*, fraile *m*
Friday viernes *m*
fried frito
friend amigo,a
friendly simpático
friendship amistad *f*
from de, desde; **from . . . to**

desde . . . hasta
front frente *m,f*; **in front of** delante de
frontier frontera
fruit fruta
fruit store frutería
full lleno, repleto
function función *f*
funeral *noun* funeral *m*; *adj* fúnebre
furnish proveer
furniture muebles *mpl*
future futuro

G

gain *noun* provecho; *verb* ganar
Galician gallego
game partido, juego
game board tablero
gang (group of friends) barra querida
garage garaje *m*; **garage for repairs** taller mecánico *m*
garbage dump basurero
gasoline gasolina
Gemini *(astr)* Géminis *m*
generally generalmente
generous generoso, largo
genius genio
gentleman señor, caballero
geography geografía
German *adj* alemán; **German female** alemana; **German language** alemán *m*; **German male** alemán *m*; **German people** alemanes *mpl*
Germany Alemania
gerund gerundio
get sacar, tomar; **get along well with** simpatizar con; **get an idea** ocurrirse a uno; **get home** llegar a casa; **get off** bajar; **get out** bajarse; **get together** juntar; **get to the point** ir al grano; **get up** levantarse
gift regalo; *(ability)* don *m*
girl chica, muchacha; **single girl** soltera
girlfriend novia
give dar, conceder; **give a cold shoulder** dar calabazas; **give up** rajarse
glad alegre; **be glad (that)** alegrarse (de que); **glad to meet you** mucho gusto en conocerlo(la)

glance mirada
glass vaso
go ir; go away irse; go for a
  walk pasear; go on! ¡vaya!;
  go out with salir con; go shopping ir de compras; go to bed
  acostarse; go up subir
goal meta; (football) gol
goblet copa
God Dios m
goddaughter ahijada
godfather compadre m, padrino
God grant! ¡ojalá!
godmother comadre f, madrina
godson ahijado
gold adj dorado; noun oro
good buen, bueno; good afternoon buenas tardes; good
  evening buenas noches; good
  morning buenos días; good
  luck buenaventura, buena
  suerte; have a good time
  divertirse
goodbye adiós; say goodbye
  despedirse
gospel evangelio
governess dueña
government gobierno
grace gracia
grade grado
graduate graduado
grain grano
grammar gramática
granddaughter nieta
grandfather abuelo
grandmother abuela
grandparents abuelos mpl
grandson nieto
grape uva
grasp empuñada
grassy plain pampa
grateful agradecido
gratuity propina
grave tumba
great gran, grande
greater mayor
Greco-Roman grecorromano
Greek griego
green verde; light green verde
  claro; green vegetable shop
  verdulería; greens verduras fpl
greet saludar
grill parrilla
grilled parrillado
groceries abarrotes mpl, ultra-
  marinos mpl
groom novio

ground tierra, terreno, suelo
group grupo
growing aumento
guarantee asegurar
Guatemalan guatemalteco
guess adivinar
guest huésped m, f, invitado
guitar guitarra
guitarist guitarrista m, f
guy tipo, chico
gypsy gitano

H

habit costumbre f
habitually habitualmente
haggle over regatear
hair cabello, pelo
hairdo peinado
hake (fish) merluza
half medio
hall cámara, sala, pasillo,
  corredor m
ham jamón m
hamburger hamburguesa
hamstring desjarretar
hand mano f; hand over
  entregar
handball pelota
handful puñado
handiwork trabajo
handle manejar
handsome guapo
happen acontecer, pasar,
  ocurrir, suceder
happily felizmente
happiness felicidad f
happy contento, feliz
hard duro
haste prisa
hat sombrero
hatred odio
have haber, tener; have just
  acabar de; have Laura say it
  que lo diga Laura
he él
head cabeza
headwaiter mayordomo
health salud f
healthy sano
heap montón m
hear oír
hearing (inner ear) oído
heart corazón m
heat noun calor m; verb calentar
heaven cielo

heavy pesado
heel (of shoe) taco
height altura
heir heredero,a
hello hola, aló
helmet casco
help noun ayuda; verb ayudar,
  servir; help! ¡socorro!
her (possessive) su, suyo; (dir
  obj) la; (indir obj) le, se (if
  before lo, la, los, las); (obj
  of prep) ella
herb hierba; herb healer
  curandero,a
here aquí
heritage herencia
hero héroe m
heroine heroína
hers su, suyo
herself se; (obj of prep) ella, sí;
  with herself consigo
hi! ¡hola!
high elevado, alto
high-sounding altisonante
highly sumamente
hillside ladera
him (dir obj) lo; (indir obj) le,
  se (if before lo, la, los, las);
  (obj of prep) él
himself se; (obj of prep) él, sí;
  with himself consigo
his su, suyo
Hispanic hispánico
historian historiador, -dora
history historia
hold up apoyar
holiday día feriado, festivo, día
  festivo
holy place lugar santo m
home casa, residencia; at home
  en casa
homework deberes mpl, tarea
honesty honradez f
honey miel f
hope esperanza; ilusión f; hope
  for esperar; what a hope! ¡qué
  esperanza!; I hope (that)
  ojalá
horn bocina, claxon m
horoscope horóscopo
horse caballo; horse racing
  carrera de caballos
hospice refugio
hostel hostal m
hot: be hot (weather) hacer
  calor
hotel hotel m

hour hora
house casa; **little house** casita
housekeeper ama, dueña
housewife ama de casa
housing alojamiento
how cómo; **how many** cuántos;
  how much cuánto; **how's it
  going** ¿qué tal?
however sin embargo
hug *noun* abrazo; *verb* abrazar
human humano; **human being**
  ser humano
humble humilde
hundred cien(to)
hunger (el) hambre *f*
hunt cazar
hurriedly de prisa
hurry *noun* apuro; *verb* apurarse;
  be in a hurry tener prisa
hurt doler, lastimar
husband esposo, marido
husky fornido
hypothetical hipotético

I

I yo
ice hielo
ice cream helado
idealistic idealista
identify identificar
identity identidad *f*
idiot idiota *m,f*
if si
ignorant: **(to be ignorant of)**
  desconocer
ill enfermo
illegal ilegal
illusion ilusión *f*
image imagen *f*
imagination imaginación *f*
imagine imaginar
immediately inmediatamente,
  en seguida
immigrant inmigrante *m,f*
immigrate inmigrar
immigration inmigración *f*
impact impacto
imperative imperativo
imperfect imperfecto
importance importancia; **to be
  of importance** importar
important importante; **very
  important** importantísimo
imposing imponente
impossible imposible

impression impresión *f*
imprisoned preso
improve mejorar
improvise improvisar
impulsive impulsivo
in en; **in order that** para que;
  in order to para; **in spite of**
  a despecho de
incapable incapaz
incline inclinar
include abarcar, incluir
increase *noun* aumento; *verb*
  aumentar
incredible increíble
indefinite indefinido
independent autónomo
independence independencia
Indian indio, indígena *m,f*;
  Indian corn maíz *m*
indicate indicar
indication indicación *f*
indicative indicativo
indifferent indiferente
indirect indirecto
individual *noun* individuo
industrialist industrial *m*
industrialized industrializado
industrious industrioso
industry industria
inequality desigualdad *f*
inferiority inferioridad *f*
infinitive infinitivo
influence influencia
influential influyente
inform avisar
information información *f*;
  information bureau
  consultorio
informed *adj* sabedor
ingenious ingenioso
inhabitant habitante *m,f*
inheritance herencia
injection inyección *f*
injure lastimar
inn hostal *m*, posada, mesón *m*
innocent inocente
inquire averiguar
inside adentro; **inside of** dentro
  de
insist insistir
inspire inspirar
inspirer inspirador, -dora
institute *noun* instituto; *verb*
  instituir
institution institución *f*
instruction instrucción *f*

instrument instrumento
insufferable insufrible
insurance seguro
integrated integrado
integrity integridad *f*, honradez *f*
intellectual *adj, noun* intelectual
  m,f
intelligent inteligente
intense intenso
intention intención *f*
inter enterrar
interest interés *m*; **to be inter-
  ested in** interesarse en
interesting interesante; **very
  interesting** interesantísimo
international internacional
interpret interpretar
interpretation interpretación *f*
interpreter intérprete *m,f*
interrogative interrogativo
interview entrevista
intimate íntimo; **intimate
  friend** comadre *f*, compadre
  m
intimidate achicar
invasion invasión *f*
invent inventar
inversion inversión *f*
investment inversión *f*
invitation invitación *f*
invite invitar
Ireland Irlanda
irrigate regar
island isla; (*small island, key*)
  cayo
it (*subject, unexpressed*); (*dir
  obj*) lo, la; (*indir obj*) le, se
  (*if before* lo, la, los, las); (*obj
  of prep*) él, ella
Italian *adj* italiano; **Italian
  female** italiana; **Italian language** italiano; **Italian male**
  italiano; **Italian people**
  italianos *mpl*
italics cursiva
its su, suyo
itself se; (*obj of prep*) él, ella, sí;
  with itself consigo

J

jail cárcel *f*
January enero
jealous celoso; **be jealous** tener
  celos
jealousy celos *mpl*

jewel joya
jewelry joyas *fpl*
jewelry store joyería
jilt dar calabazas a
job cargo, tarea, trabajo, empleo
join juntar
joined conjunto
joke broma
journalist periodista *m,f*
joy alegría
joyful alegre
juice jugo
July julio
June junio
jungle selva
justice justicia

K

keep conservar
key (*door*) llave; (*island*) cayo;
    (*piano, typewriter*) tecla
kid (young goat) chivito
kilometer kilómetro
kind *adj* amable; *noun* especie *f*,
    clase *f*
kindle encender
kindness bondad *f*
king rey *m*
kiss beso
kitchen cocina
knee rodilla
knife cuchillo
know conocer, saber
knowledgeable informado

L

label letrero
laboratory laboratorio
lacking desprovisto de; be
    lacking faltar, hacer falta
lady señora; lady killer (lover)
    tenorio
lake lago
lamb cordero
lament lamento
lancer lancero
land tierra, terrenos *mpl*
landlady ama, dueña
language (el) habla *f*, lengua,
    idioma *m*
lap regazo
lapel solapa
large gran, grande
larger mayor

last durar; last night anoche
late tarde; to be late tardar
later luego
latest último
Latin: Latin America Latino-
    américa; Latin American
    latinoamericano; Latin lan-
    guage latín *m*; Latin (person)
    latino,a
laugh reír
laundry lavandería
law ley *f*
lawyer abogado
lay (something down) acostar
lazy flojo, perezoso, vago
lead conducir
leader jefe, -fa; líder *m*
league liga
lean apoyar
learn aprender
least menos; at least por lo
    menos
leather cuero
leave (*not take along*) dejar;
    (*depart*) salir, irse
left izquierdo; left hand
    izquierda
leg pierna
legally legalmente
lend prestar
length largo
less menor, menos
lesson lección *f*
let dejar; let him say it que lo
    diga él
letter (*character*) letra, (*written
    message*) carta
lettered letrado
lettuce lechuga
level nivel *m*
liberate liberar
liberation liberación *f*
liberator libertador, -dora
library biblioteca
lie (*prevaricate*) mentir; lie
    down acostarse
life vida
lift levantar
light *adj* ligero; *noun* luz *f*; *verb*
    encender; light green verde
    claro
like *adv* como; *adj* semejante,
    parecido; *verb* gustar, querer;
    what's the weather like? ¿qué
    tiempo hace?
likeable simpático

line fila
linguistic lingüístico
lion león *m*
list lista
listen escuchar
literally literalmente
literary literario
literature literatura
little pequeño, poco, chico;
    little by little poco a poco
live vivir
lively animado, vivo
living vida
lobster langosta
location colocación *f*,
    ubicación *f*
lodging alojamiento
logical lógico
loin lomo
long largo; long live viva
look *noun* mirada; *verb* parecer;
    good looking guapo; look at
    mirar; look for buscar; look
    intently clavar los ojos
lose perder
lot: a lot mucho
lottery lotería; lottery ticket
    billete de lotería *m*
love *noun* amor *m*, cariño; *verb*
    querer; in love enamorado;
    loved one querido
lovesickness mal de amor *m*
loving amoroso, cariñoso
low bajo
lower *verb* bajar; *adj* más bajo
loyalty lealtad *f*
luck suerte *f*; good luck buena-
    ventura, buena suerte
luckily felizmente
lucky feliz, afortunado
lumber madera
lunch almuerzo

M

mace maza
machine máquina
mad loco
Madrid: Madrid resident
    madrileño,a
magazine revista
magnificent magnífico
maid criada
mail correo
maintain conservar, mantener,
    sostener

maitre d' mayordomo
maize maíz *m*
major especialización *f*,
   especialidad *f*
majority mayoría
make hacer; **to make clothes**
   confeccionar
maker hacedor *m*
malted malteado
mama mamá
man hombre *m*
manage manejar; **managed to**
   (+ *inf*) *preterit of* poder
   + *inf*
mandate mandato
maneuver maniobra
manifest manifestar
manifestation manifestación *f*
manipulation manipulación *f*
manly macho
manner forma, manera
manufacture fabricar
many muchos
ma'am señora
map mapa *m*
marble mármol *m*
march marchar
March marzo
marked marcado
market mercado
marriage boda, casamiento,
   matrimonio, nupcias *fpl*
married casado
marry (*conduct ceremony*) casar;
   (*get married to*) casarse con
martyrdom martirio
marvelous maravillosa
masculine masculino
mashed: **mashed potatoes** puré
   m de papas
mass (*religious*) misa; (*quantity*)
   masa; **the masses** las masas
master dueño; maestro,a
material materia
materialistic materialista
maternal materno
math, mathematics
   matemáticas *fpl*
matter asunto, cuestión *f*
maximum máximo
May mayo
Mayan (Indian) maya
maybe quizás, tal vez
mayonnaise mayonesa
mayor alcalde, -desa

me (*dir or indir obj*) me; (*obj
   of prep*) mí; **with me** conmigo
meal comida
mean significar, querer decir
measure *noun* medida; *verb*
   medir
measurement medida
meat carne *f*; **meat market**
   carnicería
mechanic mecánico
medical médico
medicament medicamento
medicine medicina
meek manso
meet conocer
meeting reunión *f*, encuentro,
   junta
melody melodía
melon melón *m*
member miembro
memory memoria
mend componer
mention mencionar
menu menú *m*
merchandise mercancías *fpl*
meter metro
metropolitan metropolitano
Mexican mexicano; **Mexican
   American** chicano, mexicano-
   americano
Mexico México, Méjico
midday mediodía *m*
middle medio
Middle East Medio Oriente *m*
midnight medianoche *f*
midwife comadrona, partera
migration migración *f*
mile milla
militant militante
military militar; **military man**
   militar *m*
milk leche *f*
milkshake leche malteada *f*
mill molino
million millón *m*
millionaire millonario
mime mimo
mind mente *f*
mine *pron* mi, mío; *noun* mina
minister ministro
minute minuto
miraculously milagrosamente
misery miseria
miss *noun* señorita; *verb* extrañar, echar de menos

mission misión *f*
mistaken: **to be mistaken**
   equivocarse
mistress dueña
mixed mixto
mode modo
model modelo
moderate templado
modern moderno
modify modificar
molasses miel *f*, molaza
molest molestar
mom mamá
moment momento
Monday lunes *m*
money dinero; (*slang*) chavos
   mpl
monkey mono,a
month mes *m*
monument monumento
moon luna
Moors moros
more más
moreover además
morning mañana; **early
   morning** mañanita, madrugada;
   good morning buenos días
morsel bocado
most sumamente
mother *noun* madre *f*; *adj*
   materno; **Mother's Day** el Día
   de la Madre
mother-in-law suegra
motive motivo
motorcycle motocicleta
motorist motorista *m,f*
motto lema *m*
mountain montaña; **mountain
   range** cordillera
mounted montado
mourning luto
mouth boca
move mover
moved conmovido
movement movimiento
movie película; **movies** cine *m*
Mr. señor, don
Mrs. señora, doña
much mucho; **very much**
   muchísimo
municipality municipalidad *f*
music música
musician músico,a
must deber
my mi, mío

myself me; (*obj of prep*) mí;
with **myself** conmigo
mysterious misterioso

N

nail clavar
name *noun* apellido, nombre *m*;
verb nombrar; **what is his
name?** ¿cómo se llama?
nap siesta
napkin servilleta
narrow *adj* estrecho; *verb*
estrechar
nation nación *f*
national nacional
native *noun* indígena *m,f*; *adj*
indígena, natal; **native country**
patria
naturally naturalmente
near cerca de; **to bring near**
acercar
nearby cerca
nearly casi
necessary necesario
necessity necesidad *f*
neck cuello
necklace collar *m*
necktie corbata
need *noun* necesidad; *verb*
necesitar; **to be needed**
hacer falta
negative negativo
negatively negativamente
negotiate negociar
neighbor vecino,a
neither tampoco
nephew sobrino
nervous nervioso
net red *f*
neuter neutro
neutral neutro
never nunca
nevertheless sin embargo
new nuevo
news noticia
newspaper periódico
next próximo
night *noun* noche *f*; *adj* nocturno; **last night** anoche;
good night buenas noches
nine nueve
nine hundred novecientos
nineteen diecinueve, diez y
nueve

ninety noventa
no no; **no doubt** sin duda; **no
one** nadie
nobody nadie
nocturnal nocturno
none ningún, -guna
nonsense barbaridad *f*
noon mediodía *m*
nor ni
normally normalmente
north norte
North America Norteamérica;
North American norte-
americano,a
not no; **not at all** en absoluto
note *noun* nota; *verb* notar
noted apuntado
nothing nada
notice *noun* noticia; *verb* fijarse
en
noun sustantivo
novel novela
novelist novelista *m,f*
November noviembre *m*
now ahora, ya
number número
numerous numeroso
nun monja
nuptials nupcias *fpl*
nurse enfermero,a

O

object objeto
objective objetivo
obligation obligación *f*
obliged obligado
observation observación *f*
observatory observatorio
observe observar
obtain conseguir, lograr
obvious visto, obvio
occasion ocasión *f*, vez *f*
occupation ocupación *f*
occupy ocupar
occur ocurrir
ocean océano
o'clock: 8 o'clock las ocho
October octubre *m*
oculist oculista *m,f*
of de; **of course** claro; **of the**
(*m, contraction*) del
offend ofender
offense ofensa
offensive ofensivo

offer *noun* oferta; *verb* ofrecer
office despacho, oficina; (*position*) puesto
official oficial *m*
officially oficialmente
often a menudo
oh! ¡ay!
old viejo, anciano, antiguo; **be
five years old** tener cinco años
older mayor
olympic olímpico
omnibus ómnibus *m*
on en, sobre, encima; **on
Monday** el lunes
once una vez
one uno
one's su, suyo
oneself (*subj,* **one . . . oneself**)
uno mismo; (*obj*) se; (*obj of
prep*) sí; **with oneself** consigo,
consigo mismo
only solamente, únicamente,
sólo
open *adj* abierto; *verb* abrir
openly abiertamente
opera ópera
opinion opinión *f*
opportunity oportunidad *f*
oppose oponerse
opposite opuesto
optimistic optimista
optional opcional
or o, u (*used before a word
beginning with the vowel
sound* o)
orange *noun* naranja; *adj*
anaranjado
oration oración *f*
orchestra orquesta
ordain ordenar
order *noun* (*sequence*) orden *m*;
(*command*) orden *f*; *verb*
mandar; **in order that** para
que; **in order to** para
organization organización *f*
organize organizar
orient orientar; **Orient** Oriente *m*
origin origen *m*
originally originalmente
originate originar
other otro
our, ours nuestro
out afuera; **go out with** salir con
outline bosquejo *m*
outrage barbaridad *f*

outside fuera, afuera
oven horno
over sobre
overcast nublado
overcoat abrigo
overflow rebosar
overseas ultramarino, de ultramar
owe deber
own *adj* propio; *verb* poseer
owner dueño,a

P

pace paso
page página
pain *noun* dolor *m*; *verb* doler
painful doloroso
paint *noun* pintura; *verb* pintar
painting cuadro
pair par *m*, pareja
palace palacio, alcázar *m*
pale pálido
Panama Panamá *m*
Panamerican panamericano
pants pantalones *mpl*
papa (*dad*) papá *m*
paper papel *m*; **paper boy**
  (*Mexico*) voceador *m*
parade desfile *m*
paradox paradoja
paragraph párrafo
Paraguayan paraguayo
pardon *noun* perdón *m*; *verb*
  perdonar
parenthesis paréntesis *m*
parents padres *mpl*
parish priest cura *m*
park parque *m*
parrish parroquia
part parte *f*; (*in a play*) papel *m*;
  the good part is lo bueno es
participant participante *m,f*
participate participar
participle participio; **present**
  participle gerundio
partner compañero,a; pareja
party fiesta, parranda; **to be**
  partying estar de fiesta
pass pasar
passenger pasajero,a
passion pasión *f*
passionate apasionado
passive pasivo
passport pasaporte *m*
past pasado
pastime pasatiempo

pastoral pastoril
pastry pastel *m*
patience paciencia
patient paciente *m,f*
patron patrón, -trona; **patron**
  saint santo patrón, santa
  patrona
pay pagar; **pay one's way**
  costearse
peacefully pacíficamente
peak (*mountain*) pico
peculiarity particularidad *f*
pedestrian peatón, -tona
pen pluma
pencil lápiz *m*
pension: **to be pensioned**
  jubilarse
people gente *f*; (*nation*) pueblo
pepper pimienta
percussion percusión *f*
perfect perfecto
perfectly perfectamente
perform actuar
performance función *f*,
  actuación *f*
perfumery perfumería
perhaps tal vez, quizás
period período
periodical periódico
permission permiso
permit dejar, permitir
perseverance perseverancia
persist persistir
person persona
personality personalidad *f*,
  carácter *m*
personally personalmente
personify personificar
Peru Perú *m*; **Peruvian** peruano
pessimistic pesimista
petition petición *f*
petroleum petróleo
pharmacist farmacéutico
pharmacology farmacología
pharmacy farmacia
philosopher filósofo
philosophy filosofía
photo foto *f*, fotografía
phrase frase *f*
physical físico
physics física
pianist pianista *m,f*
pick up recoger
picture cuadro
piece pieza
pig (suckling) lechón, -chona

pile montón *m*
pilgrimage peregrinación *f*
pilgrim peregrino
pill píldora, pastilla
pilot piloto
pink rosado
Pisces (*astr*) Piscis *m*
pity lástima
place lugar *m*, sitio; **place near**
  acercar; **place setting** cubierto
placement colocación *f*
plane plano
plate plato; **little plate** platillo
platform plataforma
play *verb* (*game*) jugar, (*music*)
  tocar; *noun* (*theater*) obra
player jugador, -dora
plaza plaza
pleasant agradable, placentero
please complacer, placer; **please**
  write escriba, por favor; **to be**
  pleasing gustar
pleasure gusto
pluperfect pluscuamperfecto
P.M. de la tarde
poem poema *m*, rima
poet poeta *m*
poetess poetisa
poetic poético
poetically poéticamente
poetry poesía
point *noun* punto; *verb* encarar;
  to get to the point ir al grano
pointed apuntado
pole polo
police: **policeman** el policía;
  police force la policía; **police**
  woman la policía
polite cortés
political político
politician político
politics política
polytechnic politécnico
pond: **small pond** pileta
poor pobre, (*not good*) mal
Pope papa *m*
poplar grove alameda
popular estar de moda
popularity popularidad *f*
pork: **roast pork** lechón *m*
port puerto
portfolio cartera
portion porción *f*
Portuguese *adj* portugués;
  Portuguese female portuguesa;
  Portuguese language portugués

m; **Portuguese male** portugués
m; **Portuguese people** portugueses *mpl*
portrait retrato
position (*job*) cargo, posición *f*, puesto; (*location*) ubicación *f*
possess poseer
possession posesión *f*
possessive posesivo
possibility posibilidad *f*
possible posible
possibly posiblemente
postcard tarjeta
poster letrero
postpone postergar
potato papa, patata; **sweet potato** batata
potion poción *f*
poverty pobreza
power fuerza, poder *m*
powerful poderoso
practice *noun* práctica; *verb* practicar
practicing *adj* practicante
praise adulación *f*
prawn langostino
pray rezar, orar
preach predicar
precinct barrio
precious precioso
precisely precisamente
predominant predominante
predominate predominar
prefer preferir
preferable preferible
preference preferencia
prejudice prejuicio
preliminary preliminar
preoccupied preocupado
preparation preparación *f*
preparatory preparatorio
prepare preparar
preposition preposición *f*
prescription receta
presence presencia
present *noun* (*gift*) regalo, presente *m*; (*time*) actualidad *f*; *verb* presentar; *adj* (*time*) actual, (*space*) presente
presentation presentación *f*
preservation preservación *f*
preserve preservar
president presidente, -denta
press apretar
prestige prestigio
preterit pretérito

pretty guapo, bonito, lindo
previously antes, anteriormente
price precio
pride orgullo
priest sacerdote *m*, fraile *m*
primary primaria
principally principalmente
print estampa
prisoner preso; **take prisoner** llevar preso
private particular, privado
privilege privilegio, derecho
prize premio
probability probabilidad *f*
problem problema *m*
procession procesión *f*
proclaim proclamar
produce producir
product producto
production producción *f*
profession profesión *f*
professional profesional
professor profesor, -sora
profit provecho
profuse profuso
program programa *m*
progress adelanto, progreso
progressive *adj* progresivo; *noun* progresista *m,f*
prohibit prohibir
project proyecto
promise *noun* compromiso; *verb* prometer
promote auspiciar
pronoun pronombre *m*
pronounce pronunciar
pronunciation pronunciación *f*
proof prueba
proper apropiado, propio
propietor dueño
proposal declaración *f*
propose proponer
prosaic prosaico
prose prosa
protect defender, proteger
protective protector
prototype prototipo
proud orgulloso; **make proud** enorgullecer
proverb proverbio, refrán *m*
provide proveer; **provided that** con tal (de) que
psychoanalyst psicoanalista *m,f*
psychology psicología
public público
publish publicar

publishing house casa editorial *f*
pudding budín *m*
Puerto Rican borinqueño; puertorriqueño
Puerto Rico Puerto Rico, Borinquen *m*
pumpkin calabaza
punish castigar
pupil (*eye*) pupila
purchase *noun* compra; *verb* comprar
pure puro
purple morado
purpose propósito
purée puré *m*
put poner; **put on** ponerse
pyramid pirámide *f*

Q

quantity cantidad *f*
quarrel regañar
queen reina
question pregunta, (*issue*) cuestión *f*
quiet *noun* calma; *verb* calmar
quince membrillo
quite bastante; **quite a while** buen rato
quota cuota

R

race (*contest*) carrera, (*lineage*) raza
radio radio *f*
rag trapo
railroad ferrocarril *m*
rain *noun* lluvia; *verb* llover
rainy lluvioso
raise aumento
rapid rápido
rapidly rápidamente, rápido
rare raro; (*meat*) poco asada
reach alcanzar
reaction reacción *f*
read leer
reading lectura
ready listo
real verdadero
realistic realista
reality realidad *f*
realize darse cuenta de
really de veras
reason razón *f*, motivo

reasonable razonable
rebuild reconstruir
receive recibir
reception recepción *f*
receptionist recepcionista *m,f*
recipe receta
recite recitar
recognize reconocer
recognized reconocido
recommend recomendar
recompense *noun* recompensa;
  verb recompensar
reconquest reconquista
reconstruct reconstruir
record *noun* disco; *verb*
  registrar; record player
  tocadiscos *m*
recreation recreo
red rojo
refer referir
reference respecto, referencia
refinery refinería
reflect reflejar
reflexive reflexivo
reform reforma
refreshment refresco
refuge asilo, refugio
refuse: refused *preterit of*
  querer
region región *f*
register registrar
regret sentir
regulate arreglar
reject rechazar
relate: to be related relacio-
  narse
relation relación *f*
relative *noun* pariente *m,f*; *adj*
  relativo
relatively relativamente
religion religión *f*
religious religioso
remainder resto
remedy remedio
remember acordarse, recordar
remembrance recuerdo
remote remoto
remoteness alejamiento
renowned renombrado
repair componer, reparar
repeat repetir
replace reemplazar
reply contestación *f*, respuesta
reporter reportero
representative representante *m,f*
republic república
republican republicano

reputation fama
request pedir
require requerir
resent resentir
resentful: to be resentful
  resentirse
reservation reservación *f*
residence residencia
residential residencial
resist resistir, contrarrestar
resistence resistencia
respect *noun* (*esteem*) respeto;
  (*reference*) respecto; *verb*
  respetar
respective respectivo
respectively respectivamente
respond responder
response respuesta
responsibility responsabilidad *f*
rest *noun* (*after work*) reposo,
  descanso; (*remainder*) resto;
  verb apoyar, descansar
restaurant restaurante *m*
restriction restricción *f*
result resultado
retire jubilarse
return regresar, volver
reunite reunir
review *noun* repaso, recapitula-
  ción *f*; *verb* repasar
revolution revolución *f*
revolutionary revolucionario
reward recompensa
rhyme rima
rhythm ritmo
ribs lomos
rice arroz *m*
rich rico
rid: to be rid of deshacerse de
ridiculous ridículo; how
  ridiculous! ¡qué esperanza!
right *adj* (*location*) derecho;
  (*correct*) verdadero; be right
  tener razón; right? ¿verdad?,
  ¿no?; right away ya; right
  hand derecha; she's all right
  está bien
rigorous severo, riguroso
rigorously rigurosamente
ring anillo
riot tumulto
rise alzar; rise early madrugar
rite rito; last rites honras fúne-
  bres *fpl*
river río
road camino
roast asado

roasted asado
rob robar
robust robusto, fornido
role papel *m*
roll panecillo
roller skate patín de ruedas *m*
romantic romántico
room cuarto, sala
roommate compañero,a de
  cuarto
rooster gallo
root raíz *f*
rose rosa
roundly rotundamente
rout derrotar
row fila
ruin *noun* ruina; *verb* derrotar
rule regla
run correr
Russian ruso
rural pastoril

S

saber sable *m*
sad triste, doloroso
safety seguridad *f*
Sagitarius (*astr*) Sagitario
sail navegar
saint san(to),a
salad ensalada
salary salario
sale remate *m*, venta
salesperson vendedor, -dora
salon salón *m*
saloon taberna
salsa (*a dance*) salsa
salt sal *f*
same mismo
sample muestra
Samson Sansón
sandal sandalia
sane sano
Santa Claus San Nicolás
sarcasm sarcasmo
sash cinturón *m*
satisfaction satisfacción *f*
satisfied contento, satisfecho
Saturday sábado
saucer platillo
savage *adj* salvaje; *noun* salvaje
  m,f
save salvar
savory sabroso
say decir
saying dicho, proverbio, refrán
  m

science ciencia
scientific científico
scold regañar
scorned despreciado
Scorpio (*astr*) Escorpio, Escorpión *m*
scoundrel sinvergüenza *m,f*
scrub fregar
scruple escrúpulo
schedule horario
school *noun* escuela, facultad *f*; *adj* escolar; **secondary school** liceo; **schoolwork** deberes *mpl*
scuba diving buceo
sea mar *m,f*; **sea level** nivel *m* del mar
seafood marisco
season estación *f*; **highly seasoned** picante
seat *noun* asiento; *verb* sentar
second segundo
secondary secundario
secret secreto
secretary secretario,a
section sección *f*, distrito, barrio
secure *adj* seguro; *verb* asegurar
security seguridad *f*
see ver
seed grano
seem parecer
select escoger
selection surtido, selección *f*
self mismo; **self-governing** autónomo
sell vender
semaphore semáforo
semester semestre *m*
send enviar, mandar
sensation sensación *f*
sentence frase *f*, oración *f*
sentiment sentimiento
separate separado
separation separación *f*
September septiembre *m*
sequence secuencia
serenade serenata
serene sereno
serious serio; **to be serious** ir en serio
serve servir
service servicio
set arreglar
settle colonizar, instalarse
seven siete
seven hundred setecientos
seventeen diecisiete, diez y siete
seventy setenta

several varios
severe severo
sewing pattern patrón *m*
sex sexo
shake: **shake hands (with)** estrechar la mano(a)
shall (*use present tense of main verb:*) **shall we sell it?** ¿Lo vendemos?
shameless sinvergüenza
shampoo champú *m*
share compartir
sharp (*smart*) listo; (*exact time*) en punto; (*groovy, slang*) chévere
shave (*someone*) afeitar; **shave (oneself)** afeitarse
she ella
shelter asilo
shine lustrar, brillar
ship enviar
shirt camisa
shock *noun* choque *m*; *verb* chocar
shoe zapato; **shoe store** zapatería
shoot tirar
shop tienda; (*for repairs*) taller *m*; **to go shopping** ir de compras
short bajo, corto
shot (*medical*) inyección *f*
should (*do something*) deber (+ *inf*)
shoulder hombro
shout *noun* grito; *verb* gritar
shovel palear
show *verb* enseñar, mostrar; *noun* (*movies*) cine *m*
shrimp langostino, camarón *m*
shun huir
shut cerrar
shy tímido
sick enfermo
side lado
sidewalk acera
sight vista
sign *noun* letrero, signo; *verb* firmar
signal llamada
significant significativo
signify significar, querer decir
silk seda
silver plata
similar semejante; **similar to** parecido a
simple cándido

simply simplemente
sin pecado, transgresión *f*
since desde
sing cantar
singer cantante *m,f*
single solo; **single girl** soltera
sir señor
sister hermana; **little sister** hermanita
site sitio, lugar *m*
sit, **sit down** sentarse
situated situado
situation situación *f*
six seis
six hundred seiscientos
sixteen dieciséis, diez y seis
sixty sesenta
size tamaño
skate patín *m*
sketch bosquejo
ski *noun* esquí *m*; *verb* esquiar
skiing esquí *m*
skill habilidad *f*
skin tez *f*
skinny flaco
skirt falda
sky cielo
slack flojo
slave esclavo
sleep *noun* sueño; *verb* dormir
sleepy: **be sleepy** tener sueño
slogan lema *m*
slope ladera
slow lento
slowly despacio
small pequeño, chico
smaller menor
smart listo, inteligente
smash aplastar
smile *noun* sonrisa; *verb* sonreír
smoke fumar
smother sofocar
snore roncar
snow *noun* nieve *f*; *verb* nevar
so así, tan + *adj*; entonces; **so that** para que
soccer fútbol *m*; **soccer game** partido de fútbol; **soccer player** futbolista *m,f*
social: **social security** seguro social
society sociedad *f*
socioeconomic socioeconómico
sociology sociología
sock calcetín *m*
soft drink refresco
sole (*of shoe*) suela; *adj* único

solely solamente, únicamente, sólo
solution remedio, solución *f*
solve adivinar; resolver
some algún, alguno,a; unos, unas
someone alguien
something algo
sometime alguna vez; sometimes a veces
son hijo
song canto, canción *f*
soon luego; pronto; as soon as en cuanto, tan pronto como
sorrow pesar *m*, dolor *m*
sorrowful doloroso
sorry: be sorry sentirlo, sentir (que)
sort especie *f*
soul (el) alma *f*; ánimo
sound sonido; salvo
soup sopa
south sur *m*
South America Sudamérica
southwest suroeste *m*
souvenir recuerdo
Spain España
Spaniard español, -ñola; hispano
Spanish *adj* español; Spanish America Hispanoamérica; Spanish American hispano-americano; Spanish female española; Spanish language español *m*; Spanish male español *m*; Spanish people españoles *mpl*
space espacio
speak hablar
special de particular, especial
specialize especializarse
specialty especialización *f*, especialidad *f*
species especie *f*
specific específico
spectacle espectáculo
spectator espectador, -dora; hincha *m,f*
speculation especulación *f*
speech (*to audience*) discurso; (*language*) (el) habla *f*
spelling *adj* ortográfico; *noun* ortografía
spend gastar
spinster soltera
spirit esfuerzo, ánimo, espíritu *m*
spiritual espiritual
spite despecho; in spite of a despecho de

sponsor patrocinar
spoon cuchara
sport deporte *m*
spot sitio
spouse esposo,a
spree parranda
spring primavera
square cuadro; (*city park or space*) plaza; small square plazoleta
squash calabaza
stadium estadio
stage (*phase*) etapa; (*theater, flamenco*) tablas *fpl*, tablao; by stages por etapas
stamp estampa
stand out predominar, destacar
star estrella
start *noun* comienzo, principio; *verb* comenzar (*a + inf*)
state estado
stay quedar
steel acero
stem raíz *f*
step paso; (*phase*) etapa; step by step por etapas
stereo estéreo
sterilization esterilización *f*
stewardess azafata
stick palo
stifle sofocar
still aún, todavía
stocking media
stolen robado
stomach estómago
stone piedra
store tienda
storehouse almacén *m*
storm tempestad *f*
story cuento, novela; (in building) piso
stout fuerte
straight derecho
strange desconocido, raro
strangle estrangular
street calle *f*
strength fuerza, potencia
strengthen animar
stress acento
strict estricto
strictly estrictamente
strike golpear
strip tira
strong fuerte
struggle luchar
student *noun* estudiante *m,f*; alumno,a; *adj* estudiantil

study *noun* estudio; *verb* estudiar
stupendous estupendo
stupid tonto
style diseño, estilo, moda
stylist estilista *m,f*
subject sujeto, materia, asunto, asignatura
subjunctive subjuntivo
submissive sumiso
subsequent subsiguiente
substitute substituir
substitution substitución *f*
succeed suceder; tener éxito
success éxito
succession sucesión *f*
suffer sufrir
sufficient bastante, suficiente
sugar azúcar *m*
suggest sugerir
suit traje *m*
suitable propio; to be suitable convenir
summary resumen *m*
summer verano
sun sol *m*
Sunday domingo
sunrise amanecer *m*
superiority superioridad *f*
superlative superlativo
supermarket supermercado
supper cena
support *noun* apoyo; *verb* auspiciar
suppose suponer
suppress sofocar
supreme supremo
sure cierto, seguro
surge oleada
surname apellido
surprise *noun* sorpresa; *verb* sorprender; to be surprised sorprenderse
surprising sorprendente
survival supervivencia
survive sobrevivir
suspect sospechar
sustain sostener
sweater suéter *m*
sweet *adj* dulce; *noun* dulce *m*
sweet shop confitería
swim nadar
syllabication silabeo
symbolize simbolizar
sympathetic compasivo
symphonic sinfónica
symphony sinfonía
symptom síntoma

synonym sinónimo
synthesis síntesis *f*
system sistema *m*

T

table mesa; **table top** tablero
tailor sastre *m*; **tailor shop** sastrería
take llevar, tomar, sacar; **take care of** cuidar; **take into account** tomar en cuenta; **take one's turn** tocarle a uno, tomar turno; **take out** sacar; **take pictures** tomar *or* sacar fotos; **take upon** imponerse
tall alto
tape cinta
tart tarta
task tarea, quehacer *m*
tasty sabroso; **very tasty** sabrosísimo
Taurus *(astr)* Tauro
tavern taberna
taxi driver taxista *m,f*
tea té *m*
teach enseñar
teacher maestro,a
team equipo
tear romper
teaspoon cucharilla
teaspoonful cucharadita
technical técnico
technician técnico
telephone teléfono
television televisión *f*
tell contar, decir
temperament temperamento, genio
temperate templado
temperature temperatura
temple templo
temptation tentación *f*
ten diez
tendency tendencia
tenderloin steak chateaubriand *m*
tennis tenis *m*; **tennis player** tenista *m,f*
term término
termination terminación *f*
terrible bárbaro
terrific bárbaro, fantástico
territory territorio
test examen *m*, prueba
textbook manual *m*, texto
thank for agradecer

thanks gracias
that *conjunction* que; *relative pron* que; *adj* aquel, aquella; ese, esa; *pron* (=that one) aquél, aquélla; ése, ésa; *(abstract)* aquello, eso
the el, la, los, las
theater teatro
their, theirs su, suyo
them *(dir obj)* los, las; *(indir obj)* les, se *(if before* lo, la, los, las); *(obj of prep)* ellos, ellas
theme tema *m*, lema *m*
themselves se, sí; *(obj of prep)* ellos, ellas; **with themselves** consigo
then entonces, luego, pues
there allá, allí, ahí; **there is, there are** *(exist)* hay, *(location)* ahí está(n); **there to be** haber; **there was, there were** *(existed)* había, *(location)* ahí estaba(n)
these *adj* estos,as; *pron* (=these ones) éstos,as
they ellos, ellas
thin flaco
thing cosa; **the good thing is** lo bueno es
think creer, pensar
thinker pensador *m*
third tercer, tercero
thirst sed *f*
thirsty: **be thirsty** tener sed
thirteen trece
thirty treinta
thirty-one treinta y uno
thirty-two treinta y dos
thirty-three treinta y tres
thirty-four treinta y cuatro
thirty-five treinta y cinco
thirty-six treinta y seis
thirty-seven treinta y siete
thirty-eight treinta y ocho
thirty-nine treinta y nueve
this *adj* este, esta; *pron* (=this one) éste, ésta; *(abstract)* esto
those *adj* aquellos,as; esos,as; *pron* (=those ones) aquéllos,as; ésos,as
though aunque
thought pensamiento
thousand mil
three tres
three hundred trescientos
through por
throw echar, tirar

Thursday jueves *m*
thus así
ticket boleto, billete *m*; **ticket seller** taquillero,a
tide marea
tie *noun* corbata; *verb* atar
tight apretado
tighten estrechar, apretar
tile teja
time hora, rato, vez *f*, tiempo; **pleasant time** buen rato; **have a good time** divertirse
timid tímido
tin can lata
tip propina
tired cansado; **to be tired** cansarse
title título
to a; *(in order to)* para; **to the** *(contraction)* al
today hoy, hoy día
together juntos
tolerate aguantar, tolerar
tomato tomate *m*
tomb tumba
tomorrow mañana
tongue lengua
tonight esta noche
tooth diente *m*; **back tooth (molar)** muela
top: **on top of** encima de
torture torturar
touch tocar
touched *(emotion)* conmovido
tourist turista *m,f*; **tourist business** turismo
toward hacia
tower torre *f*
town pueblo
track *(sport)* atletismo
tradition tradición *f*
traditional tradicional
traditionally tradicionalmente
traffic tráfico, tránsito
tragedy tragedia
train *noun* tren *m*; *verb* enseñar
trainer entrenador *m*
training entrenamiento, capacitación *f*
trait rasgo
tranquil tranquilo
transaction negocio, negociación *f*
transgression transgresión *f*
transit tránsito
translate traducir
transmit transmitir

travel viajar
traveling bag maleta
traveller viajero
treat tratar
treatment tratamiento
tree árbol *m*; little tree arbolito;
    tree-lined walk alameda; trees
    (forest) bosque *m*
tremendous tremendo
trial (*experimentation*) prueba
tribe tribu *f*
tricky engañoso
trip viaje *m*, paseo
triumph triunfo
troop tropa
trousers pantalones *m*
trout trucha
true verdadero
trunk tronco
trust confianza
truth verdad *f*; in truth de veras
try probar; tried *preterit of*
    querer; try on probarse
Tuesday martes *m*
tumult tumulto
tuna atún *m*
turkey pavo
turn turno, vuelta; turn up
    aparecer
tuxedo smoking *m*
twelve doce
twenty veinte
twenty-one veintiuno, veinte y
    uno
twenty-two veintidós, veinte
    y dos
twenty-three veintitrés, veinte
    y tres
twenty-four veinticuatro, veinte
    y cuatro
twenty-five veinticinco, veinte
    y cinco
twenty-six veintiséis, veinte y
    seis
twenty-seven veintisiete, veinte
    y siete
twenty-eight veintiocho, veinte
    y ocho
twenty-nine veintinueve, veinte
    y nueve
two dos
two hundred doscientos
type tipo
typical típico

U

ugly feo
uncle tío
unction unción *f*
uncultivated (*person*) inculto;
    (*land*) sin cultivar
under debajo (de); bajo
underneath debajo (de)
understand entender, compren-
    der
unexpected inesperado
unfamiliar desconocido
unfortunately desafortunada-
    mente
unfriendly antipático
ungrateful ingrato
unhappy infeliz
union unión *f*; sindicato
unique único
unit unidad *f*
unite unir, juntar
united unido, conjunto
United States Estados Unidos
    mpl
unity unidad *f*
university *noun* universidad *f*;
    adj universitario; university
    student universitario,a
unknown desconocido
unless a menos que
unlikeable antipático
unlikely remoto
until hasta, hasta que; until
    later hasta luego; until
    tomorrow hasta mañana
upon sobre; al (+ inf.)
upset de mal humor
urgent urgente
us nos
use *noun* uso; *verb* usar
used *adj* usado; used to (+ *verb*)
    = *imperfect tense of the
    Spanish verb, or* soler *or*
    acostumbrar *imperfect, +
    infinitive*
useful útil
usefulness utilidad
usher acomodador *m*
usherette acomodadora
usual habitual
usually usualmente, habitual-
    mente, de costumbre, normal-
    mente; to usually (do some-

thing) soler or acostumbrar
    (+ *inf*)
utensil utensilio
utility utilidad *f*
utilize utilizar

V

vacation vacaciones *fpl*
vague vago
Valencian valenciano
valise maleta
valley valle *m*
valor ánimo
value valor *m*
variation variación *f*
variety variedad *f*; surtido
various varios
veal ternera
vegetable legumbre *f*, verdura
vehicle vehículo
velocity velocidad *f*
Venezuelan venezolano,a
verb verbo
verse verso
very muy
veterinary veterinario,a
victim víctima
victory triunfo
vigor esfuerzo
vigorous vigoroso
village pueblo
vinegar vinagre *m*; vinegar sauce
    vinagreta
vineyard viña
violent violento
virgin virgen *f*
visit *noun* visita; *verb* visitar
vocabulary vocabulario
voice voz *f*
volleyball vólibol *m*
volume tomo; volumen *m*

W

wage *noun* salario; *verb* apostar
wagon carro
wait esperar, aguardar
waiter mozo,a; (*Mexico*) mesero
wake (someone) up despertar;
    wake up (oneself) despertarse

walk *noun* paseo; *verb* andar, pasear, caminar
wall pared *f*; **handball court wall** frontón *m*
wallet cartera
want querer
war guerra
warehouse depósito, almacén *m*
war-hardened aguerrido
warm up calentar
warmth calor *m*
warrior guerrero
wash lavar; **wash oneself** lavarse
waste perder, malgastar
watch *verb* mirar, observar; *noun* reloj *m*; **watch out!** ¡ojo! , ¡cuidado! ; **watch over** cuidar
water (el) agua *f*
wave (water) ola
way forma; camino; **by the way** a propósito; **that way** por allí
we nosotros,as
weak débil
weakened debilitado
wear llevar; **wear out** gastar
weary cansado; **become weary** cansarse
weather tiempo
wedding boda
Wednesday miércoles *m*
week semana
weep llorar
weigh pesar
welcome *adj* bienvenido; *noun* bienvenida; *verb* dar la bienvenida
welfare bienestar *m*; asistencia pública
well bien; pues; **well-being** bienestar ; **well done** bien asado; **well known** muy conocido
west oeste *m*
what ¿cuál?, ¿cómo?, ¿qué?; lo que
wheel rueda
when cuando; ¿cuándo?, ¿a qué hora?
where donde; ¿dónde?, ¿adónde?
whereas mientras (que)
which, which one ¿cuál?, ¿qué?
whichever cualquier
while mientras, mientras que; **little while** rato

whirl remolino
whistle chiflar
white blanco
who ¿quién?, quien
whoever cualquier
whom quien
whose de quién, de quiénes; cuyo
why ¿por qué?
wield manejar
wife esposa
will (use present or future, e.g.:) **I will go.** Voy, Iré; **Will he be here tomorrow?** ¿Estará mañana?
win ganar
wind viento
windmill molino de viento
window ventana
windy: **be windy** hacer viento
wine vino
winter invierno
wish *noun* deseo; *verb* desear, querer; **I wish!** ¡ojalá!
with con; **with me** conmigo; **with you** (*familiar*) contigo
without sin, sin que
woman mujer *f*
wonder (*use future:*) **I wonder if she's here.** ¿Estará aquí?
wonderful lindo, maravilloso
wood madera
word palabra; **word search** sopa de letras *f*
work *noun* trabajo, tarea; obra; quehacer *m*; *verb* trabajar
worker trabajador,a
workshop taller *m*
world mundo
worried preocupado
worry *noun* cuidado; *verb* preocuparse
worse peor
worship adorar
worst peor
worth valor *m*; **to be worth** valer
worthy digno
would (*use conditional, e.g.:*) **She would have it.** Lo tendría.
wrist muñeca
write escribir
writer escritor, -tora; redactor, -tora

Y

yankee yanqui *m,f*
year año; **last year** el año pasado; **next year** el año próximo, el año que viene
yellow amarillo
yes sí
yesterday ayer *m*; **day before yesterday** anteayer *m*
yet aún, todavía
yield producir, dar
you
Familiar, Singular: (*subject*) tú; (*dir and indir obj*) te; (*obj of prep*) ti; **with you** contigo
Familiar, Plural: (*Latin America, same as Formal Plural. Spain:*) (*subject, object of prep*) vosotros,as; (*dir and indir obj*) os
Formal, Singular and Plural: (*subject, object of prep*) usted, ustedes; Ud., Uds.; (*dir obj*) lo, la, los, las; (*indir obj*) le, les; se (*if before* lo, la, los, las)
Indefinite: se (*+ verb form*)
young joven, niño, pequeño; **young man** joven *m*; **young woman** joven *f*
younger menor
your, yours *Familiar, Singular:* tu, tuyo; *Familiar, Plural, Spain:* vuestro; *Formal:* su, suyo
yourself *Familiar:* (*subj*, **you yourself**) tú mismo,a; (*obj*) te; (*obj of prep*) ti; **with yourself** contigo; *Formal:* (*subj*, **you yourself**) usted (Ud.) mismo,a; (*obj*) se; (*object of prep*) usted, sí; **with yourself** consigo
yourselves *Familiar:* (*Latin American, same as Formal.*) *Spain:* (*subj*, **you yourselves**) vosotros,as mismos,as; (*obj*) os; (*obj of prep*) vosotros,as
youth joven; juventud *f*

Z

zero cero
zodiac zodíaco